刑法立法公众参与研究

王群 著

中国社会科学出版社

图书在版编目(CIP)数据

刑法立法公众参与研究 / 王群著. —北京：中国社会科学出版社，2023.6
ISBN 978-7-5227-2030-2

Ⅰ.①刑⋯　Ⅱ.①王⋯　Ⅲ.①刑法—立法—研究—中国　Ⅳ.①D924.02

中国国家版本馆 CIP 数据核字(2023)第 106353 号

出 版 人	赵剑英
责任编辑	宫京蕾
责任校对	秦　婵
责任印制	郝美娜

出　　版	中国社会科学出版社
社　　址	北京鼓楼西大街甲 158 号
邮　　编	100720
网　　址	http://www.csspw.cn
发 行 部	010-84083685
门 市 部	010-84029450
经　　销	新华书店及其他书店

印刷装订	北京君升印刷有限公司
版　　次	2023 年 6 月第 1 版
印　　次	2023 年 6 月第 1 次印刷

开　　本	710×1000　1/16
印　　张	15
插　　页	2
字　　数	254 千字
定　　价	98.00 元

凡购买中国社会科学出版社图书，如有质量问题请与本社营销中心联系调换
电话：010-84083683
版权所有　侵权必究

目 录

绪论 ………………………………………………………………… (1)
  一 选题缘起 …………………………………………………… (1)
  二 研究综述 …………………………………………………… (2)
  三 研究意义 …………………………………………………… (4)
  四 研究创新 …………………………………………………… (7)

第一章 刑法立法公众参与的基本理论 ………………………… (9)
  第一节 刑法立法公众参与的范畴界定 …………………… (9)
    一 刑法立法的概念 ………………………………………… (9)
    二 谁是公众 ………………………………………………… (11)
    三 理解"参与" …………………………………………… (15)
  第二节 刑法立法公众参与相关问题辨析 ………………… (20)
    一 刑法立法公众参与和人大主导立法机制 …………… (20)
    二 刑法立法公众参与背后的立法者 …………………… (23)
    三 刑法立法公众参与研究的特殊性 …………………… (24)

第二章 刑法立法公众参与的立论基础 ………………………… (26)
  第一节 理论资源 …………………………………………… (26)
    一 刑法知识：把公众参与带回刑法立法的法治逻辑 ………… (26)
    二 人民主体：把公众参与带回刑法立法的政治逻辑 ………… (31)
    三 耗散结构：把公众参与带回刑法立法的自然逻辑 ………… (36)
  第二节 现实依据 …………………………………………… (39)
    一 立法现代化与刑法立法公众参与 …………………… (39)
    二 数智技术与刑法立法公众参与 ……………………… (64)

第三章　刑法立法公众参与的实践图景 ……………………… (68)
第一节　刑法立法公众参与在中国：现状叙事 ……………… (68)
　　一　非建制化阶段的刑法立法公众参与 ………………… (70)
　　二　建制化阶段的刑法立法公众参与 …………………… (76)
第二节　刑法立法公众参与在中国：若干规律 ……………… (81)
　　一　顺利的范例——以"醉驾"为何很快入刑为例 ……… (81)
　　二　遇挫的范例——以"见危不救"为何入刑难为例 …… (86)
第三节　刑法立法公众参与在中国：问题聚焦 ……………… (90)
　　一　刑法立法公众参与的理论困惑 ……………………… (90)
　　二　刑法立法公众参与的实践迷思 ……………………… (116)

第四章　刑法立法公众参与的解局之道 …………………… (135)
第一节　刑法立法公众参与的困境归因 …………………… (135)
　　一　表层透视：立法者可能被遮蔽与公众可能被误导 …… (136)
　　二　深层反思：主体间平等真诚商谈观念阙如 …………… (142)
第二节　刑法立法公众参与的可能方案 …………………… (144)
　　一　理念论：党导下的立法商谈方略 …………………… (145)
　　二　方法论：程序中主体间有效商谈 …………………… (165)

第五章　刑法立法公众参与的制度建构 …………………… (190)
第一节　非建制化阶段的刑法立法公众参与制度体系 ……… (190)
　　一　刑法立法民意调查制度 ……………………………… (191)
　　二　通过社团组织参与刑法立法制度 …………………… (194)
　　三　完善基层立法联系点制度 …………………………… (196)
第二节　建制化阶段的刑法立法公众参与制度体系 ………… (199)
　　一　优化刑法立法信息公开制度运行 …………………… (199)
　　二　创设公众动议刑法立法草案制度 …………………… (202)
　　三　完善刑法立法公众参与制度程序 …………………… (205)

结语 …………………………………………………………… (217)
参考文献 ……………………………………………………… (221)
后记 …………………………………………………………… (235)

绪　论

一　选题缘起

　　刑法立法关涉公民重大生命财产利益，一旦立法不当，则国家和人民两受其害。党的十八届四中全会提出："拓宽公民有效参与立法途径，健全法律法规规章草案公开征求意见和公众意见采纳情况反馈机制。"近些年来，随着风险社会的降临，新型犯罪层出不穷，我国刑法立法修正日益频繁，呈现"活化"态势，如何保证刑法的人民性和科学性是新时代中国刑法立法的重大议题，欣喜的是行动起来的公众正在为刑法的人民性和科学性注入源源不断的活水，历数晚近十一个刑法修正案，刑法立法过程中的公众参与无处不在，但由此带来的问题亦不容忽略：一方面，公众参与刑法立法尚处于自发阶段，呈现盲目性和情绪性的特征，特别是公众参与刑法立法的能力相对滞后；另一方面，立法机关虽然也已注意到刑法立法需要听取公众意见，但对于谁是公众？如何吸纳公众意见？尤其是在公众意见与立法机关意见相左时候，要不要尊重公众意见以及在多大程度上尊重公众意见尚无陈列可循。一言以蔽之，当前刑法立法公众参与远没有达到制度化和理性化参与的地步。理论是实践的先声，目前学界虽然对公众参与的研究触角早已延伸至立法领域，遗憾的是，这些研究要么集中在行政立法等领域的公众参与挖掘，要么着眼于刑法和民意的抽象探讨，对刑法立法公众参与研究力度明显薄弱，即便是有零星研究也多集中在刑法立法公众参与"限度"论，聊胜于无。[①] 理论和实践的供需缺口使我们意识到刑法立法公众参与的系统研究刻不容缓，既要关注立法公众参与议题的普遍性，也要突出立法公众参与论题中"刑法"的特殊性；既要发现

---

① 李翔：《论刑事立法公众参与的限度》，《东南大学学报（哲学社会科学版）》2016年第3期。

刑法立法公众参与的问题，也要总结刑法立法公众参与的经验；既要指出刑法立法公众参与的程序问题，也要聚焦刑法立法公众参与的实体症结；既要解决刑法立法公众参与的理论困惑，也要解决刑法立法公众参与的实践迷思。在理论与实践的螺旋式发展历程中提炼新时代刑法立法公众参与的系统性理论，指导公众参与刑法立法由偶然自发走向规律自觉，从非制度化迈向制度化，公众真正依法、有序、有效地参与刑法立法，如此，则幸甚。

二　研究综述

在我国，刑法是人民的刑法，刑法立法必须反映人民的意志，公众对刑法立法的讨论和参与抱有与生俱来的热情。然而，目前学界主要聚焦立法公众参与研究，对作为保障法的刑法立法的公众参与议题的研究成果并不多，存量理论研究主要集中在以下方面：首先，刑法立法公众参与的理论基础问题，即围绕刑法立法为什么要公众参与的学理追问。主要涉及人民主权理论基石下如何通过公众参与实现刑法从国权刑法向民权刑法的进化，其中占俊峰的《论刑事立法回应民意的必要性及其合理限度》在这方面做了富有价值的探索。[①] 其次，刑法立法公众参与的潜在风险问题。有学者从刑事法律的严厉性和公众参与非理性两方面指明了刑法立法公众参与可能导致的风险，提出了刑事立法应力戒情绪的命题。[②] 再次，刑法立法中公众参与的"限度"问题。有学者指出，公众参与在某些领域决策中作用或许是值得称道的，但对刑法立法而言公众参与必须保有敬畏。例如，李翔教授就从刑事立法的稳定性、体系化、专业化等方面提出公众参与刑事立法必须要有"限度"的观点。从次，刑法立法和社会热点事件的互动问题。转型时期的刑法立法不可能无视社会热点事件，更无可能罔顾社会热点事件背后的公众声音而主观想象式的任性立法，但这也绝不意味刑法立法可以无原则地回应所有社会热点事件，甚至是对社会舆论"唯命是从"，据此有学者提出了"刑法修正之于社会舆论：尊重更应超越"的研究结论。[③] 最后，还有学者简要地介绍了域外刑法公众参与的经验

---

① 占俊峰：《论刑事立法回应民意的必要性及其合理限度》，江西师范大学硕士论文，2012年，第12—13页。

② 刘宪权：《刑事立法应力戒情绪——以〈刑法修正案（九）〉为视角》，《法学评论》2016年第1期。

③ 王强军：《刑法修正之于社会舆论：尊重更应超越》，《政法论丛》2014年第3期。

和教训。例如,李怀胜博士《域外刑罚民粹主义的模式、危害与启示》一文就以域外"三振出局法案"和"梅根法案"为例呈现了无序且无效的公众参与给刑法立法带来的民粹化灾难,即立法背离刑法的基本理念,漠视犯罪的真实状况,导致刑法工具化的恶果。[①] 相关论述要言不烦,极富启发意义。然而,现有理论研究也存在以下不足:首先,刑法立法公众参与的理论基础较为薄弱,基本都是从人民主权角度来论证的,理论资源较为单一,缺乏用多学科视角展示刑法立法公众参与内在规定性的理论自觉,同时,现有研究在论及公众参与刑法立法问题时没有严格区分"刑事立法"和"刑法立法"的概念,许多学者将这两个概念混用,这也从侧面反映了学界目前对该问题研究尚不够深入;其次,现有研究虽然提出了刑法立法公众参与必须要有限度,但并没有告诉人们这个"限度"到底在哪里?谁来判断以及谁又能判断这个"限度"?如果这个问题回答不好,刑法立法公众参与"限度"论就是理论研究回避核心问题的一种"托词",甚至还可能成为一些人排斥公众参与刑法立法的"借口",可以说,刑法立法公众参与"限度"论不仅缺乏理论说服力,亦缺乏实际可操作性;再次,现有研究虽然注意到了刑法立法公众参与的风险,但却没有系统研究这种风险是如何发生的,它从哪里来,又到哪里去,尤其是结合数智时代背景对公众参与刑法立法过程中的程序和实体的风险的实证化研究更是明显不够,进而导致理论上很难提出富有说服力的刑法立法公众参与的风险治理方案;最后,现有研究虽然提出刑法立法需要公众参与,但对刑法立法公众参与的"刑法"特殊性拿捏不准,它要么过度夸大刑法立法公众参与在程序上的特殊性,要么脱离公众参与聚焦刑法立法的谦抑性这类抽象特殊性,造成刑法立法公众参与的"特殊性"研究的靶子打偏。

国外对刑法立法公众参与研究主要集中在以下几个方面:第一,刑法立法公众参与的理论根基,主权在民的启蒙思想确认了人民是国家存在的唯一根据,人民拥有立法权,而公众参与刑法立法正是人民行使国家立法权的具体表现,是对人民立法权的实践展开。除此之外,还有西方学者从公共选择理论、社会资本理论和多中心治理理论对刑法立法公众参与进行

[①] 李怀胜:《域外刑罚民粹主义的模式、危害与启示》,《国家检察官学院学报》2015年第4期。

了理论阐释和论证;① 第二，随着国家治理中代议制民主危机凸显，西方的协商民主理论应运而生，受此思潮影响，协商立法逐渐成为国外刑法立法研究的新热点，近年来，在代议制立法的整体框架下，国外对刑法立法公众参与的研究也积极关注刑法制定过程中，立法机关如何有效组织公众进行刑法立法协商的"方法论"研究；第三，刑法立法公众参与途径的探究，例如，美国的议会立法的听证制度；英国的全民公决制度和公开协商机制；法国的街区议事会、公共调查和公共辩论制度；等等。② 但相关研究也存在以下不足：首先，国外刑法立法公众参与研究虽然遵循主权在民等不同理论视野下多维证成的论证思路，但这种从理论到理论的论证思路最大问题莫过于用于证明理论的理论本身的科学性难题。唯物主义认识论认为，理论只有回归实践方能检验对错，而不是通过其他理论的循环论证，换言之，用于证明理论的任何理论本身也处于待证状态，例如，人民主权理论看似存有先天的道德正当性，但问题谁是人民？从抽象的人民至上到具体谁是人民的追问？就会让我们发现：如果政府以人民的名义统治国家但又拥有划分谁是人民的自由，人民势必重新回到国家专制意志的牢笼中。其次，国外刑法立法公众参与研究将协商民主理论引入其中，提出刑法立法公众参与的协商立法的研究思路固然有其积极意义，但问题在于刑法立法作为规定公民罪与罚的最后保障法，在某些问题上公众即便是最充分最全面的立法协商也仍然面临未必能达成一致的局面，那么，如何解决刑法立法公众参与伴随的公众协商困境呢？最后，国外刑法立法公众参与研究中对"刑法"特殊性关注亦存在先天不足的问题，更遑论结合数智时代背景对公众参与刑法立法路径予以创造性的制度探讨和建构了，或许正因为如此，蔡定剑教授在其著作《国外公众参与立法》中介绍域外经验的时候，并没有将刑法立法公众参与单列介绍，而是将叙事的重心全部放在整体立法公众如何参与立法的问题上了。③

三　研究意义

国家权力主导的刑法立法模式是晚近以来我国刑法立法最主要的特点，在此推动下，我国刑法立法无论在数量还是质量上都有了明显的进

---

① 李拓等：《中外公众参与体制比较》，国家行政学院出版社2010年版，第23—28页。
② 蔡定剑主编：《公众参与：欧洲的制度和经验》，法律出版社2009年版，第29—33页。
③ 蔡定剑主编：《国外公众参与立法》，法律出版社2005年版，第79—172页。

步，大致解决了我国刑事法治文明进程中从"无法可依"到"有法可依"的问题，但仍然存在人民群众日益增长的美好生活需要与不平衡、不充分的刑法治理现代化之间的矛盾，而化解这一矛盾的关键就是要在刑法立法过程中以全过程人民民主理念为指引，坚持科学立法、民主立法、依法立法，不断强化刑法立法中公众参与的有序性和有效性。正如前文所述，目前学界对刑法立法公众参与研究还相对薄弱，因此，笔者以此为研究议题无疑有其积极价值。

就理论意义而言，首先，填补刑法立法公众参与研究的理论洼地。当前，学界对我国立法公众参与研究蔚然成风，或集中在行政法、环境保护等领域的公众参与研究，或集中在地方立法的公众参与研究，[①] 而对喻为现代法治社会"保障法"刑法的公众参与的研究却相对薄弱，既缺乏从抽象法理到部门刑法的立法公众参与的一般和特殊的区分，更没有从行政法等部门法体系到刑法横向的立法公众参与之间的共性和个性的讨论，因而，从立法公众参与到刑法立法公众参与的研究，是在矛盾普遍性指导下对特殊性的关注，有助于填补相关理论研究的空缺，以期更好地指导刑法立法公众参与实践。其次，促进刑法立法技艺的创新。众所周知，现代刑法立法技艺历经了从权威、理性再到作为立法技艺的程序的演变过程，[②] 它们各有其特点，但随着时代的发展，即便是原来被确立为德性的立法技艺也会面临质疑，例如，作为程序的立法技艺虽然为各种价值的相互承认提供了通道，将破碎而零散的道德和价值内容引入到刑法规范中，重塑了现代社会的基本的结合方式，但对程序的过度推崇也容易引发通过合法程序掩盖非法结果的道德责难。刑法立法公众参与，在立法技艺上既迥异于大陆法系的理性立法，亦有别于英美的判例立法，它实际上蕴藏并萌动着一种新的立法技艺——党导商谈的立法技艺，对其深入的研究有助于在实践中提炼这种新的立法技艺，它不同于基于权威、理性的立法技艺，也和作为立法技艺的程序不尽一致，有其内在的理论品格、丰富内涵和实践指向，它能较好地克服议行合一、部门立法理论的不足，并对党导立法理论起到一定完善作用。最后，刑法立法公众参与研究有助于推进科学立法、

[①] 目前学界对该问题有较为深入阐释和研究的成果，例如，李卫华《公众参与对行政法的挑战和影响》，上海人民出版社2014年版；崔浩：《行政立法公众参与制度研究》，光明日报出版社2015年版。

[②] 赵明主编：《法理学》，法律出版社2012年版，第166—181页。

民主立法和依法立法，落实"健全立法机关主导、社会各方有序参与立法的途径与方式"的立法指导思想。刑法关涉国家刑罚权力和公民基本人权的界分，刑法条文的内容直接关系公民生命、财产这类最基本最重要的法益，历来广受社会公众的关注。执政党提出科学立法、民主立法和依法立法，刑法能否做到科学立法、民主立法和依法立法首当其冲，而"民主立法的核心在于为了人民、依靠人民"，[①] 公众参与刑法立法正是刑法民主立法的生动实践，解剖好刑法立法公众参与这只"麻雀"，无疑对其他部门立法的公众参与也将起着极大地示范作用，反之，就会造成一系列的法治误解，甚至刑法立法正当性也将面临质疑诘难，因此，对刑法立法公众参与研究还有着极大的政治伦理意义。

就实践意义而言，首先，推动刑法立法公众参与实践的规范化和制度化。由于受特定历史条件等因素的影响，当前，我国刑法立法公众参与尚不够规范化、制度化，刑法立法过程中公众情绪化、盲目性参与时有发生，立法机关对如何引导公众有序有效参与刑法立法过程中也还处在探索阶段，因此，围绕刑法立法公众参与的研究，有助于对正在发生的刑法立法公众参与实践提供理论指导，帮助公众有序有效地参与刑法立法，即便是看似"非理性"但只要是彰显群众智慧的公众立法意见，也能通过恰当的制度程序设计转换成立法者的态度并浓缩在刑法文本中，公众参与刑法立法的过程变成社会共识再次凝聚的过程。其次，促进刑法立法公众参与经验的制度化。现有刑法立法公众参与实践中相对成熟的经验亟须提炼和总结，面临的问题也需要寻找原因并给出针对性的对策建议，从这个意义上说，刑法立法公众参与研究具有提炼实践经验，总结实践教训，完善实践方案的现实意义，刑法真正成为人民的刑法而不是对人民的"谎言"。最后，刑法立法公众参与研究还有助于在全球刑事法治发展中贡献中国方案。中国刑法立法公众参与，不仅是一幅波澜壮阔的人民分享刑法立法权的行动，更是极其稀缺的理论研究的宝贵素材，对该问题深入研究有助于将中国刑法立法公众参与实践中分散的问题和经验及时系统化、理论化和体系化。众所周知，对经验的理论化有助于知识的标准化生产，规律化呈现和便捷式传播，否则，经验就容易因为缺乏共识性话语和可识别的符号而传播不畅，因此，本研究有助于向世界呈现中国刑法立法公众参

---

① 《中共中央关于全面推进依法治国若干重大问题决定》，《人民日报》2014年10月29日第01版。

与中的规律性东西,使世界了解中国,让中国走向世界,在全球刑法立法公众参与的实践中贡献中国智慧。

四 研究创新

刑法立法公众参与研究不是仅得出个公众应当参与刑法立法的通识结论,更在于要找到公众如何真正有序有效参与刑法立法的"方法论",公众只有真正有序有效参与刑法立法并将人民话语渗透并嵌入到刑法立法中,才可能从根本上解决刑法的人民性问题。

首先,理论资源的创新。长期以来,对刑法立法缘何需要公众参与,学界更多是习惯从人民主权理论出发,融合社会资本和多中心治理等理论来立论,然而,这种理论叙事存在对刑法立法特殊性关注不够和论证视角过于狭隘的局限。本书拟从刑法知识、人民主体和耗散结构等方面多维建构刑法立法公众参与必要性的情境认知,理论资源横跨法学、政治学和自然科学,极大地扩充了刑法立法公众参与的知识来源和理论资源,并从"刑法知识"维度对公众参与刑法立法之"刑法"特殊性给予了必要的关注,寻求理论论证的普遍性和特殊性的辩证统一,同时,人民主体理论作为对人民主权理论的发展,是马克思主义中国化的最新理论成果,[①] 将其作为支撑刑法立法公众参与的理论资源更显得"合时宜性",体现了作为支撑理论的基础理论的与时俱进。[②]

其次,研究方法的创新。既有针对我国过往刑法立法公众参与的历史分析法和域外刑法立法公众参与的得失比较研究法,亦有依托我国刑法立法公众参与实践和经验材料的实证分析法,还有在理论观察和价值参照基础上的规范分析法,综合运用法秩序统一性原理、法益保护理论和系统论理论等多元分析工具开展系统性、解释性、分层式和建构式研究,将理论分析和经验研究、实证调查和规范分析、描述性手段和评介性方法、解构工具和建构工具统协在一起,适为共济。

再次,研究内容的创新。一方面,刑法立法公众参与研究结合实践中

[①] 据考证,党的十八大报告共在 145 处使用"人民"这个词,并把坚持人民主体地位放在建设中国特色社会主义八条基本要求的首位,党的十八届三中、四中和五中全会公报无一例外都将人民主体作为一项基本原则予以重申,毫不夸张地说,人民主体原则在我国正受到前所未有的重视。

[②] 徐俊忠:《"人民主体地位"再强调的深远意义》,《光明日报》2016 年 4 月 16 日第 01 版。

刑法立法公众参与的理论困惑和实践迷思提出党领导下立法商谈的理念，通过在程序中立法者和公众的持续对话消解刑法立法公众参与的"限度"悖论，促进刑法立法的建构性、开放性和公共性；另一方面，刑法立法公众参与研究在横向上采取从程序到实体参与的思考进路，不仅关注刑法立法公众参与的程序正当性，参照《立法法》的相关规定，讨论公众如何有序有效依法地参与刑法立法；还关注刑法立法如何更好地凝聚民意，增强刑法立法的实质科学性，即一种实体上的正当性意蕴的强化，在民主基础上实现刑法的科学立法。在纵向上结合不同立法阶段的刑法立法公众参与之实践差异，以建制化阶段和非建制化阶段为基点分段探寻公众在不同立法阶段参与刑法立法过程中的实践迷思并以此完善刑法立法公众参与的制度设计。总之，就是要对现有公众参与刑法立法的风险与机会、类型和特点、方法和路径类型化研究，既要把握公众在参与刑法立法时情绪化、盲目性的主要原因、实践样态和内在规律，也要掌握当前我国刑法立法公众参与在程序和制度设计上的具体规定、运行节点和实践效果，全面总结其中的经验与问题，从先前自上而下的理性立法迈向上下互动的党导下的商谈立法。

最后，研究视角的创新。刑法立法公众参与的研究，不仅要关注刑法立法为什么要公众参与，还要思考公众到底是参与什么？各自实现的路径又是怎么样的？既要注意理论的深化突围，更要强调方法论的具体突破。一方面，从国家立法机关角度审视刑法立法公众参与，例如，认真对待公众参与中的"情绪"，公众参与不能违背刑法立法和参与程序本身蕴含的基本规律；另一方面，从公众角度审视刑法立法公众参与，例如，理性看待刑法立法公众参与的效果，刑法正义不等于感官正义，等等。总之，在国家立法机关和公众的有序有效互动中实现刑法立法的科学化，践行全过程人民民主。

第一章

刑法立法公众参与的基本理论

第一节 刑法立法公众参与的范畴界定

刑法立法公众参与,是指在全国人民代表大会及其常委会刑法制定过程中,公众主动或公众由立法机关组织引导,经由法定程序和法定方式对刑法立法发表意见和建议,表达公众意愿和诉求,并对整个刑法立法活动予以监督。整体概念框定并不妨碍对作为基本范畴刑法立法公众参与中具体范畴的探微、辨析,相反,只有真正理解了"刑法立法""公众""参与"这些术语的准确内容,公众到底参与刑法立法什么,刑法立法公众到底参与什么,刑法立法中公众如何界定这些实践困惑方能有所指向,如此一来,我国刑法立法公众参与制度优势方能真正转化为治理效能。

一 刑法立法的概念

刑法立法公众参与中的"刑法立法",在很多公众看来,仅是指最高立法机关制定刑法的过程和结果,其实这是不准确的。要科学把握刑法立法内涵,不仅要从刑法立法术语本身解读,还要从刑法立法的类型、内容、价值、程序和立法技术等方面全方位描述,唯有如此,公众方能真正理解刑法立法,把握可能的参与时机、方式、内容和程序。

刑法立法,一般又称刑法制定,它是立法的下位概念,受立法概念统摄,又同刑法概念密切相关,刑法立法肯定是立法,且是规定犯罪、刑事责任和刑罚的立法,是国家刑权力和公民自由界分的立法,而立法未必就是刑法立法,它还包括诸如民商、行政及其相关程序法等国家立法。一般而言,所谓刑法立法是特定国家机关依据一定的职权和程序,运用一定的立法技术所进行的制定、认可、修改和废止规定犯罪成立条件、刑事责任和刑罚适用标准的法律规范的活动。① 在我国，这里的特定国家机关就是全国人大及其常委会，它是我国刑法立法的唯一有权立法主体，其他国家机关无权进行刑法立法。实践中，最高司法机关制定的刑事司法解释虽然能够为司法机关作为援引裁判的依据，但不能等于，更不能替代刑法立法，相反，刑事司法解释必须以刑法立法为基本遵循。首先，就刑法立法的类型来看，它不仅包括刑法的制定、认可，还囊括刑法的修改、解释和废除，那种认为刑法立法就是指刑法的制定仅仅是从狭义角度去理解刑法立法，不全面也不准确。换言之，刑法立法公众参与不应局限于刑法制定阶段的公众参与，还包括刑法立法修改、解释和废除阶段的公众参与。其次，就刑法立法的内容来看，它一般就什么行为构成犯罪以及承担什么样的刑事责任和面临什么样的刑罚作出规定，换言之，它以犯罪成立条件和刑罚适用标准为其主要立法规定内容，② 刑法立法内容的背后实际上牵扯到国家刑权力和公民权利界分：如果一个国家奉行国权刑法观，那么，刑法立法的天平就会向国家刑权力倾斜。相反，如果一个国家恪守民权刑法观，那么，刑法立法的天平就会向公民权利倾斜。当然，国家刑权力和公民权利也不是互斥的，在一般法秩序中两者是有机统一的。③ 再次，一方面，就刑法立法的价值指涉来看，刑法立法固然要反映公众意志，回应公众诉求，但另一方面，刑法立法还肩负着社会文明的价值引领功能，不能机械、不加判断地对所谓公众"民意"亦步亦趋，这是十分危险的，例如，刑法立法断不能因为公众根深蒂固的"杀人偿命"观念就肆意扩大刑法立法中死刑的适用范围。除此之外，刑法立法还是依据一定职权的立法活动，不具备法律规定的刑法立法权的相关主体无权立法，更不能"越界"立法，即便是全国人大常委会这一法定立法机关，它也仅是有权就刑法立法进行部分内容补充和修改，但根据《宪法》第 67 条和《立法法》第 10 条的规定，它对刑法补充和修改的内容亦不得同刑法的基本原则相抵触，否则，其修法行为就会因为"越界"而归于无效。从次，刑法立法也是依据一定程序的立法活动，我国刑法立法程序一般都要经过立法准备、刑法案提出、审议、表决和公布等过程，在全国人大常委会审议刑法立法草案过程中，草案一般都要经过严格的三审程序之后才会付诸表

---

① 张文显主编：《法理学》，高等教育出版社 2007 年版，第 224 页。
② 陈忠林主编：《刑法总论》，高等教育出版社 2007 年版，第 2 页。
③ 蒋熙辉：《权利发展与刑法改革》，《法制与社会发展》2005 年第 5 期。

决通过，彰显我国刑法立法程序的严肃性和权威性。最后，科学的刑法立法还必须彰显娴熟的立法技术。刑法立法并不是法律条文的堆砌和法律规范的简单相加，还需要运用大量的立法技术性规则，例如，刑法规范的要素应齐全、完备；刑法体例安排要规范、统一；刑法规范的表达要完整和准确；刑法语言的运用要严谨和周严；等等。只有具备良好的立法技术，刑法立法才能臻至完善，而公众在参与刑法立法过程中，必须恰当把握刑法立法技术和内容的精细平衡。

二 谁是公众

刑法立法公众参与目的是让刑法立法更好地反映公众意志，而反映公众意志的刑法立法的关键在于界定谁是公众？"公众"作为一个集合名词，不仅在概念上同"人民"的概念交叉重叠，而且其具体涵摄范围也充满不确定性，例如，哪些人有权参与，参与资格是否受到限制，等等。现有学界对"公众"界定的研究主要存在以下几种代表性观点：其一，"公众"是指与公共机构相对应的私权利主体，主要指自然人或者自然人的另类存在形式（包括营利性法人组织、非营利性的社会团体），但排除公共机构的成员和作为立法助理的专家、学者；[①] 其二，"公众"是立法主体之外的普通公众（包括个人和社会组织）；[②] 其三，"公众"应划分为不同类型，包括利害关系人、专家和普通群众三类群体。[③] 这些观点都从不同角度呈现了"公众"的样貌，但也不无商榷之处。首先，将公共机构成员和作为立法助理的专家排除在"公众"之外欠妥，事实上，公共机构成员和作为立法助理的专家除了以具体立法者身份履行立法职责的时候，他们和普通公众并没有多大的不同。其次，将"公众"理解为立法主体之外的普通公众，虽然扩大了公众的范围，但也容易造成"公众"范围的泛化，无论人们是否有参与刑法立法愿望和能力都会无一例外地被卷进刑法立法中，而这并不是民主立法的初衷。第三种观点虽然指出了公众包括刑法立法过程中的利害关系人，遗憾的是，它又将利害关系人和专家、普通公众并列起来，这就使普通公众、专家和利害关系人的联系和区

[①] 饶世权、饶艾：《地方立法公众参与的概念、主体与价值》，《西北大学学报（哲学社会科学版）》2008年第1期。

[②] 佟吉清：《论我国立法的公众参与》，中国人民大学博士论文，2002年，第8页。

[③] 张晓、岳盈盈：《打通立法与民意之间最后一公里——关于破解地方立法公众有序参与困局的实证研究》，《中国行政管理》2017年第2期。

别被人为地混同开来,最终造成"公众"概念界定不准确。实际上,国家立法的主要作用之一就是通过明确各方权利义务来实现利益分配,做到定纷止争。刑法立法过程的实质就是最高立法机关围绕刑法立法在利益各方之间协调利益,平衡分歧,促进所立刑法在法益保护和人权保障之间价值平衡和在平衡的循环往复的过程,或者说,在拟调整社会关系上画上一条利益均衡线。因此,从这个意义上讲,刑法立法公众参与中的"公众",宜界定为刑法调整某一领域社会关系时所涉及的"利益相关方",换言之,判断"公众"的核心标准在于刑法立法拟规定的内容是否同其存在利害关系,当刑法立法拟调整的利益关系关涉到某个群体利益时,"这个群体"便是这里的"公众";当刑法立法拟调整的利益关系关涉到全社会公共利益时,"利益相关方"便是"全体社会公众",质言之,每个人都是刑法立法公众参与中潜在的"公众"。需要说明的是,刑法立法公众参与中"公众"的界定同公众的能力和素质无关,立法机关不能以公众能力不够或者素质不高为借口限制甚至排斥公众参与刑法立法。之所以这样界定公众,理由如下:首先,毋庸讳言,理想的刑法立法公众参与,肯定是希望所有公众都能参与到刑法立法中,让所立刑法凝聚更多的民意,但随着社会发展,特别是社会分工日益精细化,所有公众参与刑法立法不现实也不可能,同时,也不是所有公众都对刑法立法感兴趣,毕竟不同群体和个体对刑法立法的关注热度和深度都有差异,比如,音乐人关心音乐知识产权的刑法保护、农民工关心恶意欠薪行为的刑法保护,如果让农民工参与音乐知识产权的刑法立法,不仅是他有没有兴趣参与的问题,即便是有兴趣,他在音乐知识产权问题上的刑法建言能力也值得进一步观察。鉴于此,与其所有人中每个人漫不经心地参与刑法立法,不如更加侧重利益关系人的精准参与、有效参与。大量刑法立法公众参与实证研究也表明,特定利害关系人参与刑法立法的效果更加明显,因为它们比普通公众更有意愿也更有能力参与到刑法立法中,其他的一般公众参与刑法立法更多是通过立法参与的公众"在场"彰显公民"政治"身份,以及表现对国家立法事务的关心和对同伴命运的关注,就实际作用而言,他们更多的是在刑法立法中发挥着某种道德观感响应和支撑的作用。其次,将公众界定为其权利义务将受到刑法立法所影响的公民、法人或其他组织,还能比较好地避免刑法立法公众参与异化为多数人立法"狂欢"的工具。每个人都是自身利益最好的裁判者。社会共同体成员总是首先关注自身利益得失情况，对于不立即影响自身效用函数的刑法立法事项，他们大多倾向于诉诸心理学上的"头脑捷径"，只关注简单的、引人注目的符号暗示并以不假思索的赞同来认可媒体塑造的"主流"的立场和声音，在强大的"符号环境"下，人们为了避免自己陷入被孤立的境地，往往会用赞同来表明自身与主流合拍，如果这种赞同逐层累积，终将导致舆论一边倒，这就是大众传播中的"沉默的螺旋"，相对弱势的真话最终湮没其中。[1] 相反，如果刑法立法拟调整内容同公众切身利益密切相关，他们就断不轻易地盲目地追随主流意见进行立法表态，相反，他们会更多地从自身利益角度认真权衡、比较，围绕刑法立法审慎判断进而理性发声。最后，从域外经验来看，将公众界定为同拟刑法立法有利害关系的人并非无先例可循。例如，《瑞士联邦宪法》第147条规定：在重要立法以及其他具有重大影响的事务和国际条约的准备过程中，应当听取各州、政党和利益相关者的意见。[2] 刑法立法显然属于这里所讲的重要立法，在刑法等重要法律制定中倾听"利益相关者的意见"很好地诠释了立法公众参与的"公众"范围不能无限制的扩大，这也是新时代我国全过程人民民主中的过程民主和成果民主、程序民主和实质民主、人民民主和国家意志相统一的内在要求。

实践中，刑法立法公众参与中的"公众"既可能是一个有组织的团体、多个有组织的团体、无组织的公众、有组织的公众甚至还有可能是这四种形式的混合体。其中，有组织的团体一般指政府部门、共青团、妇联、侨联和工会组织等；多个有组织的团体可以指某些行业利益集团和传媒组织等；无组织的公众一般指普通公众，例如，工人、农民、新业态从业劳动者等；有组织的公众一般指专家学者、司法工作人员和政府机关工作人员等人群。依据上文对"公众"的定义，只要他们同刑法立法拟调整内容具有利害关系的人都可以成为参与的"公众"，在此，有两类特殊的"公众"需要单独提出来进行分析，不仅是因为他们同刑法立法拟调整内容经常存在千丝万缕的利害关系，更在于他们的有序有效参与将直接影响刑法立法的质量。

首先，"公众"之刑事案件被害人。长期以来，刑法被看作是国家用

---

[1] 吴元元：《传播时代的立法泛化及其法律规制》，《中国地质大学学报（社会科学版）》2016年第3期。

[2] 参见《瑞士联邦咨询程序法案》（Federal Action of the consultation Procedure）第2条。

来对付犯罪人的法律，正如马克思、恩格斯在《德意志意识形态》一书中指出："犯罪——孤立的个人反对统治关系的斗争。"① 从一开始，刑法就同打击犯罪及其行为人紧紧联系在一起，相反，作为犯罪直接侵害对象之刑事案件被害人却被人们习惯性忽略。幸运的是，这一现象近来发生了悄然变化，尤其伴随着恢复性司法理念在刑事司法领域的盛行，人们开始注意并承认刑事案件被害人在刑法治理中的地位和作用。一方面，刑事案件被害人直接遭受犯罪的侵害，他们对犯罪有着旁人难以企及的切身之痛，因而要求惩治犯罪的动机也就更强烈，这种愿望不仅体现在具体案件的审理中，也体现在刑法立法的过程中，他们对刑法立法有着现实期待和情感驱动，尤其是刑法立法拟调整的内容同先前他们被侵害情况密切相关时，他们就有着比旁人更强烈的立法表达愿望和话题言说能力，也愿意积极地参与刑法立法过程中来；另一方面，刑事案件被害人的悲惨遭遇很容易使其成为公众同情和理解的对象，毕竟犯罪经历在一定程度上代表了共同的或集体的感受，而不再被认为是个体的、非典型的事件，进而引发公众对现有刑法立法改进的舆情共振。总而言之，刑事案件被害人已经成为刑法立法中不容忽视的"公众"，最高立法机关必须认真聆听刑事案件被害人的意见和建议，以提升刑法立法在民主方面的"精准度"，在治理方面的"效能感"。

其次，"公众"之刑事司法机关。刑法立法的直接目的是为刑事司法提供规范依据，只有让人民群众在每个案件中感受到刑事司法的公平正义，才能真正让刑法从"纸张上的法"迈向"生活中的法"，而实现这种转变的最关键主体就是刑事司法机关，它既是刑法立法条文"接收器"又是个案刑事司法案件的"转换器"，它不仅要接收来自最高立法机关刑法立法信息的规范指引，还要通过刑事司法尽可能地将刑法正义转变为个案正义乃至社会正义，即所谓的政治效果、法律效果和社会效果相统一。正因为如此，刑法立法质量的好坏可以从刑事司法机关案件裁判社会效果的好坏反映出来，两者存在条件反射式的敏感联系，因此，刑法立法公众参与之"公众"必须言及刑事司法机关。② 一方面，刑事司法机关是任何刑法立法具体实施情况的信息采集者。它直接同纷繁复杂的生活世界接触，

---

① 《马克思恩格斯全集》（第三卷），人民出版社1960年版，第379页。
② 王群：《刑法立法公众参与：一个基本范畴的辨析》，《重庆理工大学学报（社会科学版）》2020年第12期。

直接同千头万绪的案件事实往来,直接同各种各样的案件当事人打交道,通过对刑事案件的具体裁判,不仅了解现有刑法立法的不足之处,还深谙公众对刑法立法的真需求和新期待,即能够通过在日常司法实践中敏锐观察并把握人民日益增长的美好生活需要同不平衡和不充分的刑法发展之间的客观矛盾,进而帮助最高立法机关明确立什么样的刑法,如何立这样的刑法,进而在民主立法基础上实现精准立法、科学立法。另一方面,刑事司法机关还是刑法的适用者、执行者、评估者和检验者。在刑事司法过程中,它掌握第一手刑法规范的司法适用情况,例如,某类刑事案件的结案率、调解率和上诉率等信息。刑法立法公众参与重视刑事司法机关这一特别的"公众"类型,有助于发挥其积极作用,例如,它能够及时向最高立法机关反馈上述有价值的案件数据和信息,帮助后者及时识别相关刑法立法中的缺陷,以便作出有无必要废止、修改或者解释相关刑法立法的决定。借用一个形象的隐喻,刑法立法好比是产品的生产者,以法院为代表的刑事司法机关好比是商家,社会大众就是刑法的消费者,生产者与消费者之间能否高效、顺畅、便利的沟通,取决于这个商家能否有效传递并反馈信息,例如,商家可根据市场情况告知生产者有关消费者的消费需求情况,需要什么样的产品?不需要什么样的产品?对现有的产品有什么投诉或者好的建议?只有这样,生产者才能有的放矢,有计划地调整生产,或增产、或减产甚至是停产,进而实现生产全流程中各方利益"三赢"。而在此过程中,商家告知生产者的行为实际上就好比刑事司法机关向最高立法机关反馈刑法实施情况,再加上刑事司法机关和最高立法机关均属于体制内组织,在党的领导下,本身也建立起了相对流畅的信息沟通和反馈机制,由此,刑法立法公众参与尤其要重视刑事司法机关这一特定"公众"的参与。

三 理解"参与"

就"参与"这个词语而言,《布莱克威尔政治学百科全书》将其定义为"参与制订、通过或贯彻公共政策的行动。然而,随着参与民主(participatory democracy)理论的兴起,这个词似乎开始被赋予了一些新的内容。例如,陈炳辉教授认为,"参与"意味着通过公民对公共事务的共同讨论、共同协商、共同行动解决共同体的公共问题。[①] 蔡定剑教授认为

[①] 陈炳辉:《参与式民主的现代衰落与复兴》,《中国社会科学院报》2009年4月21日第006版。

"参与"应当排除通过代议制的公众参与。因为"如果把公众参与看作是一种政治选举和公众的街头行动,那么所有公众参与社会事务的行为都成了公众参与,他就不是一项新生的民主制度,也很难成为一项可规范的民主制度,因为它太宽泛了。"[①] 此外,如果从社会学角度来看,公众参与"是指社会主体在其权利义务范围内有目的的社会行动"。[②] 那么,究竟什么是刑法立法公众参与中的"参与"呢?表面上看,它既可以从广义上去理解,包括公众通过间接选举人大代表组成国家最高权力机关进行刑法立法的形式,也可以采狭义理解,例如,普通公众以公民提案、立法听证、网络留言等方式直接参与刑法立法的形式。但实际上,本书研究论题中的"参与"仅是狭义理解下的公众参与,即代议制以外的刑法立法公众参与行为。当然,这绝不是说公众通过代议制参与刑法立法不重要,更不是说公众可以取代最高立法机关直接进行刑法立法,相反,刑法立法公众直接参与是通过代议制公众参与的补充机制而不是替代机制。这是本书在开头就要旗帜鲜明讲清楚的。理由如下:首先,人民代表大会制度是我国的根本政治制度,不仅是坚持和发展中国特色社会主义民主政治的核心要义,更是深刻系统总结近现代中国政治生活正反两方面的经验教训得出来的基本结论,必须长期坚持和发展。[③] 如果将刑法立法公众参与之"参与"理解成通过代议制在内的公众参与,就会造成刑法立法公众直接参与和间接参与的混同,得出公众能够通过直接参与置身最高立法机关来行使刑法立法权的荒谬结论,这将从根本上损害和削弱我国根本政治制度,必须旗帜鲜明地反对。其次,就选题研究意义来说,聚焦刑法立法公众直接参与现象及其背后规律是本书研究的落脚点,如果将参与扩大到包括代议制的公众参与,本书势必就既要关注通过代议制的刑法立法公众参与,还要关注公众直接参与刑法立法现象,势必会分散文章研究的集中度,客观上也会造成研究议题的泛化,结果就有可能出现刑法立法中两种参与都讲了,但都没有讲清楚、说明白,这样就大大降低了文章的选题价值。最后,刑法立法公众参与研究是在参与民主理论范式下展开的,而参与民主从根本上看,用巴伯的话说,就是强势民主的实践,它并不是直接挑战国

---

① 蔡定剑:《公众参与:风险社会的制度建设》,法律出版社2009年版,第4页。
② 戴激涛:《公众参与:作为美德和制度的存在——探寻地方立法的和谐之道》,《时代法学》2005年第6期。
③ 习近平:《在庆祝全国人民代表大会成立60周年大会上的讲话》,《人民日报》2014年9月6日第01版。

家制度层面的代议制,而是强调发展基层领域的参与政治,它试图用大众的直接参与来对代议政治进行补充和改造,[①] 从这个意义上说,刑法立法公众参与更接近于是纯粹意义上的公众直接参与。当然,也有人据此提出一种隐忧:刑法立法公众参与如果仅是公众纯粹性的意见参与,那是否意味着公众对最高立法机关制定刑法并无相应的民意舆论的约束力,换言之,刑法立法中的公众参与会不会沦为最高立法机关民主立法的"陪衬"或"装饰物"。其实,我们大可不必对此过于忧虑,在民主立法蔚然成风的现代文明时代,迄今为止,还没有哪个国家最高立法机关会冒天下之大不韪同主流公众意见唱反调,罔顾公众意见肆意进行刑法立法,这对国家最高立法机关的声誉绝对是个挑战,不仅所立刑法的正当性存疑,国家政权的合法性也将可能因此备受质疑。为了更好地理解刑法立法公众参与之"参与",本文拟从参与的层次、价值和类型等角度对该问题予以进一步说明。

其一,理解"参与"的层次。笔者以为,可大致将刑法立法公众参与之"参与"分为三个层次:初级层次参与、中级层次参与和高级层次参与。就初级层次的"参与"而言,它是在刑法立法过程中,公众对某一可能引发刑法立法动议的社会事件情绪性的意见外露,这种意见通常并未经过公众认真理性的思考,大多还是停留于一种感性认识和情绪表达,它是公众面对生活世界突发状况时应激性的情感宣泄,集中反映社会公众爱憎分明的社会价值观和朴素正义观。例如,某个时段内公众在微信朋友圈里对《人贩子一律处死》文章的疯狂刷屏就是这方面的例证,它集中反映了公众对拐卖儿童现象的极端憎恨,希望通过刑法立法对此杀一儆百,但与此同时它也选择性忽略了对"人贩子一律处死"可能引发的其他消极后果。所以,当朋友圈《我为什么不支持人贩子一律死刑》的帖子开始流传的时候,公众动用死刑的立法声音很快就出现分化。可见,初级层次的参与,公众意见往往存在极大的不稳定性和流变性,甚至会出现完全相反的声音。就中级层次的"参与"而言,一般是指公众就刑法立法拟调整内容的具体法律条款提出针对性的意见和建议,意见和建议大多经过公众前期立法调研并认真思考而提出来,它不是公众某个灵感的突然外露,公众意见相对具有稳定性和有限理性。中级层次的"参与",虽然

---

① 于海青:《当代西方参与民主理论评析》,《国外社会科学》2009年第4期。

也可以是公众在刑法立法过程中主动参与进来,但实践中更多还是公众的一种"应约"式参与,是在刑法立法程序过程中的公众被动式参与。例如,公众接受最高立法机关的邀请参加刑法立法座谈会,或者是,公众在最高立法机关举办刑法立法听证会期间对拟о刑法条款提出意见和建议等。就高级阶段的"参与"而言,参与不再是简单的公众提出刑法立法的意见和建议,而是通过恰当的程序促进公众民意和最高立法机关在刑法立法问题上的双向沟通、意见竞争并通过开放彼此的视域理解对方议题的价值,最终在视域融合中达成刑法立法的"重叠共识"。在这个过程中,立法机关识别公众真正的刑法立法诉求,公众了解立法机关吸收公众民意的主要顾虑,最终,双方在讨论、博弈、承认和妥协基础上寻求刑法立法各方利益的最佳契合点,将公众声音凝练于刑法文本中。从这个角度讲,立法者本无意志,不过是用法言法语记录人民的意志而已。①

其二,理解"参与"的类型。"参与"的类型要讨论的问题是,公众怎样或者通过什么样的方式参与到刑法立法中。按照参与原因来划分,可分为:通过影响性案例的刑法立法公众参与,例如,聂树斌案沉冤昭雪后,公众开始认真反思刑法在保障犯罪嫌疑人权利方面可能改进的空间;通过偶然社会事件的刑法立法公众参与,例如,北京红黄蓝幼儿园虐待儿童事件公开后,公众开始考虑刑法如何更好地保护儿童利益,从而推动刑法立法完善;通过关键新技术突破的刑法立法公众参与,例如,基因编辑技术发展背后的技术滥用风险促使公众考虑刑法是否以及如何介入其中,以最大程度上促使基因编辑技术造福人类和服务社会;通过具体生活感知的公众参与,例如,公职人员借收受礼金实施隐藏式贪腐行为是人们日常生活所体认,于是,人们开始思考反腐背景下公职人员收受礼金行为能否以及如何入刑的问题。②按照参与功能来划分,又可区分为:刑法立法预防型公众参与和刑法立法救济型公众参与,借此公众参与刑法立法实现从"输入端"至"末梢端"的全覆盖。所谓预防型公众参与就是在刑法公布生效前,公众通过各种途径和方法参与刑法立法的参与形式,例如,公众在刑法立法起草、审议阶段参与立法机关举办的各种类型的听证会、咨询会、座谈会和征询公众意见等等。在美国一些州,公众还可借助社会专家

---

① 张晓、岳盈盈:《打通立法与民意之间最后一公里——关于破解地方立法公众有序参与困境的实证研究》,《中国行政管理》2017年第2期。
② 王群:《公职人员收受礼金入刑的冷思考》,《理论与改革》2015年第2期。

协助制度参与到立法中,从而帮助完善相关法律草案。[①] 而救济型公众参与则是在刑法公布施行后,公众通过司法救济途径在内的法定程序对已经生效刑法立法进行异议的参与形式,例如,公众通过合宪性审查制度要求有权机关对违反宪法的刑法立法予以撤销或宣布无效,目前我国这方面制度设计还需完善。按照参与的形式划分,还可分为最高立法机关主导下的公众参与和公众直接推动下的刑法立法参与。前者例如全国人大法工委举办刑法立法草案的听证会、论证会等等;后者例如符合条件的公众联合提出刑法立法草案,其中后一种参与形式对刑法立法公意性影响更为明显、深远。按照参与内容划分,可分为刑法立法公众程序性参与和刑法立法公众实质性参与。前者是公众借助什么样的程序才能有序有效地参与刑法立法,后者既指刑法立法中重要刑罚制度的公众参与,例如,刑法中终身监禁、从业禁止等预防性措施的公众立法建议,也指刑法立法中定罪量刑标准、出入罪或者刑罚量的增减问题的公众立法意见。按照参与的方式划分,可分为通过代议制的公众参与和非代议制的公众直接参与,前者指公众通过全国人大及其常委会履职的方式间接参与刑法立法中,后者指公众以直接的方式参与刑法立法中,如前所述,本书讨论的是后一种类型。按照参与的阶段划分,刑法立法公众参与既包括横向刑法立法的废止、创设、修改和解释阶段的公众参与,也涵摄纵向刑法立法准备、刑法立法审议和刑法立法生效后的公众参与。

其三,理解"参与"的价值。所谓价值,从认识论上来说,表现为客体能够满足主体需要的效益关系,简而言之,就是知觉对象的有用属性。刑法立法公众参与的"参与"价值集中表现在以下两个方面:一方面,刑法立法公众参与有助于提升刑法立法的正当性和合法性。现代刑法立法虽然也有严格的提案、审议、表决和公布等程序,但这种程序化的科层制运作具有相对封闭性和机械性,而刑法立法关涉公民最核心的生命自由法益,允许公众直接参与刑法立法无疑能大大提升所立刑法在程序上的正当性,即决定生命自由法益的刑法不是某个机关或部分个人自由意志的结果,而是全体公众合意的集中体现。另一方面,刑法立法公众参与还有助于推动刑法立法的科学性。众所周知,现代刑法立法中的代议制决定了公众意见表达的间接性而不是直接性,因此,来自日常的公众经验、民意

[①] 饶世权、饶艾:《地方立法公众参与的实质、问题与对策》,《理论与改革》2008年第1期。

和诉求极其容易被立法代表们忽略甚至是被歪曲，损害刑法的人民性。然而，引入公众直接参与刑法立法这一代议制的补充机制无疑将显著改善这种情况，它使得被忽略的经验、民意和诉求重新被发现和挖掘，并呈现在最高立法机关面前，引发后者思考甚至是共鸣，如此一来，国家立法机关和公众在刑法立法内容上的视域融合印象就将变得清晰，刑法立法内容的建构性和开放性将极大改善，最终，刑法立法的正义不是最高立法机关"正确性"的结论而是参与过程中不同主体间"共识性"见解的达成，真正增强社会主义刑事法治的内在权威性。

概言之，刑法立法公众参与之"参与"必须回归参与本身，它不是情绪化的呐喊，而是公众和最高立法机关彼此经过辩论、妥协和深思熟虑之后的智慧结晶，公众参与绝不是惟公众意见言听计从，也不是最高立法机关意志来主导一切，而是在法治价值指挥下的各方意见的博弈、协商和重叠共识，如此一来，方能回归"参与"价值的根本。

第二节 刑法立法公众参与相关问题辨析

刑法立法是国家围绕犯罪、刑事责任和刑罚内容进行的系统性的专门立法活动，公众参与刑法立法仅是刑法立法的一个方面，研究刑法立法公众参与无法也不可能抛开其他方面单独讨论公众参与刑法立法本身，正如民主立法、科学立法和依法立法本身就是相互缠绕而又辩证统一一样，特别是刑法立法公众参与和人大主导立法机制的关系不容忽略。同时，由于刑法立法公众参与过程通常被认为是公众同刑法立法起草机关的意见碰撞和立法交往的过程，公众习惯性地将刑法立法起草机关视为刑法的立法者，人们不禁会问，那么作为以"人民"政治符号出场的公众又是刑法的什么立法者呢？因此，我们有必要弄清楚谁是刑法立法背后真正的立法者。本书谈论的中心问题是刑法立法公众参与，那么，人们就会关心同传统的立法公众参与研究相比，刑法立法公众参与研究的特殊性到底在哪里？正本方能清源，本立方有道生，对这些问题的辨析有助于我们更好地理解刑法立法公众参与这个重大论题。

一 刑法立法公众参与和人大主导立法机制

党的十八届四中全会提出："健全有立法权的人大主导立法工作的体

制机制，发挥人大及其常委会在立法工作中的主导作用。"确立有立法权的人大主导立法是执政党明确的一项十分重要的立法原则。刑法作为基础性的部门法，毫无疑问，刑法立法过程也必须坚持人大主导立法的基本原则。那么，人大主导刑法立法同刑法立法公众参与的关系又是什么样的呢？换言之，人大主导刑法立法到底是在主导什么？这是我们研究刑法立法公众参与议题必须认真对待并需要厘清的一个重要议题。

首先，刑法立法公众参与是人大主导立法的补充机制。刑法立法公众参与，不是说公众通过参与立法去争夺全国人大及其常委会的刑法立法权，更不是僭越执政党对刑法立法的领导权，而是讲公众通过有序有效地参与立法，进而帮助全国人大及其常委会更好地进行刑法立法，实际上，它是一种基于对代议制缺陷修补的公民参与政治权利回归。一方面，刑法立法公众参与扩充人大主导立法的民意基础。众所周知，执政党之所以将人大主导立法作为一项重要立法原则，一个很重要原因就是为了应对并解决"立法官僚化"对正常立法工作的不当干扰，"立法官僚化"是指在最高立法机关法制工作部门专职从事法律制定，由非民选的专业立法人员，他们在国家立法规划、法案起草、法律解释的过程中，以立法/法律专业知识为基础，掌握较为娴熟的立法技艺，具有相当的立法话语权，从而一定程度上支配和主导了法律制定，成为游离于传统理论中民意代表、执政党决策者和行政机关之外的"隐形立法者"。[1] 毋庸讳言，立法工作者在我国立法过程中发挥着不可替代的作用，无论是编制立法规划，形成立法创议，还是立法调研、论证和起草基本都由直接经办，最了解立法情况，最理解立法动因，最掌握立法争议，最认知立法影响，而与此相对应的是，公众代表的兼职化和虚职化使其没有也不可能实际参与到立法起草中，久而久之，公众代表机构的立法权就会出现权力实际"下移"甚至是虚置现象，正如有学者指出："公众代表机构对立法的表决程序只不过是对立法官僚起草立法案礼节性地点头仪式而已。"[2] 从这个意义上讲，如果在刑法立法过程中有序有效地引入公众参与，就能大大增加公众代表

---

[1] 在早先围绕立法过程的研究中，我国有学者提出了"官僚立法"的概念，比如宋华琳教授在 2000 年的一篇随笔中提出了"官僚法""专家立法"和"走群众路线"三种立法模式；江国华教授在关于立法模式的分类中也提出了"官僚型立法模式"和"民主型立法模式"的区分，其指称的官僚立法基本上是指行政机关所主导的立法过程。

[2] 王理万：《立法官僚化：理解中国立法过程的新视角》，《中国法律评论》2016 年第 2 期。

机构的民意品格和立法能力，从而对抗并稀释立法官僚对人大刑法立法权的不当侵袭，推动人大更好地主导刑法立法权，切实提升刑法立法的人民性。另一方面，刑法立法公众参与拓展人大主导立法的知识资源。在福柯看来，话语就是权力，而话语又同知识紧密相连，人大主导立法的关键在于有立法权的人大及其常委会要有相应的立法知识和话语资源，即人大必须有能力立法，即能够准确把握相关立法动议的背景，深刻把握立法的核心要义、可能争议、内在规律及其可能影响，否则，所谓人大主导立法就是一句空话，然而，全国人大常委会的科层制结构大大限制了其在获取最新信息知识方面的优势，同时，全国人大代表政治属性也使其缺乏对立法专门知识的占有。然而，如果我们在刑法立法过程中引入公众参与这一新鲜力量，就可以很好地解决上述问题，公众参与不仅帮助全国人大及其常委会的组成人员掌握更多的刑法立法的背景知识，还能让他们及时识别和了解刑法司法实践中的真问题，更好地把握刑法立法规律，以便针对性的刑法立法，这不仅帮助人大真正主导立法，还助益人大主导立法之法为良法，即科学立法。

其次，健全人大主导立法机制增强刑法立法公众参与的信心。一方面，立法权是全国人大及其常委会的重要权力，如果它连基本立法都无法主导的话，还谈何是最高权力机关呢？因此，健全人大主导立法机制是维护人民代表大会制度权威的必然要求，而刑法立法公众参与目标的实现，同样有赖于人民代表大会制度的全面完善，因为参与是在尊重代议制前提下的公众参与，全国人大越有能力主导立法，就越有利于维护人民代表大会制度的权威，进而也就越有利于增强刑法立法公众参与的信心。另一方面，人大主导立法机制同刑法立法公众参与具有法理上的同源性，人大主导立法背后实际上是公众代表代表公众行使立法权，只是这种主导是公众"间接"的主导立法而已，而刑法立法公众参与则是公众直接参与刑法立法中，两者在本质上都是公众参与立法权，是人民制定刑法，只是参与的形式不同罢了，正因为如此，当我们谈及人大主导立法机制实际上也是在传递加强立法公众参与的立场，而这必然会激励刑法立法公众参与的热情。

最后，正确认识"人大主导立法"，务必将其放在与党的领导、政府依托与政协监督诸多关系中加以理解与把握。全国人大及其常委会主导立法是相对于党领导立法、政府依托立法、各方参与立法而言的，要正确处理立法工作格局中领导、主导、依托和参与的关系。具体来说，人大主导立法应该体现在它对法律的立项起草、调研、论证、组织协调、立法后评估的过程中的立法主动权。如果将人大主导立法放置于刑法立法公众参与的语境中，它绝不是形式上的全国人大及其常委会决定是否以及在哪里举办立法听证会等立法程序上的权力，而是集中体现在对刑法立法过程中公众参与意见的判断权上，即哪些情形和条件下最高立法机关会采纳公众提出的刑法立法建议，并通过立法程序将其吸收转化为具体的刑法立法规范。

二 刑法立法公众参与背后的立法者

"国家的生存绝不是依靠法律，而是依靠立法权。"[①] 国家立法权在本质上属于人民，人民才是一切法律的真正立法者。然而，当我们把讨论焦点移向刑法立法公众参与时，夹杂刑法立法和公众参与刑法立法景象的背后，我们必须再次追问，谁才是这里真正的立法者呢？实践中，经常有人将立法技术官僚（立法工作者）当成是刑法立法背后的立法者，因为，他们负责编制刑法立法年度计划、起草刑法草案文本、组织刑法立法公众座谈会、听证会和咨询会，修改刑法草案中条文甚至是决定刑法立法条款的具体表达方式，他们活跃于每一次刑法立法制定的每一个阶段、每一个环节中，更是公众参与刑法立法过程中能够接触的最多的人，俨然就是一个"实在"的立法者。在我国，这一角色通常由全国人大法工委及其工作人员来担任，然而，他们果真是刑法立法背后的真正立法者吗？答案是否定的，实际上，他们只不过是承担具体立法事务性工作的立法机构及其工作人员，并不是真正的刑法立法者。刑法立法背后的立法者应区分为两种类型予以讨论：抽象立法者和具体立法者。其中，抽象立法者是在根本意义上决定刑法面貌和内容的人，也是终极立法者，是的，它就是人民，只有人民才是真正的立法者；具体立法者是直接表决废立改革刑法立法的主体，例如，在我国，就是由全国人大代表和常委会委员们组成的全国人大及其常委会，它们具体决定刑法条款的内容、范围和效力，而被公众误认为是刑法立法背后的立法者之立法官僚（立法工作者）充其量只能算是直接立法者的辅助人。然而，尽管如此，本书所提及的"立法者可能

---

① [法]卢梭：《社会契约论》，何兆武译，商务印书馆1980年版，第117页。

被遮蔽"和所倡导的"程序中主体间有效立法商谈"中的商谈参与方之一的立法者,除非有特别说明,更多的还是从立法机构及其相关立法工作者角度言说的,因为,如果同公众商谈的对象是全国人大代表及其常委会委员实际上就回到了通过代议制刑法立法的公众参与,而这不是本书要研究的内容,同时,商谈对象也不可能是抽象立法者——人民,这样的话,就变成公众和公众之间的立法商谈了,这同刑法立法公众参与研究更是不相关。实际上,只有将公众商谈的对象指向立法机构及其相关立法工作者,在我国,就是全国人大法工委及其工作人员,① 才能完成刑法立法公众参与中主体间有序、有效的立法商谈重任,需要指出的是,当我们将立法机构及其工作者视为商谈参与方之一立法者的时候,仅是从实际负责刑法立法起草、评估这个层面来说的,换言之,这种认知强调的是立法之形式上的"立",即是在前期立法准备工作中负责立法起草的人,而并不是最后有权表决通过立法之人。除此之外,我们还要注意区分刑法立法公众参与背后的立法者和立法机关的含义差别,立法机关一般是指制定、修改和废除刑法的最高国家权力机关,而立法者涵摄面显然要比其广泛得多,它不仅指拥有刑法立法权的国家最高权力机关,还指涉抽象的人民及其在立法时候行使具体立法表决权的人民代表,而在实行代议制国家,全国人大代表或者国会议员就是具体表决立法通过与否的直接立法者。

三 刑法立法公众参与研究的特殊性

在选择刑法立法公众参与研究作为本著作选题的时候,有人提出,当下,立法公众参与研究著作可谓汗牛充栋,如果你选择刑法立法公众参与作为研究选题,那么就必须突出公众参与在刑法立法上的特殊性,它是整个选题的核心"理论增量",简而言之,就是要讲清楚刑法立法和其他部门立法的公众参与有什么不同之处?那么,这种不同究竟体现在哪里呢?这也正是笔者在本书开头需要讲清楚和向读者交代的一个重要问题。有一种观点认为,刑法立法公众参与的特殊性在于刑法立法过程中公众在参与程序上的"特殊",与此相适应,刑法立法公众参与研究,就是要设计一套能够反映刑法特殊性的公众参与立法的程序。实际上,这种观点并不全

---

① 全国人大法工委是全国人大常委会下设的工作委员会之一,本身就有协助最高立法机关制定包括刑法在内的法律规范的职责,公众围绕刑法立法同其充分商谈具有正当性,同时,全国人大法工委具有固定的人员编制和财政经费保障,公众围绕刑法立法同其商谈具有可行性。

面，甚至存在很大的误导性，刑法立法公众参与研究的特殊性并不是说要过多地聚焦公众于刑法立法在参与程序上如何的"标新立异"，实际上这也是不可能完成的，因为，现代大多数国家正式立法在立法程序上都是相似的，具有统一制式且强制性的立法流程。我国也不例外，刑法立法程序同样也要受我国《立法法》相关程序性规定的约束，而这些规定大多对公众能否参与，如何参与都有着非常刚性的规定，即便《立法法》能通过修法来变通或者改进，空间也不会很大，正因为如此，我们并不认为刑法立法公众参与研究的特殊性是公众于刑法立法在参与程序上如何特殊，即便这也是重要的，我们更应该关注程序之外的"特殊性"，即刑法立法公众参与在实体意蕴上的特殊性，它指明我们在面对刑法立法公众参与理论困境和实践困境的时候，能否以及如何找到一条破解公众参与困惑的正确路径，这才是刑法立法公众参与研究的真正"特殊性"。具体来说，我们就是要关注刑法立法公众参与在理论上的困境，例如，刑法立法公众参与中的民意可靠吗？公众参与促进刑法立法科学化了吗？刑法民主立法和科学立法的关系？反思公众参与对传统刑法理论的挑战，追问，如果说刑法立法公众参与存在"限度"，那么，这个"限度"又究竟在哪里？我们就是要关注刑法立法公众参与在实践中的困境，例如，过多地依赖传媒发声、公众参与效果欠佳、公众介入刑法立法的时间滞后、刑法立法公众参与配套机制不健全等等。在此基础上反思上述困境的根源是什么？迷茫的立法者还是被误导的公众？从而悟并得出针对刑法立法公众参与的解局之道，只有这样，我们才能真正找到刑法立法公众参与研究的真正特殊性。总而言之，刑法立法和其他部门立法公众参与的不同之处，不是公众在参与刑法立法的程序上有什么多大不同，而是要聚焦刑法立法公众参与之"刑法立法"，它在法源、调整对象和方法等方面的特殊性是如何影响公众有序有效参与的？由此，又会产生哪些刑法立法公众参与困境？通过对此类"特殊性"话题针对性研究提出实体上的解局之道，即党导商谈立法理念和程序中主体间有效商谈的方法论，方能识别刑法立法公众参与研究的核心问题。

第二章

刑法立法公众参与的立论基础

第一节 理论资源

理论是人们经过长时间生活实践中总结提炼出来的经验、方法和认识，它是经过实践检验并为人们普遍承认的抽象原理和规律性认知。刑法立法公众参与中的理论资源就是要解决公众为什么要参与刑法立法的问题并对其给出学理上的交代。长期以来，学界重视刑法立法公众参与理论研究，提出诸如在人民主权理论关照下通过公众参与实现刑法从国权刑法向民权刑法过渡等观点；[1] 还有学者从公共选择理论、社会资本理论和多中心治理理论等方面对刑法立法公众参与逻辑进行阐释[2]，极大拓展了刑法立法公众参与的知识图景，但也存在理论资源较为单一、论证同质化等问题，相关理论几乎可以作为整个立法而不仅是刑法立法公众参与的逻辑。鉴于此，笔者拟从刑法知识的部门法学原理、人民主体的政治学原理和耗散结构的自然科学原理三个不同方面对这一问题进行立体化论证，重新理解刑法立法公众参与的逻辑，尤其从不同学科视角发现刑法立法公众参与的正当性和必要性，并聚焦其中"刑法"语境的特殊性，通过更深入更全面的学理挖掘助益新时代刑法立法公众参与价值的再发现，并籍此促进刑法立法公众有序有效参与，提升新时代刑法立法质量。

一 刑法知识：把公众参与带回刑法立法的法治逻辑

所谓刑法知识是人类在同犯罪作斗争的过程中形成的关于犯罪、刑事责任和刑罚的认识论成果，集中表现为对犯罪本质、刑法性质、刑法功

---

[1] 张飞飞：《论刑法的公众认同》，博士学位论文，西南政法大学，2014年。
[2] 李拓等：《中外公众参与体制比较》，国家行政学院出版社2010年版，第72—95页。

能、刑法目的和刑法治理规律的理性认知和深刻把握①。从刑法知识角度审视把公众参与带回刑法立法逻辑，不同于以往对立法为什么要公众参与的一般性论证，它将目光聚焦于刑法的特殊性，是立法为什么要公众参与在刑法领域的具体细致讨论，最大限度契合选题立论的基本要义。具体来说，犯罪本质、刑法性质和刑法治理内在地规定了刑法立法公众参与的内在逻辑。

（一）犯罪本质与刑法立法公众参与

首先，犯罪是刑法中的基础性概念，无犯罪则无刑罚，而犯罪的本质又直接指向刑事违法性，某种意义上行为能否入罪，刑事违法性的判断尤为关键。刑事近代学派多以行为无价值理论理解违法性的本质，指出"不法是与行为人相关的'人'的行为无价值"，② 与此相适应，社会相当性理论亦认为违法性只有在社会生活中由历史形成的并为社会伦理秩序不被允许的行为才能得以正式确认。③ 那么由谁来识别以及如何识别"为社会伦理秩序不被允许的行为"呢？显然，公众是社会伦理秩序的建构者、生活者和评价者，是判定"为社会伦理秩序不被允许的行为"最有发言权的人。只有让公众参与刑法立法，才能保证所立刑法关于犯罪和刑罚的规定符合行为违法性的本质，保证刑法对不法行为界定不背离公众的常识、常情、常理，进而保障所立刑法的人民性。反之，如果公众不参与刑法立法，作为"为社会秩序不被允许的行为"的违法性判断就极易被个别立法官僚个别意志垄断甚至篡改，即便他们在刑法立法中对何谓"为社会伦理秩序不被允许的行为"的判断没有强行塞进自我想象化的"犯罪与刑罚"，但也很难保证他们能同生活在社会伦理秩序中的公众那样对违法性判断有更为切肤的体会。正如西原春夫教授所言："在制定刑法时必须考虑的是国民的欲求。当看到要求制定刑法的国民欲求已产生时，立法者就必须制定刑法。反之，不顾国民并没有要求制定刑法而制定

---

① 王群：《刑法立法公众参与：一个基本范畴的辨析》，《重庆理工大学学报（社会科学）》2020年第12期。

② 马克昌主编：《近代西方刑法学说史》，中国人民公安大学出版社2008年版，第501、504页。

③ 团藤重光教授认为，社会的相当性是指"得到了作为法秩序基底的社会伦理规范的允许"；大冢仁教授认为，社会的相当性是指"得到了现实的国家社会中形成的社会伦理秩序的允许"。参见张明楷《外国刑法纲要（第二版）》，清华大学出版社2007年版，第151—152页。

刑法，这就不正确了。"① 当然，也有人提出行为无价值并非理解犯罪本质的唯一答案，结果无价值也是犯罪本质的通说之一，即犯罪的本质是对行为引起法益侵害或者危险的结果作出的否定评价。② 其实，以法益侵害为中心的结果无价值判断同样离不开公众，例如什么是"法益侵害"，只要有理解，理解就会不同，理解包含着一种丧失自身的因素。③ 而克服理解悖论的最佳途径就是要找到理解发生的场域，即我们是在什么场合、范围和意义上谈论理解。当我们置身犯罪给公众的生命财产安全造成侵害或现实威胁的场域论述法益侵害，那么理解"法益侵害"本质最终就要回到公众本身，公众不仅是法益侵害的潜在对象，更是法益是否受到侵害及其侵害程度大小的直接感知者和言说者，鉴于此，我们又有什么理由在对犯罪和刑罚界定的刑法立法过程中排斥公众参与呢？实际上，越是古老的法律，受文化的掣肘就越明显，受公众价值观的牵制就越明显，公众参与立法的必要性也就越明显，而刑法正是这种古老的法律。无论我们是从行为无价值还是结果无价值来理解犯罪和刑罚，均内在规定了公众参与刑法立法的规律性。

（二）刑法性质与刑法立法公众参与

刑法性质，即刑法具有区别于其他法律的特殊属性④。具体表现在刑法在规制内容上的特定性、制裁手段上的严厉性、法益保护上的广泛性和部门法律上的补充性，这些特殊性内在规定了刑法立法必须要有公众参与。首先，就规制内容的特定性而言，刑法是规定犯罪及其法律后果的法律规范，是规定公民重要生命财产安全和人身自由的法律规范，直接关乎公民生存和发展最基本的人权保障，一言以蔽之，刑法是公民实现美好生活最重要的法律保障。既然如此，在这些涉及公民自身利益调整的刑法立法上，公众理当"在场"并保有话语影响力，最直接的表现就是公众参与刑法立法，即在代议制立法外通过把公众参与带回刑法立法，实现更广泛更深层次的民主立法。其次，就制裁手段的严厉性而言，刑法以刑罚为

---

① ［日］西原春夫：《刑法的根基与哲学》，顾肖荣等译，法律出版社2004年版，第99—100页。
② 马克昌主编：《外国刑法学总论》，中国人民大学出版社2009年版，第165页。
③ ［德］H. G. 伽达默尔：《真理与方法》（上卷），洪汉鼎译，上海译文出版社2004年版，第422页。
④ 张明楷：《刑法学》，法律出版社2016年版，第20页。

主要的制裁手段。不同于行政处罚的警告、罚款等制裁措施，它通过限制人身自由甚至剥夺生命等方式实现最强社会威慑，是国家现有全部法律制裁体系中最为严厉的手段，稍有不慎的滥用都可能会对公民的基本权利造成重大现实侵害或者威胁。正因为如此，刑法必须恪守不得已原则，最大限度保持立法谦抑性。把公众参与带回刑法立法有助于制约未经审慎甚至于夹带私利的立法，并督促其创设妥当的刑法，至少不能损害公众正当利益，正如西塞罗所言，"为了得到自由，我们才是法律的臣仆"。再次，就法益保护的广泛性而言，一般部门法仅是调整社会生活中某一方面的社会关系，例如，民法调整的是平等主体间的财产和人身关系，经济法调整的是国家在经济管理中发生的经济关系。刑法立法调整的社会关系则不局限于某一方面，而是涉及人身、财产、经济、婚姻家庭和社会秩序等诸多领域，法益保护范围最为广泛。面对社会生活领域的不同方面，理性的立法者是否有足够的能力理解现实并在此基础上科学立法本身存疑。事实上，在各种法益诉求竞相表达的刑法世界中，纯粹理性的立法者经常面对不同法益诉求难以抉择，或者从抽象逻辑出发滑入逻辑决定论的思维陷阱，而把公众参与带回刑法立法就相当于在传统逻辑惯习下融入更多的生活经验，嵌入更多生活场景，在常识、常情、常理浸润下帮助立法者识别并确认多元法益保护诉求中什么才是刑法最紧要的保护法益。最后，就刑法的保障法特点来看，刑法只有在其他部门法无法或者难以保护某种法益时才会果断"出手"，在法益保护位阶上被喻为"最后手段法"。此外，刑法还是其他部门法的保障法，例如，刑法如果不规定拒不执行判决、裁定罪，依据民法等其他法律作出的生效判决、裁定执行力度就会削弱甚至会变成一纸空文，正如卢梭所指出："刑法在根本上与其说是一种特别的法律，还不如说是对其他一切法律的制裁。"[①]刑法在整个法秩序中具有无可替代的重要性，刑法立法除了谨慎，更须在广泛且复杂的法益识别和考量中融入更多的主体间性，由多元主体就刑法问题进行充分的话语竞争，识别各自立场局限并消解意见龃龉，进而减少最高立法机关可能的立法疏漏甚至瑕疵，即刑法立法不是个别意志垄断的结果，而是立法机关和公众的循环往复的立法商谈中碰撞意见并形成"重叠共识"的浮现。更何况，其他部门法制定尚且呼唤公众参与，作为最后保障法的刑法立法又岂能将

---

① ［法］卢梭：《社会契约论》，何兆武译，商务印书馆1980年版，第73页。

公众参与置身事外?

(三) 刑法治理与刑法立法公众参与

刑法治理,是指刑法在规范人们行为和调整社会关系过程中现实和可能发挥的作用,它包含立法价值理念的抉择、立法方法路径的确定、立法中不同法益的权衡取舍、立法惩戒激励功能的平衡以及立法内容表达和程序机制设计等方面。刑法治理现代化要求刑法立法公众参与。首先,刑法治理理念现代化要求刑法立法公众参与。长期以来,国权刑法观和民权刑法观被认为是现代刑法治理的两个截然不同的价值面向。前者以社会秩序为本位,突出刑法打击犯罪、维护稳定的功效;后者以人权保障为本位,突出刑法的程序法治、人民尊严的价值,当然,民权刑法观不是说不需要打击犯罪,而是说在人权保障指引下更好地打击犯罪。从国权刑法观到民权刑法观是刑法治理理念现代化的集中反映,是刑法治理坚持以人民为中心的最集中反映,而刑法立法中民权刑法观的落实,首先就在于了解民众需求,倾听民众声音,回应民众诉求、解决民众问题。这就要求在代议制立法之外把公众参与带回刑法立法,把公众的关切和问题更好地融入刑法立法,把公众知识和见解更好地带入刑法立法,以最大限度彰显刑法立法的人民智识。其次,刑法治理现代化要求刑法立法公众参与。风险社会背景下的刑法将不得不承担越来越多的社会治理功能,赋予越来越多的社会风险防控功能,刑法不再仅是国家打击犯罪的"利器",还是关乎亿万民众现实福祉的"公器"。既然是"公器",立法就不再是少数人意思的团体酝酿,而必须保持相当的公共开放性,允许并创造条件让更多公众参与到刑法立法中,并保障他们在这个过程中充分地表达自己的意见和建议,进而让所立刑法反映更多人的意志。事实上,伴随风险刑法理念的盛行,立法者客观上具有将预备行为犯罪化、帮助行为实行化的预防性刑法立法冲动,把公众参与带回刑法立法,有助于立法者掌握更多元的立法声音,更广泛的立法建议,更真实的立法诉求,进而消解预防性刑法可能带来的法治风险。最后,刑法的公法属性要求刑法立法公众参与。不同于调整普通公民、组织等平等主体之间的私法,公法直接指向国家与普通公民、组织等不平等主体之间社会关系的调整,这种属性内在地规定了公众应当参与其中,以消解可能的国家权力扩张下民众自由日渐逼仄的风险。刑法是最典型的公法,把公众参与带回刑法立法,有助于推动现代刑法治理更加关注具体的个人自由和人权保障,而不仅仅是宏大的国家利益叙事和抽象的公众利益素描。概言之，刑法立法是分配罪刑正义的平衡艺术，刑法以正当性为指针，法律正当性的形成不在政策对法律的作用，也不在国家权力的绝对主导，而在于公众最大限度被社会动员起来并现实地参与到我国刑法立法中。

二　人民主体：把公众参与带回刑法立法的政治逻辑

（一）人民主体理论的内涵

党的十九大报告中指出："坚持人民主体地位……把人民对美好生活的向往作为奋斗目标，依靠人民创造历史伟业。"[①] 坚持人民主体地位新时代全面依法治国的重要理论遵循，它滥觞于马克思主义经典作家所提出的人民主体理论。学界通说认为，马克思人民主体理论主要包括以下三方面内容：首先，现实的个人是人民主体的逻辑前提。马克思在批判"宗教的人"的基础上提出了"现实的个人"的概念，"社会结构和国家经常是从一定个人的生活过程中产生的。但这里所说的个人……是从事活动的，进行物质生产的，因而是在一定的物质的、不受他们任意支配的界限、前提和条件下能动地表现自己的"。[②] 而"历史不过是追求着自己目的的人的活动而已"。[③] 紧接着，马克思进一步指出，"现实的个人"实际上就是指人民大众即无产阶级，"这个阶级是社会成员中的大多数"。[④] 可见，人民主体理论下的人民是具体、活生生的个人，不是抽象的"人民"顶替者。其次，劳动实践是人民主体的核心范畴。人民的主体性地位不是靠上帝的恩赐，更不是依赖某个思想家对人民逻辑的推崇而主观性确立起来的，它必须回归劳动实践，依靠人民大众的"自主活动"，而不是人民的"坐享其成"，没有劳动实践就没有人民主体性地位，正如马克思所说："正是在改造对象世界中，人才真正地证明自己是类存在物。这种生产是人的能动的类生活，通过这种生产，自然界才表现为他的作品和他的现实。"[⑤] 当然，马克思也注意到："人们自己创造自己的历史，并不是随心所欲地创造，并不是在他们自己选定的条件下创造，而是在直接碰到

[①] 习近平：《决胜全面建成小康社会　夺取新时代中国特色社会主义伟大胜利——在中国共产党第十九次全国代表大会上的报告》，《人民日报》2017年10月28日第01版。

[②] 《马克思恩格斯全集》（第三卷），人民出版社1960年版，第29页。

[③] 《马克思恩格斯文集》（第一卷），人民出版社2009年版，第295页。

[④] 《马克思恩格斯全集》（第三卷），人民出版社1960年版，第78页。

[⑤] 《马克思恩格斯全集》（第四十二卷），人民出版社1979年版，第97页。

的、既定的、从过去承继下来的条件下创造。"① 即劳动实践是具体能动的实践过程，表征为因时、因事和因果的劳动实践和创造。最后，全人类解放是人民主体的终极目标。"代替那存在着阶级对立的资产阶级旧社会的，将是这样一个联合体，在那里，每个人的自由发展是一切人的自由发展的条件。"② 每个人的自由以及在此基础上的全人类的自由是马克思人民主体原则的终极目标，是对全人类命运的深层次思考。总而言之，人民主体核心内涵指向人民是历史的创造者，是社会变革的决定性力量，更是推动人类历史前进的主体性动力。

(二) 人民主体与刑法立法公众参与

坚持人民主体地位不仅是贯彻落实习近平法治思想的必然要求，也是实现我国刑法立法科学立法、民主立法和依法立法的必然要求。人民主体理论之于刑法立法的价值，除了要继续完善人民代表大会制度以外，还集中表现为把公众参与带回刑法立法，要积极创造条件让公众有序、有效地参与到刑法立法，无论是现实的个人、劳动实践还是以全人类解放为目标都暗含刑法立法公众参与的合理性和必要性。

1. 现实的个人通过公众参与来表达

坚持人民主体地位，要求人是"现实的个人"而非"抽象的个人"。众所周知，晚近以来，通过代议制立法是资产阶级国家立法的主要形式，公众通过选举公众代表组成代议机关制定包括刑法在内的法律，代议机关制定刑法就相当于人民亲自制定刑法，正如卢梭鼓吹的那样："立法权属于人民，而且只能属于人民，凡是不曾为人民所亲自批准的法律，都是无效的；那根本就不是法律。"③ 然而，一个基本事实不容忽略："人民，所有国家权力应该从此出发的人民，并不构成一个有意志有意识的主体"，④ 实际上，当现实的个人将立法的权力委托给资产阶级代议机关以后，所谓人民的立法权的"人民"只不过就是一个抽象的概念符号——政治国家为说明权力来源而虚构的符号。真正掌握立法权的是代议机构，它以"人民"的名义立法：一方面依托作为道德整体的人民构筑法律的合法

---

① 《马克思恩格斯文集》(第二卷)，人民出版社 2009 年版，第 470 页。
② 《马克思恩格斯选集》(第一卷)，人民出版社 1995 年版，第 294 页。
③ [法] 卢梭：《社会契约论》，商务印书馆 1980 年版，第 125 页。
④ [德] 哈贝马斯：《在事实与规范之间——关于法律和民主法治国的商谈理论》，童世骏译，生活·读书·新知三联书店 2003 年版，第 627 页。

性；另一方面，在实际的立法过程中又将自己的"私意"置换成人民的"公意"，然后以人民的代理人的身份宣称立法符合了人民利益，而这种抽象的立法共识只需宣示不需证明。"民主政治的一条基本规律就是只有人民可以制定法律"，① 但这里的人民若只剩下抽象的"人民"宣言，而找不到任何具体鲜活的实在的"个人"，西方资本主义国家所谓人民主权就只能是个美丽的谎言了。从"抽象的个人"到"现实的个人"背后是人民主权到人民主体的逻辑演进，更是刑法立法回归人民性的根本途径，哪怕囿于现实条件我们不得不接受作为代议制中"抽象的个人"存在，但也必须以促进"现实的个人"完善，至少不能以侵犯其利益为前提，否则，一切容忍和妥协就没有意义。把公众参与带回刑法立法，是人民主体理论"现实的个人"在刑法立法中典型的路径实现。因为公众是活生生的"现实的个人"而不是抽象的人民，公众外化为独立的个体身份参与刑法立法，公众外化为独立的个体意志针对刑法立法发声，公众外化为独立的个体力量实践刑法的民主立法，通过主体间性最大限度消解代议机构"想象式立法"潜在风险，如果我们坚持从"现实的个人"出发认识刑法立法，那就必须把公众参与带回刑法立法，反之，"现实的个人"无从谈起。

2. 劳动实践通过公众参与具象化

坚持人民主体地位，要求实践是"具体能动"而非"凭空想象"的实践，而公众参与就是刑法立法过程中最为典型的具体能动的劳动实践，表征为"因时、因事、因果"的实践样态。首先，把公众参与带回刑法立法是"因时"的劳动实践。法与时转则治，治与世宜则动，劳动实践具有鲜明的时代性。近年来，我国刑法立法情势的变化呼唤刑法立法公众参与。现阶段，我国社会主义法律体系已基本建立，刑法立法面临从"有法可依"到"科学立法"的立法任务转型，鉴于此，科学立法是新时代作为劳动实践之刑法立法的重大使命，问题是怎样实现刑法立法从量到质的升华。显然，仅凭过去纯理性的立法技艺，无论是从刑法立法的道德正当性还是实际效果而言都充满不确定性，高质量刑法立法呼唤新的立法渊源和素材，面对新的社会情势变化，只有把公众参与带回刑法立法，让理性和感性的立法技艺在刑法立法中兼容并济、和谐相生，让最新社会情

---

① [法] 孟德斯鸠：《论法的精神》（上册），张雁深译，商务印书馆 1959 年版，第 12 页。

势和社情民意全面嵌入刑法立法，不断保持刑法立法的适应性、实践性和鲜活性。其次，刑法立法公众参与是"因事"的劳动实践。社会转型是当代中国发展的集中缩影，在这一特殊的社会结构变动中，诸如失业、生物安全、信息泄露、平台垄断、恐怖主义和环境公害等现实问题在短时间内可能会集中显现出来，如何通过刑法统筹发展和安全是摆在国家治理体系和治理能力现代化面前的重要议题。笔者注意到，近年来，围绕社会治理的刑法前置化抑或谦抑性争议不断，越来越多的公众寄希望于通过重塑积极主义刑法观来应对风险社会的各种风险和不安全，例如，在刑法立法中通过将预备行为实行化、共犯行为正犯化、公民合作义务加强来强化刑法预防性立法，不断强化刑法风险治理端口前移。显然，我们断不能仅凭抽象的刑法谦抑性就全然否定上述论点，甚至是排斥所有的犯罪化刑法立法，这无必要也不可能，正确的做法应当是在谦抑性原则指引下科学立法。具体言之，就是要准确识别社会转型期犯罪化刑法立法背后的真正民意，了解公众就风险议题、刑法立法问题的真实想法进而科学决断。鉴于此，认真听取公众意见对实现刑法立法科学化就至为关键，通过公众参与刑法立法回应日益"发展"的劳动实践，进而让刑法立法走下纯粹理性主义的神龛。最后，刑法立法公众参与是"因果"的劳动实践。法秩序是一种显性的秩序，伦理则是隐藏在法秩序背后思想性的东西，伦理规范是国家法律的根基，立法是对国家伦理规范的正式转化和文本表达。如何寻找法规范背后的情理？长期以来，我们深受西方理性立法技艺的影响，只顾将目光投向立法专家，以为通过专家的理性逻辑就能顺利探寻到法规范背后的情理真谛，只是终究事与愿违，近些年我国刑法修正日渐频繁，但公众对刑法的公众认同并没有显著的提高值得我们认真反思。必须承认，刑法立法如果过多地追求彰显专家理性的立法技术，那么作为常识、常情、常理价值的刑法立法就极易被人为克减甚至忽略。其实，刑法立法背后的情理存在于民族精神之中，存在于千千万万公众日常生活联系之间，发现并摄取刑法背后情理的唯一办法就是把公众参与带回刑法立法。正如马克思在《论离婚法草案》中指出："立法者应该把自己看作一个自然科学家，它不是在创造法律，不是在发明法律，而仅仅是在表述法律，他用有意识的实在法把精神关系的内在规律表现出来。如果一个立法者用自己的臆想来代替事情的本质，那么人们就应该责备它极端任性。"① 综上所述，劳动实践通过公众参与具象化，它内在规定了刑法立法公众参与的正当性和必然性。

3. 所有人的自由以公众参与为途径

坚持人民主体地位，要求自由是"所有人"而非"个别人"的自由。首先，所有人的自由需要公众参与来贡献智慧。要想实现所有人的自由必须要有群体的智慧作支撑，这个群体的智慧有且只能来源于社会公众。具体到刑法立法，把公众参与带回刑法立法，公众和公众之间、公众和立法者之间就刑法立法中的许多问题乃至刑法条文表述进行深入讨论，做到信息对称、意见共振和观点碰撞，使刑法立法过程及其文本形成和表达能够凝聚更多人的智慧。新中国成立初期，我国在制定宪法、兵役法和婚姻法等重要法律时，均采取先公布草案，在一定范围内征求意见，最后由立法机关讨论通过的办法。毛泽东把制定1954年宪法的经验概括为"领导与群众相结合"的方法。他指出："这个宪法草案结合了少数领导者的意见和8000多人的意见，公布以后，还要由全国人民讨论，使中央的意见和全国人民的意见相结合。这就是领导和群众相结合，领导和广大积极分子相结合的方法。过去我们采用了这个方法，今后也要如此。一切重要的立法都要采用这个方法。"② 刑法立法显然属于毛泽东这里所讲的"重要的立法"。其次，所有人的自由需要公众参与来贡献力量。要想实现所有人的自由不可能依靠某个机关或者个人的力量来实现，也不可能是一时一地之功，必须要有源源不断地来自四面八方的力量方可能实现之，而这力量归根结底还是所有人中的每个人，他们是自由的直接体验者和评价者。具体到刑法立法语境中，就是要让公众参与刑法立法，虽然公众并不能最终决定刑法立法结果，但公众通过参与或多或少影响刑法立法本身就意味着主体拥有自我主宰命运的意义，即独立的权利主体地位在刑法立法中得到尊重。换言之，公众之主权者身份得以彰显。除此之外，公众亲自参与刑法立法的讨论和审议，也有利于公众在心理上认同刑法立法，"法律可能是不好的，但我参与立法的过程使我有义务承认它们的合法性并服从它们——那种义务来自这一事实：我是构成社会的成员之一，社会的法律就

---

① 《马克思恩格斯全集》（第一卷），人民出版社1995年版，第347页。
② 《毛泽东文集》（第五卷），人民出版社1996年版，第126页。

是我的法律，制定法律时我出过力"。① 由此可见，把公众参与带回刑法立法确实能为公众带来心灵上的满足感，带来法律上的尊崇感，无论这种满足和尊崇是否真实，但这客观上为实现所有人的自由注入自发性主体力量。最后，所有人的自由需要公众参与来引领方向。要想实现所有人的自由，关键是前进的方向不能偏差，既然是所有人的自由，决定其前进方向的人应该也是所有的人。换言之，我们必须警惕个别专家意志冠以人民名义的言说决定所有人自由的方向。具体到刑法立法中，公众不仅是刑法立法的评判者、体验者和受益者，也是决定刑法立法方向最有话语权的人，要想回答"立什么样的刑法""如何立那样的刑法"这些根本性的立法方向问题，只有把公众参与带回刑法立法并有序有效地参与其中方可能得到答案，如果没有公众参与，所谓所有人的自由就会沦为一句空话，不仅刑法立法方向容易发生偏差，刑法甚至还可能异化为保护少数人自由的恶法。倡导公众参与的刑法立法实现所有人自由的目标未必能够立刻实现，但如若没有公众参与的刑法立法，要想实现所有人的自由的目标则是万万不可能的。

中国共产党始终坚持以人民为中心的法治理念，始终把人民利益摆在至高无上的地位，把人民对美好生活的向往作为全面依法治国的奋斗目标，不断落实全面依法治国中的公众参与、公众表达和公众意见。② 立法权是国家权力体系中最重要的权力，是人民主体地位的保障，也是人民主体最重要的实现方式。在刑法立法中落实人民主体原则，就是要坚持刑法立法公众参与，否则，刑法立法中所谓人民主体地位的宣谕，要么是欺骗公众的胡话，要么是麻醉自己的鬼话，最后太多的刑法，太少的正义。

三　耗散结构：把公众参与带回刑法立法的自然逻辑

唯物辩证法认为：联系是普遍的，整个世界就是一个相互联系的整体。如果我们能从诸如人民主体、刑法治理等社科知识中得出刑法立法公众参与的结论，那么，我们也应该能从自然科学中找到这一结论的依据。是的，物理学中"耗散结构"就为刑法立法公众参与找到了自然逻辑上

---

① ［美］科恩：《论民主》，聂崇信、朱秀贤译，商务印书馆 2004 年版，第 233 页。
② 党的十七大报告明确提出："制定与群众利益密切相关的法律法规和公共政策原则上要公开听取意见"；在之后党的十八大报告、十八届三中、四中全会均明确提出："扩大（拓宽）公民有序参与立法途径"的意见内容。

的论据。谈及这一概念就首先要从热力学第二定律开始说起。根据该定律，在一个孤立的系统里热能总是从高温物体传导至低温物体，而不是相反。1865年，克劳修斯引入"熵"这个态函数，将热力学第二定律全新表述如下：[1]

$$\Delta S = S_a - S_b = \int_b^a \frac{dQ}{T} \int_b^a \frac{dQ}{T}$$

其中，b为初始状态，a为终末状态，S_a和S_b为相对于a和b状态时的熵值，T为绝对温度，Q为热量，$S_a - S_b$叫熵变。若系统经历一个可逆过程，那么上述公式中的函数值与积分路径无关，只与系统的初态和终态有关，所以熵是系统的一个态函数。这样，引入熵的概念后，热力学第二定律就可表述为：任何系统都存在熵这个态函数，在可逆过程中系统熵的变化等于系统所吸入的热量与热源温度之比，在不可逆的过程中，熵变大于热温比。由于热能总是从不可逆地从高能端传向低能端，所以，其熵变永远是大于零，即熵增不可避免，而实际上熵是衡量物质系统混乱或无序的量度。据此，我们可以得出个更加普遍的结论，在不可逆的系统中，自发过程是使系统的熵值增加而不可能是熵值减少的过程；系统到达平衡时，熵值最大，"从有效到无效，从有序到无序"的熵增不可避免。[2] 据此，我们似乎得出了一个比较悲观的结论，无论何种初始条件的系统，都将面临不可逆的熵增直至最后的全面失序，而达尔文的进化论似乎又在说从单细胞生物发展到人，进化朝着越来越复杂但有序的方向演进。[3] 那么又该如何看待这种分歧？1969年，比利时著名物理学家普利高津（Prigogine）耗散结构理论给深处悲观中的人们点亮了灯塔，他认为熵增理论描述的仅是孤立和封闭的系统，对于开放系统，通过不断地同外界进行物质、能量和信息的交换，从周围环境中引入负熵和正反馈循环，能够抵消系统中不可逆熵的增加，他将耗散结构定义为：一个远离平衡态的开放系

---

[1] ［比］尼科里斯、普利高津：《探索复杂性》，罗久里、陈奎宁译，四川教育出版社1986年版，第58页。
[2] 傅广苑：《我国公共服务提供系统的耗散结构特征及其有序化》，《中国行政管理》2006年第11期。
[3] 张文龙、余锦龙：《熵及耗散结构理论在产业生态研究中的应用初探》，《社会科学家》2009年第2期。

统通过与环境不断地交换物质和能量,在一定条件下自发形成的有序结构。① 即通过系统内外环境间物质、能量、信息的交换和流通,使系统从外部输入的负熵流绝对值大于系统内部的熵的增加,从而使系统的熵逐步减少,促进系统长期健康发展,开放系统的熵变如下式所示 $dS = diS + deS$,其中 diS 是由系统内部不可逆过程而产生的熵增,这部分绝对不可能为负数,即 $diS \geq 0$,deS 为熵流则可正可负还可为零,当形成耗散结构时,deS 为负熵流,由于外界有负熵流入,系统的总熵就可以保持不变乃至减小,从而实现系统的稳定或者说达到有序。② 可见,耗散结构是物质运动走向进化的重要条件和根据,而系统产生耗散结构的一个重要条件就是系统的开放性,即系统内外环境之间要有物质、能量、信息的交换和流通,并且必须使系统从外部输入的负熵流绝对值大于系统内部的熵增加,进而使系统的熵逐步减少。③ 一旦系统封闭起来,无论是物理系统、生命系统还是社会系统,都只能自发地走向无序,同时即便在开放系统中,如果系统不是从环境中引进负熵而是引进正熵,也会加速系统向无序退化。"耗散结构"的熵定律告诉我们孤立的系统必须要和社会交换,否则难以可持续发展。具体到刑法立法中,刑法立法也可视为一个孤立的系统,它同样面临着不可逆的熵增困境的问题,如果刑法立法仅是依靠专家垄断的封闭式立法,刑法立法也将不可避免地走向熵增困境,立法质量也会每况愈下,最终还可能会导致刑法立法的全面溃败,刑法立法的公众认同降至冰点。鉴于此,借鉴"耗散结构"理论,引导刑法立法不断地同外界环境进行充分的信息、物质和能量的交换,促进刑法立法系统由封闭向开放转型,而要做到这一点的关键就是刑法立法公众参与,让公众全面地参与到刑法立法过程中,就刑法立法的内容、程序和时间及其争议情况同立法者进行充分的信息沟通,借此在刑法立法孤立的系统中引入"负熵流",从而使刑法立法系统的熵变再平衡。值得注意的是,刑法立法公众参与中的

---

① 苗红、韩文秀、李全生:《基于熵与耗散结构的高等教育系统管理研究》,《中国农业大学学报(社会科学版)》2004 年第 3 期。
② 王群:《再论把公众参与带回刑法立法——从社科话语到耗散结构的价值再发现》,《理论月刊》2021 年第 7 期。
③ 产生耗散结构的条件:第一,系统必须是一个开放系统;第二,系统应当远离平衡态;第三,系统内部各个要素之间存在非线性的相互作用;第四,系统从无序向有序演化是通过随机的涨落来实现的。参见杨秀虹、李适宇《耗散结构理论在环境承受阈研究中的应用初探》,《环境科学学报》2000 年第 6 期。

"参与"必须是真参与，而不能是片面参与、部分参与和形式参与[①]，否则刑法立法系统虽然是开放的，但引进的却是"正熵流"，不仅不会降低刑法立法的熵增风险，还会进一步加速刑法立法的熵增趋势，这对刑法立法科学化而言，无疑是不可承受之重。

把公众参与带回刑法立法是保障人民平等参与、平等发展权利的重要体现，是科学立法、民主立法、依法立法的内在要求，是新时代在刑法立法领域贯彻落实全过程人民民主理念的生动实践。习近平法治思想核心要义之"坚持以人民为中心"，就是要在全面依法治国全过程、各领域、各环节、各方面牢固树立人民主体地位，坚持人民是法治的参与者、人民是法治的建设者和人民是法治的评判者，让人民群众在每一个法治细节中感受到公平正义。具体到刑法立法领域，就是要推动公众有序有效参与刑法立法。围绕该论题的理论阐释及其立论上，本书以重新发现老命题中的新知识，重新理解旧命题中的新价值为逻辑主线，代之以传统人民主权、参与式民主等理论从刑法知识、人民主体和耗散结构三个不同视角聚焦并发现刑法立法公众参与的新价值，以期可能的学术增量和理论争鸣，在此过程中，力图为刑法立法公众参与提供更前沿、更广泛、更深入的理论阐释，以刑法立法公众参与的理论自信推进刑法立法公众参与的实践自觉。

第二节 现实依据

一 立法现代化与刑法立法公众参与

"推进科学立法、民主立法、依法立法，以良法促进发展、保障善治。"[②] 这是党的十九大对当下提升我国立法治理能力和治理体系现代化的总要求。其中，依法立法是前提，民主立法是基础，科学立法是核心。如果我们尝试将民主立法理解为"活性"的正义，依法立法理解为"凝固"的正义，那么，科学立法就是"实质"的正义，一言以蔽之，对正义法价值的追求贯彻立法现代化的始终，更是立法现代化的核心要义，而正义首先是人民的正义，通俗地讲，就是要确保公众在立法时能够充分表

[①] 王群：《论司法解释制定中的公众参与》，《江淮论坛》2018年第5期。
[②] 习近平：《决胜全面建成小康社会 夺取新时代中国特色社会主义伟大胜利——在中国共产党第十九次全国代表大会上的报告》，《人民日报》2017年10月28日第01版。

达自己的立场、观点、主张、意见和建议，以推动法律文本能够凝聚更多公众的更多声音，即便暂时没有将这种声音反映到法律文本，但也要让立法者了解公众意见诉求以保证未来写进立法的可能性。刑法立法，作为关涉公众生命和自由最核心法益的立法，必须推动公众有序有效参与刑法立法，充分听取公众意见建议，这是衡量刑法立法现代化的鲜明标识。

(一) 公众参与是刑法立法科学化的要求

刑法立法科学化，要求刑法立法必须与时俱进，积极通过罪行调整回应社会关系的变动；要求刑法立法必须兼听则明，努力克服关门立法和部门立法的偏私；要求刑法立法必须强化公众认同，消解主观立法、想象立法的狭隘。科学的刑法立法是刑法前瞻性和功利性的统一，是刑法政治性和道德性的辩证，是刑法技术性和价值性的统一，是刑法的历史性和时代性的耦合。

1. 公众参与保持刑法立法的适应性。

"法律一经制定，便已落后于时代"。保持刑法立法的适应性是刑法立法科学化的核心命题，刑法立法，说到底调整的还是人与人以及人与社会间的社会关系，而这一关系本身就存在于公众主体间良好互动的关系结构中。因此，通过公众参与消解刑法立法之于时代的"不适应性"，不仅是必要也是可能的。

首先，公众参与扩大刑法立法的知识来源。其一，公众参与帮助刑法立法机关更好理解严重社会危害性。我国刑法学界通说认为，行为具有严重社会危害性是犯罪的本质特征。[①] 具体来说，衡量某个行为是否具有严重社会危害性，就要看行为所侵犯的社会关系、行为的性质、方法、手段、场所或其他有关情节、行为危害结果的大小甚至于行为实施时的特定社会情势，而这些因素的危害性判断并非一成不变：某些行为的社会危害性可能会随着社会的发展而明显降低甚至是消失，例如，近些年来，我国许多学者纷纷呼吁要废除高利转贷罪就是例证，认为高利转贷罪是从计划经济到市场经济转型过程中的产物，随着国家对金融改革的稳步推进，公众对何谓"套取"银行资金行为的社会危害性有了同以往非常不一样的理解，认为至少没有达到非要用刑法去规制不可的地步；[②] 当然，还有一

[①] 马克昌主编：《犯罪通论》，武汉大学出版社1999年版，第19页。
[②] 沈丽琴：《高利转贷去罪化研究》，西南政法大学硕士论文，2016年，第1—2页。

些行为的社会危害性变得更大了,例如,在农业和工业社会前期公民个人信息的商业价值还不是很明显,侵害公民个人信息行为虽然具有社会危害性,但不至于达到"严重"的地步,但随着信息网络的普及,数智社会的加速到来使情况有了明显的变化,公民个人信息的商业价值日益凸显出来,它不仅成为各类商业机构竞相争夺的资源,还是各种诸如网络电信诈骗犯罪的上游环节,换言之,对公民个人信息的侵害造成的社会危害性显著增加,鉴于此,我国《刑法修正案(九)》将侵害公民信息罪的犯罪主体扩大至一般犯罪主体。[1] 可以说,对行为严重社会危害性的判断总是随着时代的变化而变化,公众长期生活在时代的最真实角落,直接洞察社会千奇百态,领略人间冷暖离合,对某一行为的社会危害性认识往往有着比刑法立法机关更为敏锐的嗅觉和判断,让公众参与到刑法立法中,及时向刑法立法机关提供立法意见和建议,能够帮助后者更好地理解行为的"严重的社会危害性",从而保持刑法立法的适应性。其二,公众参与帮助刑法立法机关理解社会生活的多样性。社会生活的多样性呼唤全能型的刑法立法机关,然而,刑法立法机关掌握信息和运用资源的能力毕竟有限,不可能总是在任何时候关注到任何法益,也不可能对所有值得刑法保护的法益做到全面回应,在这个意义上,刑法立法机关的信息呈现片段性和滞后性,如何解决这个问题?关键还是公众参与。公众是社会生活实践的参与者、体验者和评价者,本身就是社会生活多样性的组成部分,对社会生活最有发言权,公众参与刑法立法能够为刑法立法机关提供丰富多彩的社会生活素材,帮助刑法立法机关识别什么才是刑法亟待保护的重大法益,促进刑法立法的"兼听则明"。例如,被遗忘的网络资金账户保护关涉公众的财产权,但由于它是互联网金融时代新的财产问题,并没有引起刑法立法机关的重视,[2] 而公众通过参与刑法立法就可以把这个问题向刑法立法机关正式提出来,从而启动相关的刑法立法议程。毋庸讳言,如果没有公众参与刑法立法,一些生活中值得刑法保护的重要法益,就很有可能被刑法立法机关所忽视,再如,对民营企业家的刑法平等保护问题,最初也是由公众从自我生活经验中发现的,随后引起最高立法机关的重视,为刑法如何更好保护民营企业家权益提供了契机。其三,公众参与帮助刑

---

[1] 全国人大法工委刑法室:《中华人民共和国刑法修正案(九)条文说明、立法理由及相关规定》,北京大学出版社2016年版,第121—127页。
[2] 王群:《遗忘抑或唤醒:网络资金账户的新问题及试解》,《江淮论坛》2017年第4期。

法立法机关理解公众的真实需求。刑法立法主体从根本上来说是公众，刑法调整的内容也是公众最重要的生命财产利益，可以说，公众的需求本身建构刑法立法的素材来源，如何让刑法立法机关看到并理解公众的真实需求呢？长期以来，我国刑法立法推崇理性的立法技艺，强化立法专家在刑法立法过程中的作用，以为这样就能发现并理解公众真正的需求是什么。其实不然，过分夸大立法精英在刑法立法中的作用，将客观上带来刑法立法过程中立法声音单一化、立法知识片面化的问题，即便立法精英声音或知识被人们推定为足够理性和公正，但它终究不是公众更无法全面理解公众需求，最终难免滑向主观想象式的刑法立法之"恶"。我们经常在社会上听到这样一种说法："刑法立法取得了很大的成就，而刑法公众认同还需要不断提升。"问题是，如果公众认同"相当严峻"的刑法立法，我们能说它取得了"很大成就"吗？或许有人会说："刑法立法本身是好的，只是适用刑法的人的没有很好理解刑法。"但是，立法者在制定刑法时，难道不应该考虑适用刑法的人的刑法理解能力吗？显然，如果我们要摆脱这种主观想象式的刑法立法，理解公众真正的需求是什么，就必须将公众参与带回刑法立法，刑法立法实践性极强，它不是立法精英把自己关在书斋中就能创造出来的，像环境污染、产品责任、恐怖袭击案件，均大量地涉及普通公众的利益需求，如何处理这类案件，如何确定合理的刑事责任都离不开公众参与，撇开公众参与来谈刑法立法适应性无异于舍本逐末，正如李斯特所言，立法者在立法的时候，必须要充分考量那些"存在于人民中间的法律观"，并将其作为有价值、有影响、且不得与之相悖的要素。[①] 唯有如此，刑法立法方能世轻世重，最大程度地契合公众常识、常情、常理。[②]

其次，公众参与弥补刑法立法的立法缺陷。刑法立法不可能面面俱到，这不仅囿于刑法立法工作人员与生俱来的认识能力的局限，还因为刑法立法不可能回应一切时代的一切问题，随着社会的日新月异，刑法很容易就在不经意间趋向"滞后"。因此，当我们论及刑法立法的适应性时，不仅要积极关注刑法立法知识来源如何多样化，还要对刑法的可能缺陷保持密切关注并及时纠正。对此，以公众参与来消解刑法立法可能的缺陷不失为一条行之有效的路径：一方面，公众参与有助于预防刑法立法的事前

---

① [德] 弗兰茨·冯·李斯特：《德国刑法教科书》，徐久生译，法律出版社2006年版，第21页。
② 陈忠林：《刑法散得集Ⅱ》，重庆大学出版社2012年版，第17—22页。

缺陷。立法机关在起草刑法立法草案的过程中，或是掌握信息不全面，或是过于偏执理性技艺，所起草的刑法草案建议稿经常会面临一些不足，公众参与刑法立法，不仅给最高立法机关带来丰富刑法立法素材，提升刑法的经验性和实效性[1]，一定程度上还有助于消解立法机关在理性立法技艺上的过分偏执，防止国家刑权力不当扩张，例如，非法鉴定胎儿性别入刑的问题一度进入立法者的立法议程，早在2006年《刑法修正案六（草案）》修订时就拟增加"非法鉴定胎儿性别罪"，当时，就是因为有公众提出了"该罪规定的界限不清晰，实践中很难操作，且孕妇对胎儿性别有立法知情权，对这种行为不宜作为犯罪处理"的异议，[2] 立法机关听到了不一样的声音，最后，经过审慎权衡考虑，公众的立法异议被接受，非法鉴定胎儿性别罪入刑议题被搁浅。另一方面，公众参与有助于弥补刑法立法的事后缺陷。刑法立法一经颁布就具备法律效力，但有法律效力的刑法条款未必就有刑法实效，有些刑法条款还要在实践中方能检验其科学性，有些刑法条款随着社会情势的变化，它的合理性也会相应发生变化，例如，原来合理的刑法立法条款可能随着时间的推移和社会情势的变化变得不再合理。那么，如何在刑法修订中解决这个问题呢？关键还是要保障刑法立法的公众参与，通过公众参与刑法立法及时识别并补正刑法立法的事后缺陷。以盗窃公共财物的行为为例，按照刑法和相关司法解释的规定，贪污罪和盗窃罪对犯罪主体要求不同，前者要求是国家工作人员或者受国家机关、国有公司、企业、事业单位、人民团体委托管理、经营国有财产的人员，后者是除此之外的普通公众人员，贪污罪的起刑点一般在3万元，而盗窃罪的起刑点则低至500元至2000元；换言之，同样窃取5000元的公共财物，有身份、利用职务便利的无须定罪，无身份、无职务便利可能需要定罪。这种因人设罪的规定，立法机关在制定刑法的时候可能没有考虑或者考虑不充分，损害了刑法的公平性，尤其对社会弱势群

---

[1] 2017年11月1日，十二届全国人大常委会第三十次会议在《刑法修正案十草案》中拟将现行侮辱国旗罪、侮辱国徽罪的适用条件"公众场合"修改为"公共场合"，并在其后增加侮辱国歌罪作为第二款，有人就提出"公众场合"和"公共场合"的语义不同，前者是指大家都有权进入的场合，后者不仅包括公众场合，还包括一些只有邀请才能进入的场合，例如会议、聚会等，修改实际上缩小了刑法对国旗、国徽和国歌的保护力度，不利于维护国旗、国徽和国歌的尊严，最后，立法者吸收了相关公众的意见和建议。参见蒲晓磊《侮辱国歌罪适用于"公众场合"还是"公共场合"应斟酌》，《法制日报》2017年11月2日第02版。

[2] 王新友：《非法组织胎儿性别应否"入刑"》，《检察日报》2006年5月15日第03版。

体实施者居多的盗窃罪犯罪人而言更是如此，公众敏锐地察觉到这种立法的潜在不公平性，通过刑法立法的公众参与机制向立法机关提出困惑，借此推动刑法立法完善。除此之外，我国《刑法》第 20 条关于正当防卫的规定看起来也是十分完善的，只要司法机关严格遵循并适用正当防卫的五个要件，[①] 都能较好地判断行为人的行为是否构成正当防卫。可是，回到司法实践中，人们发现正当防卫适用率非常之低，这里面，固然有司法机关及其工作人员机械司法的因素影响，但规定正当防卫的平面耦合适的高出罪标准的立法恐怕也是重要原因，五个要件必须同时具备，缺一不可，同时相关法律条文语言的模糊性较大，例如，什么叫防卫不能超过必要限度之"限度"的理解就经常引发讨论和争议，而这恐怕也是最初刑法立法机关在规定法律条文时始料未及的，通过公众参与刑法立法，提醒立法者注意这个瑕疵并提供改进建议，尽可能地避免刑法立法的缺陷。[②] 总之，在多元利益纠葛和新技术层出不穷的新型风险社会里，把公众参与带回刑法立法是国家与公众双方牵制、博弈、互动、配合的良性选择，它不仅有助于抵御技术官僚刑法立法不当的风险，还能让刑法立法更准确地反映公众意志，使刑法立法凝聚更多普通人的常识和智慧。

2. 公众参与促进刑法立法中的意见竞争。

社会转型期的中国是一个互动、竞争的多元型社会，立法应当是多元主体间协商、博弈和妥协的互动结果，仅凭某个主体来完全垄断立法决策全部过程的全部内容，从道德上立法是不正当的，从效果上立法也难以获得公众认同，特别是对刑法立法而言，它现实地关涉公众最基本的生命和财产利益，更需要考虑利益主体间的相互关系，做到"兼听则明，偏信则暗"，否则刑法立法就会异化为专制的刑法，特别是社会弱者的声音在刑法立法中就会"日渐微弱"。[③] 可以说"意见竞争"是刑法立法迈向科学立法的必然要求，没有"意见竞争"的刑法立法，要么是民意的聋子，要么是民意的奴隶，都无法实现刑法立法科学化，而要实现刑法立法中的

---

① 理论通说认为行为符合正当防卫必须满足不法侵害存在的基础条件、不法侵害正在进行的时机条件、对不法侵害人实施的对象条件、防卫行为必须有防卫的认识和防卫的目的的主观条件以及防卫行为不能超过必要限度的限度条件。参见马克昌主编《犯罪通论》，武汉大学出版社 1999 年版，第 716—749 页。

② 王群：《正当防卫界限判定转向的证成——基于自由与秩序的动态平衡》，《北京理工大学学报（社会科学版）》2017 年第 2 期。

③ 蔡定剑主编：《公众参与：欧洲的制度和经验》，法律出版社 2009 年版，第 8—9 页。

第二章　刑法立法公众参与的立论基础

"意见竞争",公众参与不可或缺。

首先,公众参与消解刑法立法过程中的"意见垄断"。刑法立法,从应然角度来讲必须反映全体人民的利益,但从实然角度来看,刑法立法毕竟是由具体部门和个人参与起草、论证和审议的结果,在这个过程中,强力部门或者利益集团就可能凭借其话语垄断优势在刑法中掺杂私货,即所谓的"立法偏私"现象,又或者,立法机关迷恋理性立法技艺偏爱"关门立法",无论哪一种,都容易造成刑法立法过程中的"意见垄断",给刑法立法带来消极的影响,对此,科学立法必须坚持把公众参与带回刑法立法,让公众有序有效参与到刑法立法,以《刑法修正案(九)》拟将公职人员收受礼金行为入刑为例,立法机关之所以这样做,主要考虑到现实生活中广泛存在但又游离于刑法之外的"礼金腐败"行为,这种苍蝇式腐败行为严重损害了国家公务人员职务行为的廉洁性,在国家强力反腐的背景下,立法机关存在将这类行为纳入刑法规制的强大动因,然而,在该条款刑法立法征求意见时,社会上出现了不同的声音:公职人员收受礼金入刑是否到了非要用刑法手段规制不可的地步呢?全面入刑是否同中国的人情社会的乡土伦理相违背呢?通过积极的监察规制能否有效控制公职人员的礼金腐败行为呢?如果不能,是监察机关客观不能还是主观不作为导致的呢?[①] 显然,公众参与强化了刑法立法过程中围绕公职人员收受礼金入刑议题讨论的主体间意见的竞争性,最大限度地消解刑法立法中现象立法和情绪化立法的风险,在民主立法中推动科学立法,最终,最高立法机关听取了公众意见,没有在之后的刑法立法修正中将收受礼金行为入刑。或许,正如罗尔斯所言:"不同世界的观念可以从不同的立场出发理性地加以详尽地阐述,而多样性则部分地源于我们不同的视景。假如我们所有的差异都只是根源于无知和固执,或者是根源于权力、地位或经济利益的竞争……那是不现实的。"[②] 参与的真正价值不是消灭差异,而是基于差异,通过自由、平等和公开的利益表达、冲突和交涉,将刑法整合成妥协或者调和意义上的多数意志。除此之外,公众参与刑法立法还能经常提醒立法机关认真思考为什么要刑法立法,如何刑法立法,立什么样的刑法,督促刑法立法机关在刑法立法时更加谨小慎微,自觉接受公众的监督,避免所立刑法蜕变为少数利益集团的"私人产品"。

[①] 王群:《公职人员收受礼金入刑的冷思考》,《理论与改革》2015年第2期。
[②] John Rawls. *Political Liberalism*. New York: Columbia University Press, 1993: 58.

其次，公众参与帮助刑法立法机关实现理性立法和民意立法的融合。我们不妨假设，没有公众参与的刑法立法会是什么样的情况？从程序正义而言，刑法立法缺乏正当性；从实质正义而言，所制定的刑法必然民意回应不足，在司法实践中存在被搁置的风险。举例说明，《刑法修正案（八）》中增设"拒不支付劳动报酬罪"的立法目的，在于惩治实践中企业主拖欠劳动者工资的民生顽疾，这无疑值得肯定，然而，有学者研究指出，该罪名在司法实践中的适用率极为低下，几乎沦为刑法中"具文"条款。[①] 何以至此？一个很重要的原因就在于，立法机关在立法时仅是从自身的角度出发考虑应当如何保护劳动者权益，而忽略了劳动者到底需要什么样的刑法保护。立法机关"善良"地以为通过刑法对拒不支付劳动报酬的企业主进行威慑，从而发挥刑法的一般预防之功能，进而一劳永逸地解决"欠薪"顽疾。然而从劳动者角度对该罪进行"设身处地"思考后发现，劳动者要的是自己的工资款项，拿到钱是劳动者的终极目的，通过刑法把企业主送到监狱并不符合劳动者的利益。因为，那样就意味着他拿回血汗钱的可能性更加微乎其微了，更有甚者，该罪中"经政府有关部门责令支付仍不支付的行为"的客观要件，更被劳动者戏称是为企业主还钱争取"拖延时间"。可见，刑法立法过程中如果单纯依赖立法机关的理性立法，极易导致相关立法无法精准解决问题甚至是掩盖了真正问题，造成刑法立法资源的极大浪费。相反，如果我们能在刑法立法过程中引入公众参与，就会有两种甚至是更多意见在立法过程中相互竞争和博弈，识别拟刑法立法草案条款的好坏优劣，或完善，或废除，或通过，也只有这样，才能最大限度地实现刑法立法过程中理性立法和民意立法的充分融合，帮助立法机关及时掌握社会生活中的新观点和新争鸣，即便乍一听非常荒谬的提法，也不能忽略这些提法对立法机关"更新知识"之作用，例如，近年有学者提出对性犯罪的刑法规制应当减弱的意见，[②] 虽不言立法机关就真要据此立法，但至少客观上确实有启发立法机关重新审视性犯罪刑法规定的利弊得失之作用。此外，公众参与还有助于立法机关对刑法立法中各方面立法利益更加全面地考量权衡，尤其在当前风险社会刑法立法牵一发而动全身的背景下，这种考量变得尤为重要。例如，在 P2P 等互联网金融诈骗犯罪中，被害人不仅分布地区广泛，人数众多，年龄分

---

① 李姗：《拒不支付劳动报酬罪的适用与完善路径》，《江西社会科学》2015 年第 6 期。
② 刘宪权：《尊重民意与科学立法》，《检察风云》2016 年第 1 期。

布也不均衡,一旦案发,动辄集体上访,对社会稳定就会构成极大威胁,因此,对这类犯罪的刑法修正就要考虑如何在实现国家法益保护和犯罪惩处的同时,兼顾保障被害人利益,而这显然单凭立法机关闭门想象式立法是不可能解决问题的,至少要吸收包括非法吸收公众存款等犯罪被害人在内的相关公众的参与,方能使刑法立法过程中多元利益更加均衡化,所立刑法也更能经得起时间和实践的检验。亚里士多德曾经在《政治学》中提出:"就多数而论,其中每一个个体常常是无善赘述;但当他们合众为一成为一个集体时,却往往可能超过少数贤良的职能。"① 立法者只有倾听不同参与主体的意见和声音,并与参与者就立法事项和立法内容达成基本合意,才能制定出各方都能接受的法律规范,刑法立法亦是如此,在各方主体间的意见竞争中实现科学立法。

3. 公众参与增强刑法立法的公众认同。

法治应包含两重意义:已成立的法律获得普遍的服从,而大家所服从的法律又应该本身是制定得良好的法律。② 从这个意义上说,刑法立法能否获得公众认同是衡量刑法立法科学化的重要依据。

首先,公众参与增强刑法立法根基的公众认同。所谓刑法立法根基是指立法机关以什么样的价值目标来创制、修改、解释和废除刑法。通常意义上,刑法立法根基可区分为国权刑法观和民权刑法观,前者强调刑法立法重在保护国家利益而限制国民的行为,后者以保护国民利益为根本出发点,国家公权力的行使服务国民利益至少是不能悖论这一目标。③ 长期以来,我国刑法立法存在重公权轻私利、重秩序轻权利的传统,国权刑法烙印在我国一段时间内较为突出,即便如此,我们又深知法律植根于一个民族的历史之中,而且其真正的源泉乃是民众在长期历史生活中所普遍形成的信念、习惯和民族的共同意识,刑法立法必须以此为根基,否则,远离民众传统、习惯和生活的刑法就极易异化为偏见的工具。令人欣喜的是,伴随执政党坚持以人民为中心的法治发展观,以及公众权利意识的觉醒,从"国权刑法"到"民权刑法",从国家威权到保障公民人权业已成为包

---

① Aristotle. *The Politics*. Stephen Everson ed. Cambridge: Cambridge University Press, 1996, 1281.
② 亚里士多德:《政治学》,吴寿彭译,商务印书馆1965年版,第199页。
③ 李海东:《刑法原理入门(犯罪论基础)》,法律出版社1998年版,第4—5页。

括立法者在内的社会普遍共识。① 问题是，如何让民权刑法观贯穿刑法立法的始终？如何让刑法立法根基获得更多公众发自内心的真诚认同，那么，有且只有将公众参与带回刑法立法，保障公众有序有效参与刑法立法。一方面，公众参与刑法立法是公众作为独立力量再次进入刑法立法场域的过程，它使刑法立法过程不再是只有刑法立法机关及其工作人员的"独奏曲"，而是立法机关和公众围绕刑法立法的"交响乐"，在公众和刑法立法机关就拟立刑法条文"商讨"过程中，提醒并监督立法机关所立刑法必须以人民的福祉为根本出发点，从而较好地克服刑法立法过程中立法机关可能的意见专断和立法偏私，这就从制度机制上增强了公众对刑法立法根基的真诚认同。另一方面，公众参与刑法立法本身也是对公众法治意识再启蒙、再教育的过程。通过公众参与刑法立法，公众明白刑法为什么要这样规定而不是那样规定？这样的刑法立法能够解决什么问题？概言之，公众直接参与刑法立法，有助于公众在过程民主和结果民主统一中充分意识自己正在制定的刑法是公正的，这无疑极大地促进了刑法立法根基的公众认同。正所谓，刑法立法本质上是一种行为规范，它的立法根基并不在立法者想象中，而存在于普通公众现实生活中，"法合人情则兴，法逆人情则竭，剥夺了刑法的情感力，则刑法将不可能幸存于世"。② 刑法的可接受性与刑法的正当性密切联系在一起，刑法的公众参与程度越高，刑法立法根基的公众认同感就越强，刑法的民意基础和正当性根基也就更为厚实，反之，刑法立法则容易充满戾气，更遑论刑法立法根基的公众认同了。

其次，公众参与增强刑法立法内容的公众认同。如何设置罪名、科处刑事责任和规定刑罚是刑法立法最核心的内容，增强刑法立法内容的公众认同，主要就是围绕刑法立法中罪责刑的公众认同。就确立刑法罪名来说，严重法益侵害行为能不能入刑，除了要权衡是否符合诸如刑法谦抑性等刑法原理以外，最重要的还是要看行为是否具有严重的社会危害性，而行为是否具有严重社会危害性判断最好的标准就是公众常识常情常理的经验性认知，那是因为任何社会危害性总是相对社会公众体会而言的，也现

---

① 刘仁文：《从"国权刑法"走向"民权刑法"——马克昌关于中国刑法学的一个重要创见》，《北京日报》2011年9月19日第018版。
② [美]哈罗德·J. 伯尔曼：《法律与宗教》，梁治平译，生活·读书·新知三联书店1991年版，第52页。

实地发生于公众实践生活中,因此,对社会危害性的评价理所应当地交由公众评判,单纯依靠立法专家来识别这种严重社会危害性无疑是舍本逐末。具体来说,就是让公众参与刑法立法,对刑法立法过程中如何设置刑法罪名、规定刑事责任和刑罚内容进行充分的讨论并形成较为共识性的建议,例如,围绕某一严重危害行为,要不要单独设置某个罪名?抑或仅是吸收到现有罪名规定中来,还可以进一步讨论是设置这个罪名还是那个罪名,类似这种刑法立法公众参与行为,这不仅能够提高刑法罪名的可接受性,还能增强刑法立法后该罪名在司法实践中的立法实效。相反,如果对决定犯罪和刑罚的严重社会危害性之判断没有公众参与的话,据此设置相关罪名和刑罚的科学性就会大打折扣,并且无法再披着神圣的法律外衣来教育引导大众,更遑论最大程度凝聚公众的刑法立法共识了。实际上,公众对自己参与设置罪名的刑法立法更容易接受的结论已被心理学所证明,"规范一旦取得人民的支持与认同,就会产生'规范的内化',即外在的法律规范内化为行为者自身的行为准则—使'他律'变成'自律',法律的控制机制也由社会外力的约束机制化为行为者的自律约束机制"。[①] 就规定刑法中的刑罚来说,如果单凭立法专家和精英垄断并决定刑罚内容的话,刑罚多半也很难获得公众发自内心的真诚认同,毕竟刑罚是直接或者潜在地施加于公众身上的恶害,公众对此有切肤之痛感,如果公众不能参与刑法立法,对刑法如何规定刑罚以及规定什么样的刑罚进行充分讨论和建议的话,最后却要其承受这种外加的刑罚痛苦,首先这在道义上就是不人道的,即便是公众最后能接受这样的刑罚也不是来源于刑罚规定的合理性而是出于刑法立法机关的权威性。相反,如果我们能在刑法立法中主动引入公众参与,让公众参与到刑法立法关于刑罚种类和内容如何规定的讨论中来,就有助于扩大公众对刑罚内容的认识,即便这样并不足以保证公众就会认同全部的刑罚立法,但至少有助于公众更好理解刑罚的设置、目的和功效,例如,公众参与能让刑法中关于刑罚的规定更富有人性化,展现更多的人本主义关怀,公众可能基于伦理道德原因对"亲亲得相首匿"给予宽容,至少对这类行为给予从轻或者减轻处罚,这对纯粹理性的立法精英来说可能是很难做到的,但这却可以被普通公众作为"一般情感"所接受。人们必须注意,当一个国家刑法中罪名设置和刑罚规定让普通民

[①] 刘莘:《行政立法研究》,法律出版社2003年版,第125页。

众越来越难以接受,甚至是觉得不可理喻,则意味着我们的刑法立法内容不被公众认同,这是非常的危险的,"法律是规范社会行为的重要规范,只有当法律规范与民众的普遍理性趋同时,才能获得民众的自觉遵从"。① 正因为如此,我们要大力倡导并支持刑法立法的公众参与,通过公众有序有效地参与刑法立法全部环节的讨论和审议,以更好地消解刑法国家本位主义色彩,呼唤并推动公众对刑法内容的真诚认同和实际遵守。

最后,公众参与增强刑法立法技术的公众认同。刑法立法技术包括刑法文本的内部结构、外部形式、概念、术语、语言、文体以及立法预测、立法规划等方面的内容。刑法立法技术的公众认同,主要是指刑法立法结构和刑法立法语言的公众认同。通常来说,刑法立法结构编排和立法语言的运用具有较强的专业性,较普通公众而言,刑法立法起草专家具有知识和经验上的优势,他们在自己的职责范围内按照一定的立法结构,运用一定的法言法语将刑法立法内容科学有序地组织起来,这对提高刑法立法科学化的水平无疑大有裨益,然而,需要注意的是,围绕刑法立法结构和立法语言等立法技术的创制、运用和表达同样不能超越社会公众的正常理解范围,因为只要是刑法立法,就必然涉及法益保护及其法益保护背后的人与社会关系的调整,如果刑法立法脱离公众的认知能力,尤其是在立法语言和立法结构创制、运用和表达上,让普通公众看不懂、察不透、想不通,那么刑法立法就会变成奇怪的法,让老百姓犯迷糊的法,甚至还可能因此背离罪刑法定原则之刑法明确性的要求。正是在这个意义上说,增强刑法立法技术的公众认同,一样离不开公众参与,通过公众参与刑法立法,围绕刑法立法结构和语言等立法技术的创制、运用和表达同立法起草机关及其工作人员充分讨论、协商,听取意见,提出建议,谋求双方在此问题上的"重叠共识",确保刑法立法更好地为普通公众所理解、认同和接受,从而进一步强化刑法立法的规范指引机能和预测机能,发挥刑法立法的预防作用,以刑法立法民主化推动刑法立法科学化。

总而言之,刑法根源于社会生活,是社会生活中最重要利益的倡导者和守护者。无论人们是否承认,刑法立法公众参与都不可避免地、现实地发生着、存在着,立法者与其被动适应公众参与还不如主动拥抱公众参与,如果参与得当,不仅可以将汹涌的民意转化为理性的立法声音,还能

---

① 高维检、梅文娟:《防卫行为之社会相当性判断》,《国家检察官学院学报》2013年第6期。

作为刑法立法科学化法治压舱石发挥更大之功效。

(二) 公众参与是刑法立法民主化的要求

刑法立法民主化要求公众的声音和意见能真正地反映到刑法立法文本中，以克服代议制立法造成的民意失真的可能缺陷；刑法立法民主化强调公众的声音能高效地反映到刑法立法文本中，降低官僚型立法伴随的封闭任性的风险；刑法立法民主化要求公众代表有能力立法，防止公众代表立法能力不够的现实缺憾。然而，现实情况是代议制危机、最高代议机关的科层制困境和公众代表立法能力不足均给现实世界中的刑法立法民主化带来了前所未有的挑战，正如习近平总书记指出："保证和支持人民当家作主，通过依法选举、让人民的代表来参与国家生活和社会生活的管理是十分重要的，通过选举以外的制度和方式让人民参与国家生活和社会生活的管理也是十分重要的。人民只有投票的权利而没有广泛参与的权利，人民只有在投票时被唤醒、投票后就进入休眠期，这样的民主是形式主义的。"[①] 鉴于此，刑法立法践行全过程人民民主，我们必须认真对待公众参与，在代议制立法之外引入"公众参与"这个变量，切实增强民主立法底色。

1. 公众参与增强最高代议机关刑法立法的表意力，消解代议制立法的潜在风险。

"立法权属于人民"是近现代以来世界法治文明的基本共识，但我们也看到，越是国家幅员辽阔，人口众多，民族众多的国家，它的立法调整各种社会关系及其背后利益关系就越是错综复杂，我们几乎很难想象全体人民都放下手头工作，全部汇聚在一起以某种近乎"广场正义"的方式共同商议并投票表决立法通过与否，这不仅从成本上看并不经济，而且从结果上看表决所立之法也未必就是"善法"。正因为如此，"民主政治的一条基本规律就是只有人民可以制定法律"[②] 的理念在实践中大多数通过代议制民主予以实现，即人民并不直接参与到立法审议和表决中，而是选举自己的代表参与立法全过程并在此基础上进行立法的修改废释。我国宪法第二条亦明确规定："人民行使国家权力的机关是全国人民代表大会和地方各级人民代表大会。"毋庸讳言，代议制民主是现代民主立法的主要制度载体和实现形式，更是人民掌握立法权的重要方式，遗憾的是，普

---

① 习近平：《在庆祝中国人民政治协商会议成立65周年大会上的讲话》，《人民日报》2014年9月22日第02版。

② ［法］孟德斯鸠：《论法的精神》（上册），张雁深译，商务印书馆1959年版，第12页。

遍存在的代议制民主立法并非完美无缺甚至存在深刻民主悖论。鉴于此，我们需要理解并精准识别这种悖论进而反思当前刑法立法民主化困境，以提出可能的改进方案。

首先，代议制的逻辑悖论使得通过代议制立法的正当性存疑。代议制自从问世以来就饱受争议。正如有学者指出民主本身意味着"自我做主、自行治理"，而代议则具有委托、代理的意思，将代议与民主两词合并在一起，建构所谓"代议民主"概念本身就是反民主的。[1] 又如，公众能否被代表以及如何被代表？事实上，代议制民主背后仍然是精英民主的逻辑延续，正如巴伯所指出，代议制政治中一般公民的参与数量，一直呈现出偏向于较高社会经济地位者的不均分配，[2] 这就是说生活中绝大多数普通民众仍然被排除在代议制民主之外，这显然与民主的本意可谓相去甚远。具体来说，其一，随着社会结构的变迁，社会公众之间的信息鸿沟越来越大，从农业社会的熟人世界到工业社会的陌生人网格，公众个体之间以及个体和群体之间的了解日益变得生疏，很多人不愿意了解他人也不愿意被他人所了解，这种社会观念和现状折射到现代民主政治中，就是选民和候选人之间的信息不对称问题，而这越来越成为阻碍各国代议制民主发展的重要原因。在当代主义资本主义国家，人们大多通过聆听候选公众代表的竞选纲领和电视辩论了解其观点，再加上，社会公众没有足够的时间和精力，也没有十分有效的测量方法对候选公众代表的忠诚度和履职能力进行准确的评估，绝大多数时候，他们只能凭借感觉将选票投给那些在视觉和听觉各方面看起来还不错的公众代表，至于是不是真靠谱，公众心里根本无法达到自由确信。正是在这个意义上，公众每当谈及所谓公众代表并没有表现出多大的热忱，甚至自我调侃"被代表"，这多少反映出当前资产阶级代议制民主的无奈，而这又何尝不也是一种现实呢？正因为如此，我国提出了全过程人民民主，将过程民主和结果民主统一起来，充分认识到仅是依靠民选的公民代表立法是远远不够的，不仅是因为这种立法模式越来越难以跟上时代的步伐，不能充分地反映不同公众各种不同的立法利益和诉求，而且代议制立法过程本身还是个消弭个体"异见"的过程，它以少数服从多数的多数决原则决定立法事项，公众即便意识到自己的态度

---

[1] 郭秋永：《当代三大民主理论》，新星出版社2006年版，第4页。
[2] Barber, *Strong Democracy: Participatory Politics for a New Age*: University of California Press, 1984: 11-14.

及其行为帮助了立法事项的通过,但在多数决定洪流之下,他/她很难感觉到自己作出了什么贡献,更多的时候仅是多数决中令人恐惧的统计数字中的某一个。概言之,通过代议制立法并不会给公众带来作为主权者自我决定刑法立法的成就感和获得感,就我国刑法立法而言,刑法立法的法定机关为全国人大及其常委会,而我国由选民直接选举产生的只有区县这一级,全国人大代表并非由选民直接选举产生,他们与选民直接沟通方式、途径、内容和效果仍在不断探索中,虽然实践中已经有了不少的有益尝试,但于立法民主化而言,作为代议制的间接民主必须与作为公众参与的直接民主有机结合,亦如习近平总书记反复强调:"保证和支持人民当家作主,通过依法选举、让人民的代表来参与国家生活和社会生活的管理是十分重要的,通过选举以外的制度和方式让人民参与国家生活和社会生活的管理也是十分重要的。"[1] 唯有如此,方能真正彰显新时代立法之发展全过程人民民主的革新要义。其二,代议制是建立在对公众代表的一般信赖之上的一种委托行使权力的民主形式。然而,这种信赖却极有可能被滥用,在委托关系成立之后到它产生实际效果之间的过程环节,完全有可能因被委托者(即代表)对委托者(公众)信任的背弃而使代议制流于形式。[2] 自罗伯斯庇尔以降,纵观整个世界近现代民主政治发展历程,诸如公众代表以人民的名义谋取个人私利的例子不胜枚举。一方面,公众代表也是人,他/她总是倾向于首先关心自己的利益,正如马克思认为,人作为个体总是"从自己出发","个人的出发点总是他们自己",这不是出于人的自私自利的本性,而是由于历史的客观条件和现实因素决定了个人总是倾向于关注并追求自身利益,由此,公众代表追逐私人利益而背叛委托人赋予的"委托利益"就不再是偶然的个例,其背后是物质资料生产方式决定论的深刻反映,更值得说明的是公众代表的这种背叛还经常会冠以"公共利益"的名义,极富有话语的伪善性和欺骗性。另一方面,即便拥有立法权的公众代表们能够勤勉地代表普通公众秉持"公意"立法,这些代表们也不是"圣人",不仅可能会履职犯困甚至还可能犯错,偶尔还会制定出带有先天缺陷和不足的法律规定出来,更为糟糕的是,在代议制民主理论下,对公众代表们的"失误"还不能像对行政官僚那样去追究

---

[1] 习近平:《在庆祝中国人民政治协商会议成立65周年大会上的讲话》,《人民日报》2014年9月22日第02版。

[2] 王鉴辉:《我国地方立法的价值取向研究初探》,《现代法学》2002年第2期。

他们的个人责任以督促他们减少失误甚至不犯错误，不断勤勉尽责，勤于更善于做人民意志的"代言人"，正如代议制民主理论的集大成者密尔所言："代议制政府的缺陷和危险可以概括为两条：第一，议会中的普遍无知和无能，或者说得温和一点，智力条件不充分；第二，有受到和社会普遍福利不同利益影响的危险。"①

其次，代议制的实践困境使得通过代议制立法的民主性存疑。公众代表机关在现代民主政治国家中的地位和作用日渐弱化是当下代议制的实践困境的集中表现。一方面，公众代表机关的权力不断面临其常设机构、专门委员会、工作机构等的权力蚕食。囿于现实原因，公众代表机关不可能随时随地举行公众代表大会来彰显最高主权者身份，因此，较为可取的做法就是公众代表机关规定在其闭会期间，专门设立它的常设机构、专门委员会、工作机构以代行它的部分职权。例如，我国全国人大常委会在全国人大会议闭幕期间就有权代行部分全国人大的职权，问题在于，伴随着公众代表机关常设机构、专门委员会、工作机构的出现，它明显不同于公众代表机关这样的临时性议事机构，往往拥有固定的人员编制、办公场所和设备、管理章程、议事规则和相应的经费预算安排等等，凭借上述优势，长此以往它们势必比公众代表机关更了解立法背景、现状、可行性、出台时机、实施过程中有可能遇到的困难，甚至在许多立法问题上它们都拥有非常重要的话语权，同时，相对于公众代表机关，它们还拥有更高效的行动反应和立法决策能力。如此一来，最高权力机关内部就会很容易发生"权力下沉"的潜在风险，即公民代表审议刑法立法实际上他们更多的只是对职业立法官僚已制定好的刑法草案进行表决而已。② 另一方面，公众代表机关的权力还经常受到来自行政机关的掣肘，即源权力和派生权力间出现"权力倒挂"的蹊跷现象。按照代议制理论的构想，现代民主国家所有权力都来源于公众代表机关，作为派生权力的行政机关理应要受到来自公众代表机关的更多节制，对其负责并受其监督，但由于现实生活中行政机关不仅主导了公众代表机关及其常设机构的很多信息来源，而且他们还直接参与社会全方位的深层管理，掌握经济社会发展的动态和社会生活最新现象，此外，他们在拥有行政资源便利的同时还极为熟悉公众代表机关及其常设机构的运作模式、流程和规律，再加上行政机关的工作人员本

---

① ［英］J. S. 密尔：《代议制政府》，汪瑄译，商务印书馆1982年版，第85页。
② 赵秉志：《中国刑法立法晚近20年之回眸与前瞻》，《中国法学》2017年第5期。

身很多也同时是公众代表,在身份上具有"重叠性"。因此,在实践中,它们较公众代表机关往往表现得更加强势,更加主动,公众代表机关许多时候反而成了支持执行行政机关决定合法化的"辅助机关",对此有人形象将此戏谑为"人大立法管小事,政府立法管大事",或曰"人大抓鸡毛蒜皮,政府抓关键问题"。[①] 总而言之,代议制民主制度设计的初衷本是为了解决大规模公众直接参与的不便而想出来的另一种民主实践形式,即通过公众代表机关的"治权"来落实人民的"主权",但与此同时,我们又发现这种代议制制度设计本身并非完美无缺,人民的立法权经常受到来自公众代表机关常设机构以及派生之行政机构权力这两方面的潜在威胁,正是在这个意义上,党的十八届四中全会明确提出要"健全有立法权的人大主导立法的体制机制",2015年《立法法》修改增加"全国人民代表大会有关的专门委员会、常务委员会工作机构应当提前参与有关方面的法律草案起草工作;综合性、全局性、基础性的重要法律草案,可以由有关的专门委员会或者常务委员会工作机构组织起草"规定。因为如果我们不能保证刑法立法是有且仅是通过人民"同意"的立法权的产物,而是存在其他因素的不当干扰,我们又凭什么能确切说刑法立法是民主化的呢?

综上所述,代议制民主本身不仅存在逻辑正当性的话语悖论,同时,它还极其容易在立法实践中出现民主的异化,进而使人民偏离立法权力中心的位置,正如有学者一针见血地指出,当下代议制民主在某种意义上只能算是一种"弱势民主"。[②] 那么,在此基础上通过代议制刑法立法的民主性也必然趋于"弱势"。然而,我们必须承认,在很长一段时间内,人们还想不到替换代议制的最佳民主实现方式,因此,我们解决刑法立法"弱势民主"问题,就必须是在维护代议制基础上的刑法立法何以民主化延伸。目前一个比较好的可行方案,便是在现有通过代议制刑法立法的同时,致力于提升公众直接参与刑法立法的"量"和"质":通过公众参与刑法立法为立法机关提供更多的立法信息,消解公众代表机关常设机构或者行政机构对刑法立法信息的可能垄断;通过公众参与刑法立法对刑法产生什么样预期后果和立法规律进行精准预判,克服公众代表机关在刑法立

[①] 封丽霞:《民主立法:全过程民主的展现》,《中国党政干部论坛》2021年第7期。
[②] [美]本杰明·巴伯:《强势民主》,彭斌、吴润洲译,吉林人民出版社2006年版,第4页。

法过程中可能的立法偏私，督促公众代表忠实履职，积极反映公众最真实最稳定的刑法立法意愿和诉求。概言之，代议制民主风险时刻提醒我们："人民还不能完全放弃自己的立法权，还需要设置相应的制度来更为直接地反映公众的意愿和要求。"①

2. 公众参与增强最高代议机关刑法立法的效率性，克服官僚型立法缺陷。

如果说代议制危机从宏观层面上展示了刑法立法人民可能"缺席"的风险，那么，最高代议机关官僚型立法②的传统则是从具体层面素描了刑法立法公众代表话语权日渐式微的尴尬。③ 顾名思义，公众代表话语权式微是指刑法立法过程中公众代表影响立法的能力在减弱，这主要是指，在最高代议机关过去很长一段时间的立法过程中，一些立法技术官僚习惯主导着刑法立法从规划、起草、审议到通过的方方面面，而本应最有立法权的公众代表却几乎蜕变为整个立法过程中"无足轻重"的角色，进而使得刑法立法的民主化和科学化面临重大挑战。为此，将公众参与带回刑法立法并将其融入以理性、专业性、科层制见长的官僚型立法中，希冀通过公众的生活日常圆融立法审议专家的冰冷逻辑，将公众的经验素材和立法专家的理性判断有机结合，不断提升刑法立法的质量。

首先，公众参与提升立法规划编制和年度立法计划拟订的开放性。我国从1988年第七届全国人大常委会开始，历届全国人大常委会均十分重视并积极开展立法规划的编制工作，以统筹安排五年任期内立法工作，在立法规划指引下，每年全国人大常委会还会拟订年度立法计划，这为全国人大及其常委会开展有计划的立法工作提供了重要指引。刑法立法是全国人大及其常委会开展立法规划/计划的重要方面，也是全国人大及其常委会开启刑法废立改释的第一步，更是至关重要的一步。然而，在过去很长一段时间，包括刑法立法在内的立法规划编制和年度立法计划拟订过程仍

---

① 王鉴辉：《我国地方立法的价值取向研究初探》，《现代法学》2002年第2期。
② 本书所采用的"官僚"与"官僚化"概念，并非习惯用法中作为贬义和批评使用的"官僚主义"或"官僚作风"的含义，而是特指马克斯·韦伯（Max Weber）语境中以理性化、专业性、科层制与规则约束为特征的官僚制。所谓"官僚型立法"是指立法机构及工作者的行为逻辑遵循"官僚理论"的基本原则，如专业性、科层化、封闭性等。
③ 韦伯认为，官僚制既是一种组织结构，也是一种管理体制，它为现代社会管理提供了正式的规则，正是在这个意义上说，所谓官僚制实际上就是以正式格式化的规则为管理内容的管理方式和组织体系。参见黄小勇《韦伯理性官僚制范畴的再认识》，《清华大学学报（哲学社会科学版）》2002年第2期。

存在较为浓厚的行政化和封闭立法色彩，大多数时候立法规划和年度立法计划由全国人大法工委牵头负责起草，然后商讨有关部委行政机关，甚至仅是同司法机关协商后来就可以大致确定刑法立法计划的基本内容，再之后就报全国人大党组批准，再经全国人大常委会主任会议或者常委会以年度工作计划要点的方式公布出来。很明显，这种立法规划编制和立法计划拟定的思路和程序，实际上仍然走的是职业立法官僚参与起草制定、有关方面协商申报、党委批准执行的传统立法思路，在这个过程中，传统职业立法官僚发挥主导作用，来自普通公众或者是它的代表们的声音影响有限，极大损害了我国立法规划和计划制定的民主性。而将公众参与带回立法规划编制和年度立法计划拟订过程中则可以显著改变这一局面，它使得立法规划和计划制定主体多元化，商谈充分化，共识广泛化，从而大大提升了相关立法程序的开放性。笔者注意到，近年来，我国在编制立法规划和拟订年度立法计划中不断增强"民主底色"，强化公众参与立法规划和计划的编制，不仅向中央有关部门、国务院组成部门及有关机构、最高人民法院、最高人民检察院、各省区市人大常委会以及群团组织、行业协会商会等，广泛征集立法项目建议，还通过召开座谈会、书面发函和网络征求意见等多种方式向研究机构、企事业单位以及人大代表、政协委员、专家学者和普通公众等多方面征求立法规划意见，这实际上正是全过程人民民主在立法规划编制中的生动体现，使不同意见在立法启动初期充分碰撞，以立法的开放性不断提升立法民主性，保证立法工作不断适应经济社会发展需要，满足人民群众对美好生活向往。

其次，公众参与弥补刑法立法审议程式化、固定化的天然缺陷。刑法立法审议程式化、固定化是现代立法优点，通过严格的立法审议程序的设置有助于避免立法过程的随意性和主观性，但这也会招致人大对其机械性立法、格式化审议的批评。一是刑法立法审议的时间偏紧凑。在我国，会议审议是我国刑法立法审议的最主要方式，在具体审议程序方面，《立法法》确立了我国法律草案审议的"三议"制度，围绕包括刑法在内的相关法律草案一般应当经三次全国人大常委会会议审议后才能交付表决，这为最高立法机关审议刑法草案争取了更多时间。然而，即便如此，每一次全国人大会议或者常委会的会议时间总量仍然是有限的，尤其是在3—5天左右的短暂会期中，全国人大及其常委会还要决定人事任免等其他重要事项，实际留给相关人员进行刑法立法审议时间并不多，例如，十三届全国人大常委会第二十四次会议审议并表决通过新修订的《预防未成年人犯罪法》《长江保护法》《刑法修正案（十一）》和新修订的《国防法》等共计四部法律或法律修正案，而其会期只有从2020年12月22日到26日短短五天时间，围绕包括刑法在内的立法草案审议讨论时间不可谓不紧凑。二是刑法立法审议质量有待提升。全国人大及其常委会对包括刑法在内的法律草案的审议，目前主要遵循的还是专家审议的立法逻辑，例如，我国《立法法》第35条规定："列入常务委员会会议议程的法律案，由有关的专门委员会进行审议，提出审议意见，印发常务委员会会议。"即便是全国人大常委会分组会议审议刑法草案条款，也没有形成并建立公开的立法大会辩论程序，更未形成逐条表决和关键条款单独表决的制度，它更类似于一种开放式的"泛议"而不是议决式的"合议"。此外，全国人民代表大会及其常委会的会议规模比较大，客观上不利于代表或者委员们围绕刑法立法草案充分的讨论和有质量的交流，各国立法实践雄辩地证明："所有立法会议，组成的人数越多，实际上指导会议进行的人就越少。"[①] 需要注意的是，我们指出刑法立法审议的程式化问题并不是要全盘否定这种程序设计，而是要通过发现其中不足以更好的完善相关程序设计。一个十分重要且可靠的路径就是，将公众参与带回刑法立法，从而最大限度消解立法审议程式化招致可能的机械性刑法立法的批评。通过公众参与刑法立法，鼓励公众行动起来，积极向最高立法机关提出制定、修改或废止以及审查刑法立法的建议，邀请公众参加刑法立法座谈、调研、听证会，就相关刑法立法内容发表意见和建议，邀请公众代表旁听人大及常委会等立法机关的会议，即便是在刑法草案向全社会征求意见之后，公众还可以就法案的立法目的或具体条款向立法机关提出意见，让刑法立法过程更多汇聚公众意志，凝聚公众智慧，以弥补因立法审议时间紧凑和审议程序瑕疵可能带来刑法立法民主化问题，正如习近平总书记指出，评价一个国家政治制度是不是民主的、有效的，其中重要一项就是看"人民群众能否畅通表达利益要求，社会各方面能否有效参与国家政治生活"。[②] 通过让人民群众有效参与到刑法立法中，畅通利益表达渠道，不断提升刑法立法民主化和科学化水平。

---

① ［美］汉密尔顿、杰伊、麦迪逊：《联邦党人文集》，程逢如、在汉、舒逊译，商务印书馆1980年版，第298页。
② 习近平：《在中央人大工作会议上的讲话》，《求是》2022年第5期。

最后，公众参与弥补刑法立法评估、监督、宣传的局限性。根据我国《立法法》第 42 条规定，拟提请常务委员会会议审议通过的法律案……常务委员会工作机构可以对法律草案中主要制度规范的可行性、法律出台时机、法律实施的社会效果和可能出现的问题等进行评估；第 67 条同时规定了立法生效后的评估主体、内容和结果。[1] 根据上述立法规定，对刑法等法律草案表决通过前立法评估的组织主体主要是全国人大常委会工作机构，而对表决生效后的立法评估的组织主体除了全国人大常委会工作机构，还包括全国人大有关的专门委员会；虽然立法通过前后对刑法等法律的评估内容不完全相同，但对法律实施的社会效果和可能出现的问题的极端关注却是立法前后评估的共同特点，无论是全国人大常委会工作机构还是全国人大有关的专门委员会与均实际参与所评估法律的制定，如果仅是由其单独出面评估相关立法效能，就容易陷入自己立法自己评估的尴尬局面，不利于把立法中的真问题找出来并解决，因此，全国人大常委会工作机构和全国人大有关的专门委员会使立法评估的组织实施主体不是单独决定主体，换言之，围绕刑法立法评估还要注意引入公众等其他主体的力量共同参与其中，众所周知，公众是刑法调整社会关系指向的价值主体、实践主体和评价主体，刑法立法好不好，行不行，管用不管用，来自现实生活中的公众最有发言权，公众参与刑法立法，不仅有助于形成与全国人大常委会工作机构或者全国人大有关的专门委员会多元合作的刑法立法评估的主体机制，还能通过多元主体的意见竞争博弈提升刑法立法评估的精准性和科学性。此外，公众参与刑法立法实际上还起到对刑法民主立法、依法立法和科学立法的客观的外在监督作用，同时，正是由于公众现实地参与到刑法立法中，对刑法立法相关议题及其背后的价值理念熟稔于心进而认同刑法，即便他们可能暂时没有全部认同刑法，但至少理解刑法立法的内容，在这个意义上，刑法立法公众参与使得每一个参与的公众成为潜在的"活"的刑法立法宣传载体，推动刑法精神理念在社会生活中落地生根。

综上所述，无论是刑法立法规划或计划制定，还是刑法立法审议、评估、监督、宣传各环节，职业立法官僚的加入固然会提升现代刑法立法技

---

[1] 《立法法》第六十七条规定："全国人民代表大会有关的专门委员会、常务委员会工作机构可以组织对有关法律或者法律中有关规定进行立法后评估。评估情况应当向常务委员会报告。"

艺，使得刑法立法更加专业化，更加成熟化，但不可否认，刑法立法终究是人民的立法，不仅从人民群众中来，更要到人民群众中去，要警惕并切实防止人大立法工作中"人民形式上有权实际上无权"问题。为此，我们除了从完善代议制立法角度继续邀请相关人大代表或者常委会组成人员参与刑法立法座谈、调研、论证、审议和评估外，还必须将观察视野放置于代议制立法之外，将公众参与带回刑法立法，让刑法立法再一次直面人民，最大限度克服官僚型立法过程中可能存在的封闭、恣意、情绪化等问题，确保刑法立法的"众数"而不是被官僚垄断的"少数"，此外，立法机关制定刑法再次征求并听取公众意见，也是对委托人意志的再次确认，确保立法更好地彰显委托人的意志，至少不会违背委托人的意志。

3. 公众参与增强最高代议机关刑法立法的有效性，弥补公众代表立法能力的欠缺。

在我国，被公众民主推选出来的公众代表是国家立法机关的组成人员，是将人民意志转化为国家立法的现实主体，是在立法过程中践行全过程人民民主的关键主体，如果公众代表缺乏必要的知识储备，没有充裕的立法时间和相应履职能力，那么，再美好的民主立法设想也只能是一种不切实际的空想。一般而言，公众代表的立法能力越强，刑法立法民主化水平越高，反之，则不然。遗憾的是，目前我国公众代表的立法能力还存在许多不足，值得我们认真对待。

首先，我国全国人大代表选拔遵循的是多元化而不是精英化的选拔机制，全国人大代表来自社会主义建设的各条战线，他们分布于社会主义建设的各个行业和不同领域，具有丰富的社会经验，其中他/她们中的很多人还是社会中的行业精英或者是领军人物，但这并不能保证他们具有相应的刑法立法基本素养，甚至在这方面还是相对欠缺的，因为，"政治代表性"是人大代表能够脱颖而出的重要因素，现实人大代表推选中，"政治家的视野和政治技艺"比人大代表是否具备立法知识和能力重要的多，极个别人大代表在全国两会中"雷人立法提案"经媒体报道后经常让公众唏嘘不已。此外，寄希望于通过立法培训在短期内提高他/她们的法律素养来完全胜任立法审议工作，虽然有其积极作用，但在实践中也会面临困难，他们虽然掌握了立法理论，但在刑法立法具体条文起草、审议、评估时仍会感到捉襟见肘，毕竟立法是实践的技艺而不是培训的技能，正如前文所述，我国大多数的刑法立法起草工作实际上都是由全国人大常委会法制工作部门完成。此外，极少数人大代表在立法过程中怠于履行自己职责的情况也不容忽视，他们更多把"人大代表"的称呼视为一种荣誉和身份的象征，将对刑法立法的审议视为一种政治荣耀而非立法责任，这就从根本上背离了一个合格立法者应当具有的公意担当。再看全国人大常委会，在全国人大会议闭幕之际，它承担着对刑法部分修正和补充工作，遗憾的是，除个别委员以外，全国人大常委会的大多数委员在立法专业素养和能力上同样不敢乐观，他们全部由全国人民代表大会从其代表中选出，同样遵循的是多元化而不是精英化的选拔机制，或许正是在这个意义上，2014 年，《中共中央关于全面推进依法治国若干重大问题的决定》专门提及要"增加有法治实践经验的专职常委比例，依法建立健全专门委员会、工作委员会立法专家顾问制度"，[1] 以提升公众代表的立法能力。

其次，全国人大代表的非专任性客观上也制约了其立法素养和能力的发挥。现代社会发展日新月异，各种新事物层出不穷，造成的社会问题和矛盾也充满着日益增多的变数和不确定性，全国人大代表并不是"先知先觉的上帝"，要想对可能的严重社会危害行为及时识别并做好刑法立法上的妥善应对，就必须在立法前期做好诸如民意调查、现状调研、问题梳理、舆情分析和立法推演及其预判等一系列准备工作，正如美国宪法之父麦迪逊曾说过，一个人除了正直的意图和正确的判断以外，对为之立法的问题不具有某种程度的知识，那么他决不能成为一个合格的立法者。[2] 然而，正如人们所预想的那样，刑法立法准备工作是一项非常耗时费力的工作，客观上要求全国人大代表或者常委会组成人员拥有足够的时间和精力投入其中并审慎判断，在此背景下，有一种主张便是推动全国人大代表或者常委会委员的"专职化"，只是这一方案在 2010 年修改的《全国人大和地方各级人大代表法》中被明确否决，该法案进一步明确了"代表不脱离各自生产和工作岗位"的原则，背后逻辑是"工人阶级亲自参加法律制定或作出决定，同时又要回到自身岗位上贯彻执行法律，这样才能打破国家等级制，实现真正的民主"[3]。因此，我们有理由充分相信，中国

---

[1] 《中共中央关于全面推进依法治国若干重大问题的决定》，《人民日报》2014 年 10 月 29 日第 01 版。
[2] ［美］汉密尔顿、杰伊、麦迪逊：《联邦党人文集》，程逢如、在汉、舒逊译，商务印书馆 1980 年版，第 274 页。
[3] 李翔宇：《马克思主义民主观与中国的全过程人民民主实践》，《开放时代》2022 年第 2 期。

的全国人大代表和全国人大常委会组成人员将在很长一段时间内处于"非专任"的状态,公众立法代表的"非专任性"有助于深化公众代表与人民群众的密切联系,最大限度避免公众代表脱离公众的风险,进一步提升立法的烟火气,但这也会客观上带来公众代表立法能力不够的问题,因为他们都有自己的工作岗位,从事具体的工作和社会事务,很难有充足的时间和精力进行专门的立法事宜的"兼顾",即便他们进行了相关立法准备工作,但也会因各种原因而无法达到理想的调研效果,从而影响刑法立法质量。全国人大代表或者人大常委会组成人员的"非专任性"使得他们难以全身心投入时间和精力专注刑法立法工作,而我们又断不可能走"专任化"公众代表的路子,因此将公众参与带回刑法立法,通过公众参与刑法立法,引导公众在立法中贡献更多的经验和智慧,从而弥补"非专任化"公众代表立法时间和精力不足的缺陷,并更好识别并纠正刑法立法过程中可能存在的问题,在"集思广益"基础上提升我国公众代表集众智、立良法、促善治的能力和水平。

综上所述,无论是公众代表的刑法立法知识的欠缺,还是公众代表非专任性的立法弊端,都将直接威胁并损害现代刑法立法的民主性和科学性。无数实践证明,鼓励公众有序有效地参与到刑法立法是一个比较行之有效的方法,公众参与刑法立法,不仅可以补缺公众代表刑法立法知识不足的缺陷,还能弥补因公众代表非专任性带来的刑法立法前期准备不充分的瑕疵,例如,处在生活世界中的公众,对刑法应当规制以及如何规制严重社会危害性有着敏锐的判断力,他们可以据此向刑法立法机关提供相关意见和建议,弥补公众代表立法能力欠缺,更为重要的是,公众参与刑法立法还能够极大地唤醒普通公众的公民意识,培养人们对团体的认同感,弱化对权力中心的疏离感,唤醒并增强公众对现实社会问题的关注,并有助于一种积极的、关心生活世界事务的现代公民的出现。

(三) 公众参与是刑法立法依法化的要求

1. 宪法依据。我国现行《宪法》第 2 条规定:"中华人民共和国的一切权力属于人民。"立法权是国家中"一切权利"的重要方面,"一切权力属于人民",顾名思义,立法权也属于人民的,人民行使立法权,不仅仅是通过选举全国人大代表以及由此产生的全国人大常委会委员具体行使刑法立法起草、审议、评估和表决的权利来实现,而且也包括公民亲自参与刑法立法全过程和各环节。《宪法》第 33 条第三款规定:"国家尊重和保障人权。"刑法不仅是犯罪惩治法,而且也是人权保障法,通过打击犯罪进而实现人权保护是刑法立法的根本目的,国家进行刑法立法,如果公众都不能有序有效地参与其中,那么,公众又何以知晓自己权利在刑法立法中是否以及如何被保障的呢?即便所立刑法保障了公民基本权益,但由于公众没有"设身处地"参与立法过程,这种对刑法立法保障人权的体验感和获得感势必会大打折扣,更为重要的是,刑法是关系公民人身财产等最核心法益的重要立法,刑法立法公众的缺席将直接导致这些最核心法益的刑法立法很可能被"少数人"决定而很难被"多数人"信仰,因为这种"决定"极易给公民人权保障带来潜在风险,如此一来,宪法"尊重和保障公人权"条款就会被虚置,鉴于此,现代刑法立法要恪守国家尊重和保障人权的宪法底线,就必须大力倡导并践行刑法立法公众参与价值;此外,我国《宪法》第41条还规定:"中华人民共和国公民对于任何国家机关和国家工作人员,有提出批评和建议的权利。"刑法立法是全国人大及其常委会的法定职权,全国人大及其常委会是最高国家权力机关,当然也是法定意义上的"国家机关",其依法行使刑法立法权的行为是一种立法行为,也是一种职务行为,依据宪法规定,公民有对其提出批评和建议的权利,因此,将公众参与带回刑法立法,不仅是推动刑法立法民主化的客观要求,还为公民行使对国家机关和国家工作人员批评和建议权利提供了现实条件,如果最高立法机关在刑法立法时有不当或者任何疏忽行为,公民均可依法向其提出批评和建议并督促其及时改正。概言之,刑法立法公众参与既是依宪治国的总要求,也是坚持依法立法的落实举措,必须一以贯之推进好。

2.《立法法》依据。如果说宪法为刑法立法公众参与提供了根本法依据,那么《立法法》的相关规定则为刑法立法公众参与提供了最直接的规范根据。我国《立法法》第6条规定:立法应当坚持和发展全过程人民民主,尊重和保障人权,保障和促进社会公平正义。"立法应当体现人民的意志,发扬社会主义民主,坚持立法公开,保障人民通过多种途径参与立法活动。"第39条规定:"列入常务委员会会议议程的法律案,宪法和法律委员会、有关的专门委员会和常务委员会工作机构应当听取各方面的意见。"听取意见可以采取座谈会、论证会、听证会等多种形式。法律案有关问题专业性较强,需要进行可行性评价的,应当召开论证会,听取有关专家、部门和全国人民代表大会代表等方面的意见,论证情况应当向常务委员会报告。法律案有关问题存在重大意见分歧或者涉及利益关系重大调整，需要进行听证的，应当召开听证会，听取有关基层和群体代表、部门、人民团体、专家、全国人民代表大会代表和社会有关方面的意见，听证情况应当向常务委员会报告。常务委员会工作机构应当将法律草案发送相关领域的全国人民代表大会代表、地方人民代表大会常务委员会以及有关部门、组织和专家征求意见"。第 40 条规定："列入常务委员会会议议程的法律案，应当在常务委员会会议后将法律草案及其起草、修改的说明等向社会公布，征求意见，但是经委员长会议决定不公布的除外，向社会公布征求意见的时间一般不少于三十日，征求意见的情况应当向社会通报。"此外，2021 年新修订的《全国人民代表大会组织法》中也明确规定了全国人大及其常务委员会要坚持全过程民主，始终同人民保持密切联系，倾听人民的意见和建议，体现人民意志，保障人民权益。[1] 显而易见，这些法律规范基本勾勒并规定了我国刑法立法公众参与的整体制度框架和实践要求，为我国刑法立法公众参与提供了直接的法律依据。

除此之外，刑法立法公众参与还有一定的国际法依据。众所周知，我国提出"构建人类命运共同体"倡议自 2017 年 2 月 10 日首次写进联合国发展委员会第 55 届会议"非洲发展新伙伴关系的社会层面"决议以后，又先后被写入联合国安理会、联合国人权理事会等多个决议中，对国际社会而言，该倡议既是基本共识也是基本行动准则。需要指出的是，人类命运共同体的一个重要方面就是强调社会治理中人和人之间利益关切是休戚与共的，它是一个你中有我和我中有你的生存联系状态，将这一理念隐射到我国刑法立法过程中，就是刑法立法不能只是立法机关个别意志的独断，而是多元主体意见碰撞的协奏，它应当倾听更多公众的声音，汇聚更多公众的意见，从而凝聚更多的公众意志，这就要求刑法立法必须让更多的公众参与进来，只有共商、共建和共享，所立刑法才能更好彰显并反映人类命运共同体的价值意蕴，如此一来，促进社会共同体的整体善治。

二 数智技术与刑法立法公众参与

刑法立法需要公众参与和公众能否实际参与是价值问题与事实问题的学术分野，不将两者混为一谈，如前所述，笔者已分别从立法现代化之科

---

[1] 于浩：《在立法中更好落实全过程人民民主》，《中国人大》2021 年第 18 期。

学立法、民主立法和依法立法等不同方面论证了刑法立法公众参与的必要性和必然性，然而，我们必须认识到，如果仅是以刑法立法公众参与是必要的并不足以得出刑法立法公众必然参与的结论，因为，哪怕是再有必要的刑法立法公众参与，如果没有参与的可能性，公众也只能"望洋兴叹"。长期以来，学界通说认为公众直接参与适合小国寡民的社会，譬如古雅典的城邦政治；对于幅员辽阔、人口众多的大国不宜搞公众直接参与立法，因为它不仅会给国家和社会带来昂贵的行动成本，而且大规模公众参与所得出的立法意见也未必就一定科学合理，仍然存在立法"多数人暴政"的可能，刑法立法亦是如此。应该说，这种观点有其可取之处，然而，以跨界融合、重塑结构、连接一切为特征的数智互联网技术正在改变这一传统认知，它使得在刑法立法公众代议制参与以外，一种全新的公众直接参与刑法立法模式日益成为可能，进而回应大国疆域下刑法立法公众直接参与如何转为现实的关切。

首先，数智技术提升公众参与刑法立法的效率。数智互联网技术可以不受物理时间和空间的限制进行充分、全真和深度的信息分享和共享，并且还可以实现人与信息、人与人、人与世界之间无缝隙的实时互动，这就极大打破了传统公众参与在交流场域上的时空束缚限制。数智时代，任何公众在任何有网络的地点都能就某个刑法草案了解最新审议进展、随时发声并聆听包括立法机关在内其他主体关于刑法草案的意见和建议，议事"广场化"，联系"即时化"，沟通"扁平化"，例如，公众足不出户就能通过互联网获取刑法立法草案征求意见稿、观看刑法立法听证会的实时直播并在场景字幕下发表自己的立法意见和建议，[1] 同时，还可就社会热点事件的刑法立法问题了解他人意见并发表自己建议，这种交流是实时互动的，尤其是这种交流的场景化可以赋予公众很强的代入感，提升公众参与刑法立法的获得感，可以说，万物互联互通的数智时代赋能技术可触碰的连接感，它天然消解了传统公众参与刑法立法时无时无刻存在的时空隔阂。公众可以线下实地参与刑法立法，也可以线上云端参与刑法立法，使得公众参与刑法立法变得日常化，就像他们在日常生活中的购物和消费一样的方便简单，如此一来，极大地提高了公众参与刑法立法的效率。

其次，数智技术提升公众参与刑法立法的质量。同传统的线下实地沟

---

[1] 王怡：《智能互联网能为民主立法贡献什么》，《北方法学》2019年第6期。

通和交流相比，数智互联网技术的匿名性、开放性和互动性大大提高了公众说话的欲望和能力，尤其是对同自身利益密切相关的刑法立法而言，躲在"屏幕"后面的公众开始变得敢说、善讲，一方面，数智互联网技术的匿名性使得公众不用担心自己讲不好，讲不对而羞于发声，提升公众参与刑法立法的积极性，此外，在立法草案网络征求意见过程中，公众进行网络留言时还有较为充分的准备酝酿思考时间，这能够帮助它更好更精准地表达自己最真实的内心想法及其背后的利益关切。另一方面，数智互联网技术的场景化使得围绕刑法立法的各种意见能够充分的呈现、即时的表达、精准式识别，例如，围绕深度伪造技术滥用的刑法规制议题的讨论，利用数字孪生技术、VR/AR/MR 等交互技术可以将深度伪造技术滥用的现象、关键节点和现实危害通过影像逼真方式生动地呈现给公众，让公众迅速了解并掌握深度伪造技术刑法规制的必要性、可行性以及可能的重难点问题，这比职业立法官僚宽泛的笼统介绍什么是深度伪造技术及其危害明显有意义也有意思的多，从而间接提升公众参与刑法立法的能力。此外，数智交互技术、物联网技术和元宇宙生态在刑法立法公众参与中的广泛运用还能大大提升公众参与过程的沉浸感和具身感，让公众"身临其境"地直接观察并感受拟进行刑法立法要规制对象的内容、特征及其意义，更好地认识刑法规制的优势、缺陷和可能的风险，对行为是否需要刑法规制以及如何规制有更加全面清晰的认知。① 总而言之，数智技术的广泛深入运用，极大提升了公众参与刑法立法的参与质量和立法质量，即公众的发声不再是单向和孤立的意见表达，借助数智互联网技术联通一切的优势，它正在逐步打破立法沟通的体制性的壁垒和话语霸权，建构起各方主体在互联网上的商谈场域，籍此各种意见在此汇聚、碰撞、博弈和承认，为公众最大范围地参与刑法立法提供公共性的"言说"平台，打造开放性的"商谈"场域，营造"理想的刑法立法对话情境"，以最大限度减少因信息不对称出现的刑法立法决策"失灵"现象，进而提升公众参与刑法立法的质量。

数智互联网技术广泛运用不仅是全国人大及其常委会科学立法的一场深刻变革，也是公众参与意识和能力的一场深刻变革，它将先前"昂贵"的公众参与变为"低廉"的公众参与，它将先前"拖沓"的公众参与变

---

① 王群：《信息技术保障公众参与司法：现状、风险与对策》，《理论月刊》2020 年第 3 期。

为"高效"的公众参与，它将先前"个别"的公众参与变为"普遍"的公众参与，它将先前"烦琐"的公众参与变为"简便"的公众参与，具体来说，刑法立法征求意见稿借助数智互联网技术能够实现最大范围的有效公开，公众借助数智互联网技术能够轻松获取拟参与刑法立法制定所需要的相关资料，公众借助数智互联网、大数据技术等可以更好了解和驾驭刑法立法实际情况，进行充分立法分析和论证，做好相应定量分析和定性判断，在充分的意见商谈中形成刑法立法全社会意愿和要求的最大公约数，公众借助数智互联网技术可以更好更快更准地围绕刑法立法的重难点问题进行即时性发声，充分性表达，等等。概言之，对中国这样大国疆域国家，数智互联网技术正在让公众直接参与刑法立法变为可能，成为继公众通过代议制刑法立法外的有益补充，这为当下我国刑法立法倡导公众参与提高了最现实的依据。

党的十九届六中全会公报指出："发展全过程人民民主，保证人民当家作主"。[①] 刑法是现代法治的压舱石，刑法立法公众参与是我国全过程人民民主的生动实践，是人民平等参与、平等发展权利的集中反映。我国刑法立法公众参与既有理论上的沉淀，更有现实的依据。在理论上，犯罪本质、刑法性质和刑法治理的属性规定了刑法立法公众参与的部门法逻辑、坚持人民主体地位的政治学原理规定了刑法立法公众参与的治理逻辑、耗散结构的自然科学原理规定了刑法立法公众参与的物理逻辑；在实践中上，立法现代化和数智技术规定了刑法立法公众参与的必要性和可能性。其中，公众参与是刑法立法科学化、民主化和依法化的要求，数智技术的运用提升刑法立法公众参与的效率和质量，由此，笔者就基本完成了刑法立法公众参与的"立论"工作，回答了为什么要刑法立法公众参与的议题，为下文刑法立法公众参与的怎么样，以及如何保障公众有序有效参与刑法立法问题提供了言说环境和叙事基础。

---

① 《中国共产党第十九届中央委员会第六次全体会议公报》，《光明日报》2021年11月12日第01版。

第三章

刑法立法公众参与的实践图景

刑法立法公众参与研究不仅要关注刑法立法公众参与的基本理论，更要关注刑法立法公众参与的实践图景，通过对刑法立法公众参与实践图景的考察，了解刑法立法公众参与的实践样态，即现实中的刑法立法公众参与到底是一种怎么样的参与？在此过程中，有什么样的参与经验需要总结提炼，又有什么样的参与问题需要系统反思，只有这样，才能检验现有刑法立法公众参与理论研究之得失，补正"空心化"理论论证的研究不足，更好地在刑法立法中践行全过程人民民主理念。

第一节 刑法立法公众参与在中国：现状叙事

长期以来，人们对刑法立法公众参与问题存在一些认识论上的误区，例如，将刑法立法公众参与仅仅看作是立法审议阶段的公众参与，譬如公众参与刑法立法座谈会、听证会、论证会或咨询会并提出意见建议；又或者，偏执地将刑法立法公众参与看成是公众借助社交媒体或者基层立法联系点进行立法意见和建议表达呈现的方式，甚至不加区分地认为刑法立法公众参与就是作为整体性民主立法价值的制度载体和实现过程，不可避免呈现"社会公众参与的非理性""社会公众难以被代表"等特征[1]，从根本上忽略了刑法立法公众参与本身的复杂性、广泛性和层次性。如前所述，存量理论研究还习惯将刑法立法公众参与作为现象研究的起点论述其背后价值、困境和路径等问题，而很少将其作为现象研究的对象，例如围绕刑法立法公众参与到底是什么的问题给予应有的理论关注，更遑论围绕

---

[1] 李翔：《论刑事立法公众参与的限度》，《东南大学学报（哲学社会科学版）》2016年第3期。

刑法立法公众参与过程进行细致化的理论展开，以致刑法立法公众参与如何发生的原点问题长期被忽视，又或者被当作是"已知问题"而被主观假想性所认知。① 事实上，刑法立法公众参与不是整体性概念认知，而是呈现阶段性和层次性交织的立法现象，如果不对这种阶段性和层次性的规律进行精准把握，不但无法理解刑法立法公众参与如何发生的真实逻辑，甚至还会因为这种主观认知上的谬误而带偏刑法立法公众参与的实践，进而背离现代刑法立法之民主真谛。

众所周知，哈贝马斯曾将立法中的商谈清晰地分为两个阶段：非建制化阶段公共领域中的商谈和建制化阶段立法机构中的商谈。② 其中，前者以"日常语言"为交往手段，以"相互理解和允诺"为交往目的，以"开放、互动"为交往品格，商谈主体间不仅地位平等，而且整个立法过程的讨论呈现非建制性特征，立法商谈结果也不是决策意义上的定论，正所谓："对于议题或提议的同意，只能作为或多或少穷尽争论——在这种争论中，建议、信息和理论或多或少被处理的。"③ 后者则发生在正式立法程序中，往往有严格的商谈程序与规则，立法商谈的时间、空间和议题被提前确定好，商谈主体拥有明显的专业化和精英化倾向，一般经过严格的选举和任命程序，例如，作为立法商谈主体的全国人大代表或者常委会委员。代之以笼统的立法公众参与的讨论，建制化阶段和非建制化阶段的类型化划分更便于我们细致观察并理解立法公众参与何以发生的问题。受此启发，本书拟将我国刑法立法公众参与的讨论也技术性地划分为建制化阶段和非建制化阶段，具体以刑法草案进入全国人大及其常委会的立法程序为界分点，在刑法立法草案进入最高立法机关立法程序之前的公众参与为非建制化阶段的刑法立法公众参与；在刑法立法草案进入最高立法机关立法程序之后的公众参与为建制化阶段的刑法立法公众参与，只有对不同阶段刑法立法公众参与呈现的特征、规律、经验和问题进行细致性的讨论，围绕刑法立法公众参与的路径完善和建议才会更有针对性和建设性。

---

① 王群：《以人民为中心与高质量立法体系再造——学习〈习近平谈治国理政〉第三卷》，《湖北社会科学》2021年第2期。
② 闫斌：《立法合法性研究：审视与建构——基于立法商谈理论的视角》，《甘肃行政学院学报》2014年第5期。
③ [德]哈贝马斯：《在事实与规范之间——关于法律和民主法治国的商谈理论》，童世骏译，生活·读书·新知三联书店2003年版，第36页。

一 非建制化阶段的刑法立法公众参与

公共领域是非建制化阶段刑法立法公众参与的重要场域，我们考察非建制化阶段刑法立法公众参与的实践样态，关键就是要探讨置于公共领域中的公众是怎样参与刑法立法的，特别是通过什么方式以及如何影响最高立法机关的刑法立法？

（一）典型原因：社会热点事件驱动

随着社会文明的进步，越来越多公众不再像古希腊城邦公民那样痴迷于轰轰烈烈的"广场政治"，也不再执拗于宏大又抽象的启蒙政治话语的想象与建构，相反，他们更关注发生在身边的社会热点事件，这越来越成为当前公众参与国家立法治理的一种"实惠"而又便捷的方式。无论是影响性社会事件还是恶劣的刑事案件，正日益成为推动公众参与刑法立法最直接的动因。社会热点事件给生活在其中的公众以道德感官上最直接的触动，以朴素情感上最强烈的共振，公众基于朴素的正义感和道德观念触发他们更深层次了解事件是非曲直的欲望，如果发现事件同刑法立法密切相关，特别是相关社会热点事件是由刑法立法的缺陷引起的，人们逐渐就会由对事件本身的关注转为对刑法立法的积极讨论，所有关于该事件刑法立法利弊得失情况都将被公众再次审视甚至被放大，围绕刑法废立改释的民意就会甚嚣尘上，而立法机关又不得不去关注并回应这些民意，有评论将此称为"被民意裹挟的立法"，个案披露→舆论哗然→震动高层→立法动议→立法通过日益成为非建制化阶段公众参与刑法立法的典型演进路径。联系近年来的刑法立法情况，这样的例子可谓比比皆是，比如，"丰县生育八孩女子"事件引发公众关于是否提高收买被拐妇女儿童罪刑罚之争；山东辱母案推动人们对刑法立法中正当防卫规定的反思；幼儿园虐童事件引发人们关于虐童刑法规定的反思；[①] 校车安全事故的接二连三发生，人们开始关注甚至放大校车超载、超速行为的社会危害性，由此推动

---

① 例如，我国有学者曾就北京红黄蓝幼儿园虐童案件提出如下刑法立法的修正建议：1. 在《刑法》第 236 条强奸罪的第三款增加一项作为第六项：强奸妇女、奸淫幼女，有下列情形之一的，处十年以上有期徒刑、无期徒刑或者死刑：（六）负有监护、看护职责的人，奸淫被监护、看护的幼女的。2. 修改第 237 条第三款"猥亵儿童罪"为：猥亵儿童的，处三年以上十年以下有期徒刑；猥亵儿童，有下列情形之一的，处十年以上有期徒刑、无期徒刑或者死刑：（一）猥亵儿童，情节恶劣的；（二）猥亵儿童多人的；（三）在公共场所当众猥亵儿童的；（四）附有监护、看护职责的人，猥亵被监护、看护的儿童的；（五）致使被害人重伤、死亡或者造成其他严重后果的。

特定运输车辆超载超速行为入刑；养老院护工虐待老人事件频发推动刑法修改关于虐待被看护人员主体范围的规定；针对因医患纠纷引发"医闹""伤医"等热点事件，《刑法修正案（九）》将破坏医疗秩序行为纳入聚众扰乱社会秩序罪的规制范围，正式在立法中明确了"医闹入刑"；针对"打虎灭蝇"的反贪腐社会热点问题，不仅增加了对有影响力的人行贿罪，剑指那些为谋取不正当利益，迂回包抄国家工作人员的近亲属或其他有特定关系的人，或向已退休的国家工作人员及其近亲属或其他有特定关系的人行贿的行为，同时，还增设了专门针对贪贿犯罪的终身监禁刑；针对轰动一时的成都"孙伟铭案""杭州飙车案"等事件，公众更是积极发声推动刑法对危险驾驶罪的修改，"醉驾"和"飙车竞逐行为"相继入刑；针对三鹿奶粉、地沟油等一系列触目惊心食品安全事件，公众强烈呼吁并要求在刑法中增设单独的食品监管渎职罪，以发挥刑法对负有食品安全监管职责的国家机关工作人员的强大威慑；针对山西黑煤窑强迫农民工从事危重劳动事件，公众对强迫劳动罪的刑法流弊猛烈开火，之后最高立法机关修改"强迫劳动罪"，将"用人单位"修订为"一般主体"，从而将个体老板等也纳入刑法规制范围。① 概言之，社会热点事件使公众敏锐意识到现实危险就在自己身边，借助刑法预防、控制甚至消灭危险成为公众面对危险的应激式反应。事实上，社会热点事件一出现，公众在公共领域围绕刑法立法可能性和现实性的讨论就会随即展开，社会热点事件是非建制化阶段刑法立法公众参与的典型原因。

（二）时间节点：最高立法机关的会期

如果说社会热点事件揭示了非建制化阶段刑法立法公众参与的典型原因，那么，最高立法机关会期则指明了刑法立法公众参与重要的时间节点。最高立法机关会期是指全国人大及其常委会审议表决刑法立法的时间，在此期间，全国人大代表或常委会委员要结合刑法草案进行集中或者是分组审议，以决定刑法立法是否通过或者需要进一步修改。最高立法机关会期是刑法草案能否去"草案"之名称而成为正式国家法律的关键时间节点，社会公众普遍关注，日益成为刑法立法公众参与过程的重要时间节点。必

---

① 我国有学者专门统计了引致立法议程改变的公共事件、相关法律制度规范及其立法议程改变距离媒体曝光时间的关系，其中在刑法领域，由公共事件引发的立法需求通常与公众对一些社会现象体现出的价值冲突密切相连。参见张欣《大众媒体、公共事件和立法供给研究——以2003—2013年公共事件为例》，《法学评论》2016年第5期。

须承认,在民主立法备受瞩目的当代中国,最高立法机关倾听公众对刑法立法的意见建议尤为重要,我们说最高立法机关不必服从公众舆论,但绝不是说立法可以回避民意,否则,刑法立法就会丧失正当性,甚至引发刑法公众认同危机。置身于公共领域的普通公众深知自身难以直接进入最高立法机关进行直接立法,因此,最高立法机关会期成为他们影响刑法立法的最佳时间窗口,事实上,他们也非常愿意并经常利用这一重要时间窗口,如前所述,经过社会热点事件催化而来的公众意见固然能引起立法者的注意,但这种发声如果不恰好发生在最高立法机关会期,久而久之就会被新的社会热点事件冲淡甚至被人们所遗忘,相反公众在最高立法机关会期围绕社会热点事件广泛讨论并积极立法建言,实际上是试图以"人民"主权者身份对国家立法事务再"嵌入",势必会引发最高立法机关的重视,极大提升相关意见建议被采纳的概率。正因为如此,在最高立法机关会期,非建制化阶段的刑法立法公众参与往往会迎来高潮,广泛而热烈的民意从仅是公共领域自由意见表达向政治领域立法商谈演进甚至被最高立法机关接受。笔者注意到,每当最高立法机关会期,针对新近出现或影响较大的社会热点事件的刑法立法讨论总会"如期"而至,例如,2015年6月,一则"人贩子一律处死"的朋友圈刷屏就恰是在全国人大常委会审议《刑法修正案(九)》的前夕和期间,一个很重要的目的就是企图影响最高立法机关对拐卖儿童罪的决策。[①] 而一旦立法机关对公众提出刑法立法的建议采纳的话,媒体就通常冠以立法博弈中"平民的胜利"为题广泛报道,从而营造公众参与对刑法立法的巨大影响力,事实上,这反过来也会刺激公众投身刑法立法的积极性,进而提升非建制化阶段刑法立法公众参与的效果。

(三) 参与场域:互联网渐成主阵地

正如前文所述,非建制化阶段的刑法立法公众参与主要集中在公共领域,而当下中国最为重要且影响最深刻的公共领域无疑就属互联网了。虽然非建制化阶段公众参与刑法立法的方式多种多样,它可以表现为公众参加由立法

[①] 同样是在立法机关会期,2018年全国两会期间,针对近年来"精日"分子频频做出诸如在南京大屠杀遇难同胞纪念馆拍摄有侮辱性语言和低俗语句视频并上传网络这类亵渎民族情感的行为,有政协委员就提案建议全国人大常委会制定《刑法修正案》,将侮辱中华人民共和国国格、侵犯中华民族尊严等行为纳入刑法的范畴。参见贺云翱《开玩笑和侮辱行为有本质区别》,《北京青年报》2018年3月10日第A08版。再如,2021年全国两会期间公众围绕"醉驾造成每年30万人入刑"话题讨论是否需要修改或废止醉驾入刑条款。参见潘高峰《"醉驾入刑"该取消吗?》,《新民晚报》2021年3月11日第09版。

机关组织的刑法立法座谈会、专家咨询论证会、内部征求意见等，但更多时候公众还是通过互联网参与到对刑法立法问题的讨论中，例如，公众通过互联网了解刑法修正背后的背景、动议、争议、进程和相关知识等海量信息；通过互联网传播并讨论现有刑法立法规定的不足和缺陷；公开提出对拟制定刑法条文的意见建议；回应他人所提出来的对刑法立法赞同或批评意见等。此外，互联网还助益刑法立法公众参与呈现更多"场景"，赋能更高"效率"，例如，公众借助网络对他人所提刑法立法意见进行口诛笔伐或心悦诚服；发布并传播关于某类法益侵害行为域外刑法规定及其借鉴可能性；就刑法立法程序优化提出意见建议；监督最高立法机关更好地回应公众的刑法立法关切；最高立法机关亦可通过互联网集中或者针对性地回应公众所提刑法立法的意见等。互联网日益成为非建制化阶段刑法立法公众参与的主阵地，还同互联网在信息聚合和融传播上得天独厚的优势密切相关，无论是谁提出来的刑法立法意见和建议，只要经互联网一传播，公众就能以最快的速度获取相关情况；不仅如此，互联网还能将与刑法立法议题相关的全部类似和背景信息进行系统集成推送并帮助普通公众更好的智能识别搜索，并使不同信息源之间相互印证辨伪，不断提升公众获取信息的质量，在此基础上，公众通过网络就刑法立法的必要性和可行性进行广泛持续深入的互动讨论，了解他人为什么要刑法立法，相关刑法立法建议又重点关注了哪些方面？能够解决什么样社会问题？还有什么问题待解决？自己又是如何看待他人的刑法立法建议？他人又是如何认识自己的刑法立法意见的？互联网帮助公众将这些意见建议实现即时呈现和场景互动，降低信息成本，提升沟通效率，促进主体间"重叠共识"最大限度达成。与此同时，立法机关也能在互联网上第一时间了解并掌握公众围绕刑法立法议题的相关讨论，从中发现并识别最具稳定和代表性的社情民意，待条件成熟的时候，将其吸收并反映在刑法立法文本中。如果最高立法机关不关注互联网上公众的声音而主观想象式的任性立法，显然，人们就应该责备最高立法机关这种极端的任性。我们欣喜地看到，近年来，我国最高立法机关坚持在各项立法活动中全面贯彻全过程人民民主理念，将线下和线上民主有机统一起来，积极关注并听取互联网上的社情民意，切实走好新时代网络群众路线，在刑法立法公众参与中，努力做到过程民主和成果相统一，人民民主和国家意志相统一。

（四）持续动力：道德判断的策应

非建制化阶段刑法立法公众参与是在公共领域的非正式性立法商谈，

事实上,最高立法机关没有必须听取公众关于刑法立法意见和建议的强制性义务,公众也没有正式的程序抑或法定制度来保障这种刑法立法公众参与行为的持续性,特别是当最高立法机关实际上对公众参与持消极无所谓态度,甚至对公众所提的刑法立法建议动辄反对的时候,非建制化阶段立法公众参与就不可避免会出现集体"沉默",进而出现令人不安的立法噤蝉效应。这个时候,来自道德判断的策应就变得异常重要,它成为支撑非建制化阶段刑法立法公众参与的持续性动力。所谓道德判断的策应,是指当公众对刑法立法所提意见建议面临来自最高立法机关和公众内部多重质疑情况下,围绕刑法立法是否正当的道德判断就成为支撑公众捍卫自身立场和意见的强大精神动力。在刑事立法语境中,每当新的社会失范现象出现,出于朴素的正义观和所处风险社会的焦虑感,公众为了避免这种社会失范风险降临在自己身上转而对风险予以煽动式的集体讨伐,而讨伐的方式之一就是寄希望于通过刑法对这类风险予以严厉规制,只是,一旦这种通过刑法控制风险的讨伐型公众参与被最高立法机关"告知"背离了刑法谦抑性或者其他理由而不被采纳或者接受时,即便最高立法机关告知的违反理由实际上并不存在,公众也容易对自己的主张产生怀疑甚至出现自我否定的情绪观感进而在刑法立法公众参与上"偃旗息鼓",除非公众充分认识并坚信自己围绕某一社会现象进行刑法立法背后道德命题的正当性和必然性,一旦公众获得了这种暗示,即刑法立法理由客观且正当,即便面临立法机关或其他方面的阻力,也会重新燃起他们推动刑法立法的热情和信心,成为推动非建制化阶段刑法立法公众参与持续繁荣的不竭动力,更是非建制化阶段刑法立法公众参与的重要演变规律。当然,笔者也注意到,道德判断策应成为推动刑法立法公众参与持续动力的背后还在于法律和道德的相融性,正如习近平总书记强调:"要把道德要求贯彻到法治建设中,以法治承载道德理念,道德才有可靠制度支撑。法律法规要树立鲜明道德导向,弘扬美德义行,立法、执法、司法要体现社会主义道德要求,要把社会主义核心价值观贯穿其中,使社会主义法治成为良法善治。"[①]

(五)关键角色:媒体的推波助澜

媒体被誉为现代民主政治国家中的第四权力,深度参与包括国家立法

[①] 习近平:《坚持依法治国和以德治国相结合 推进国家治理体系和治理能力现代化》,《人民日报》2016年12月11日第01版。

在内的各项国家治理事务，尤其是在非建制化阶段的刑法立法公众参与中，媒体扮演不可或缺的角色。正如前文所述，非建制化阶段刑法立法公众参与勃兴于公共协商领域，是一种缺乏正式权力资源支撑的公众参与形式，虽有利于公众自主地表达对刑法立法的各种意见和建议，但也极易因公众自身力量不足而造成参与不连续、不有效的问题，例如，作为个体的公众力量弱小，围绕刑法的发声立法机关可能"听不见"；又如公众意见不统一，无序化的嘈杂发声立法机关可能"听不清""听不准"。不过媒体的出现较好地解决了这个问题，通过充当公众和立法机关围绕刑法立法的"传话筒"增强公众表意能力，帮助立法机关更好地识别并确定民意。一方面，为公众发出刑法立法意见和建议提供传播渠道。代议制立法危机使人们认识到仅依赖公众代表代替自己围绕刑法发表意见和建议的局限性，无法保证公众代表准确了解了公众的意见更无法保证了解了公众意见的代表们能将公众意见写进法律。于是，通过媒体传递自己的刑法立法意见就成为可能的补充策略，而媒体为获取公众支持也愿意倾听并传播这些声音，例如，它经常会有策略地用夸张方式将行为人和被害人之间的对立情绪传播出去，让公众同情被害人，舆论氛围的整体性力量就会给最高立法机关带来压力，使他们不得不认真倾听公众提出来的刑法立法建议，否则就可能被扣上立法不民主的帽子，而这是立法机关无论如何也不愿承担的政治责任。另一方面，最高立法机关借助媒体及时地将最新刑法立法信息公布出来，或者通过传媒将公众对刑法立法的意见进行集中反馈，从而为掀起新一轮刑法立法公众商谈创造条件，此外，一系列由媒体曝光的公共事件客观上也对刑法立法的变迁起到了重要推动作用。毋庸讳言，传媒的推波助澜有力地推动了非建制化阶段刑法立法公众的可持续性参与，包括刑事案件被害人在内公众立法声音被及时反映到立法机关面前，正因为如此，卡拉布雷西曾将媒体角色视为推动立法的四个条件之一，提出媒体不仅主动设置议题建构公众的认知，而且还能充当商谈渠道和公共平台，从而聚合公众认知，促成"一致行动"，影响对立法资源的分配和部署。①例如，《南方周末》在实践中逐渐形成的"问题报道—立法反思—学者观

---

① 卡拉布雷西认为公共事件成为立法推动力的四个条件：(1)使立法迟钝性的成本骤然过高从而克服了政府的迟钝性和含糊性；(2)激发了公民的立法要求；(3)媒体强调危机，加强了前两个作用；(4)一系列长期现身于此的改革者能够利用这些危机。参见［美］盖多·卡拉布雷西《制定法时代的普通法》，周林刚等译，北京大学出版社2006年版，第110页。

点"的媒体议程设置模式，不仅关注社会突发事件的追踪报道，还注重对社会突发事件背后规律性问题的深度挖掘，对其中可能存在的刑法立法问题进行理性反思，吸引了包括公众、知识分子、司法机构和最高立法机关在内各方面主体的积极参与，极大提升了非建制化阶段刑法立法公众参与的效能。公共政策学家托马斯·R. 戴伊曾指出："决定哪些问题将成为政策问题甚至比决定哪些将成为解决方案还要重要。"[①] 而充当现代社会舆论"聚合器"的媒体恰好地充当了这一角色，许多现象、问题和声音都在媒体上汇聚、表达、传播和交锋，它事实上能够决定哪些问题成为政策问题，公众借助媒体发表对刑法立法的意见和建议，成为刑法立法民主化的积极促因，再加上媒体、公众和立法机关的良性互动，就很容易发生"政策之窗"的立法效应。

二 建制化阶段的刑法立法公众参与

建制化阶段的刑法立法公众参与是在全国人大及其常委会正式刑法立法程序下的公众参与。一般而言，刑法立法首先是由最高立法机关根据立法规划和年度立法计划，组织或者委托相关方面起草刑法立法（修正）草案，也可以由全国人大有关的专门委员会或者常务委员会工作机构直接组织起草，在这个过程中可以召开由有关部门、团体、专家学者、全国人大代表以及社会有关方面等参加的座谈会并进行刑法立法讨论和论证，广泛听取各有关方面对刑法草案的意见建议。在完成上述刑法立法起草前期准备工作后，经全国人大主席团或者常委会决定公布刑法草案（征求意见稿）并在全国范围内征求意见，征求意见时间原则上不少于1个月，公众将对刑法草案的意见建议反映给有关部门，然后最高立法机关再根据这些意见建议对刑法草案进一步完善，几上几下，反复讨论，形成刑法草案表决稿并提交给最高立法机关审议通过。为了更好地理解建制化阶段的刑法立法公众参与如何发生，结合我国刑法立法的实际情况，笔者拟将建制化阶段的刑法立法公众参与区分为刑法立法草案提出阶段的公众参与，刑法立法草案审议阶段的公众参与和刑法立法草案表决通过阶段的公众参与。

（一）刑法立法草案提出阶段

所谓刑法立法草案提出阶段是最高立法机关围绕刑法文本内容如何起

---

① [美] 托马斯·R. 戴伊:《理解公共政策》，彭勃等译，华夏出版社2004年版，第32页。

草以及起草什么的正式立法程序,它直接影响之后进入正式立法审议程序的刑法草案的基本样貌,因此,它属于建制化阶段的刑法立法。刑法立法草案提出阶段的公众参与是非建制化阶段公众围绕刑法立法商谈的继续,公共领域商谈结果开启了政治领域刑法立法商谈的阀门,使得正式的刑法立法议题最终被确定下来,随后,最高立法机关就会自行或者委托相关方面就刑法草案内容展开起草工作。一般而言,刑法立法草案提出阶段的公众参与主要表现在以下几方面:首先,相关部门会就刑法立法草案的起草召开立法座谈会、听证会、咨询会、发放调查问卷、开通热线电话和实地调研等方式听取公众意见,进一步了解公众对刑法立法的意见和建议。例如,我国《刑法修正案(九)》起草过程中就通过各种座谈会、专家论证会听取相关单位、全国人大代表、政协委员、专家学者和普通公众的立法意见和建议,而且还史无前例地组织召开刑法立法草案的立法评估会,2015 年 8 月 10 日全国人大常委会法工委邀请部分全国人大代表、专家学者、律师和公检法部门基层执法人员,对《刑法修正案(九)》草案中主要制度规范的可行性、修正案出台时机、实施的社会效果和可能出现的问题进行了充分立法评估。① 在刑法立法草案起草阶段向社会公众征求意见已成为我国刑法立法起草过程中的一种常规性做法,它最大程度在立法前置端口保障了刑法立法的民主性和科学性,使得相关争议问题在刑法立法起草阶段就能充分呈现并得到刑法立法机关重视,以及时修改完善刑法草案的相关内容。其次,公众主动通过各种途径向有关部门呈送围绕刑法草案起草的意见和建议,尤其是在刑法草案起草工作组深入基层立法联系点等单位进行专门刑法草案起草内容的调研活动时,公众积极向工作组围绕刑法立法相关内容建言献策,例如,在《刑法修正案(十一)》草案起草过程中,公众围绕刑法草案修正中的未成年人刑事责任年龄、非公有制经济平等保护、修改证券犯罪、洗钱罪、妨害传染病防治罪等具体罪名内容规定、增设袭警罪等方面广泛讨论并提出了意见建议。实践中公众不仅"被动"地响应最高立法机关就刑法草案起草的意见和建议征集,还主动通过基层立法联系点等方式就刑法草案内容提出相应完善意见和建议,在此过程中,不断提升刑法立法的民主性和科学性。值得注意的是,虽然我国在刑法立法起草阶段注重刑法草案起草工作的公众参与,但这种

---

① 赵秉志、袁彬:《中国刑法立法改革的新思维——以〈刑法修正案(九)〉为中心》,《法学》2015 年第 10 期。

公众参与仍然存在不均衡的情况,例如,在废除、修改或者解释刑法立法的时候,公众对相关刑法废改革文本内容和过程的参与还明显不够,特别是在最高立法机关进行刑法解释和立法评估的时候,公众部分参与、配合参与和形式参与问题仍不同程度存在。① 未来,我国在刑法立法草案提出阶段的公众参与场域还需拓展、参与形式还需丰富,参与内容还需完善,以不断提升刑法立法"前端口"的公众参与质效。

(二) 刑法立法草案审议阶段

所谓刑法立法草案审议阶段是指刑法草案进入全国人大及其常委会的正式立法审议程序的期间。根据《立法法》相关规定,我国全国人大及其常委会对刑法草案的审议一般要历经三审程序才交付表决,当然,对于各方面意见比较一致或调整事项较为单一的部分修改的刑法草案也可以经两次甚至一次审议就可以交付表决。目前,刑法立法草案审议阶段的公众参与主要表现在以下几个方面:首先,中国人大网站对全国人大常委会委员个人信息的依法有效披露。全国人大及其常委会在对刑法立法草案审议过程中,全国人大常委会委员们对刑法立法的意见、态度和认知对刑法草案能否顺利通过成为法律具有重要影响,而对委员们个人信息的依法披露能够帮助公众了解委员们相关情况。目前,中国人大网站上对委员们信息公开的情况主要包括姓名、民族、党派、学历、职务和专业等基本信息,鉴于他们的民意代表身份,未来可否探索公开更多诸如工作邮箱等联系信息值得期待。其次,中国人大网站专门开辟"人大常委会栏目"对历次全国人大常委会会议进行了专题报道,对全国人大常委会审议刑法立法草案过程中,委员们的发言意见也部分地公之于众,甚至还有对委员们的部分访谈节目的信息公开,这种关于刑法立法审议过程的信息公开值得肯定,它有助于公众及时了解全国人大常委会以及它的委员们对刑法立法审议的进度情况,及时掌握最新立法信息,在此基础上推动公众更加有序有效地参与到刑法立法中。再次,全国人大及其常委会在对刑法草案第一次审议后会在中国人大网站或者其他主流媒体渠道向社会公众公布刑法草案征求意见稿并公开接收意见的电话号码、电子信箱和来信地址,中国人大官方网站还在"立法工作"栏设立专门的"法律草案征求意见"板块,公众只要填写自己所在省份、职业、姓名和联系方式就可以在线对正在征

---

① 王群:《论司法解释制定中的公众参与》,《江淮论坛》2018年第5期。

求公众意见的法律草案征求意见稿留言，发表自己对法案的意见和建议，例如，最高立法机关在《刑法修正案（九）》立法过程中曾两次向社会主动公开刑法立法草案的审议情况并征求公众意见，第一次向社会公开征求意见后，共有社会公众 15096 人提出了 51362 条意见；[①] 第二次向社会公开征求意见后，共有 76239 位网民通过网络提出了 110737 条意见，参与人数和所提意见数量均创在此之前历次刑法修正之最高，[②] 充分体现了过程民主和成果民主相统一，程序民主和实质民主相统一，在刑法立法过程中生动践行了全过程人民民主理念。最后，刑法立法审议阶段公众参与形式也非常广泛，全国人大及其常委会不仅设立了供全国人大代表和普通公众参加刑法立法审议的旁听席位，还通过现有全国人大常委会 22 个基层立法联系点直线联通社情民意，听取公众对刑法立法的意见建议，同时还视情况举办各种规格的刑法立法座谈会、听证会、论证会，以及通过网络、报纸等方式面向公众广泛征求刑法立法意见。其中，刑法立法座谈会是针对刑法立法的有关内容，尤其是刑法立法中的重点、焦点、难点和争议问题邀请各方面公众代表进行座谈交流，采取最直接方式现场了解刑法审议过程中公众立法心声；刑法立法听证会是针对刑法立法中的关键性内容，在相关部门的主持下，由代表不同立法主张的双方或多方参加，对刑法立法草案关键性内容设置的必要性、合理性和可行性等进行辩论，使得刑法立法中的相关争议点再次被聚焦并逐个澄清，主持听证会的有权部门根据辩论情况和结果，对重要的不同意见在对全国人大常委会汇报或者审议结果报告中予以说明，这既增加了刑法立法的透明度，来自不同利益相关方对刑法草案的意见全方位地呈现在立法机关面前，也使立法机关有一个正式场合了解公众对拟刑法立法条文支持或者反对的态度及其理由，促进刑法立法中公众意见的表达、博弈、竞争和承认，助益刑法立法在公众意见"视域融合"中建构"重叠共识"。

（三）刑法立法草案表决、公布阶段

所谓刑法立法草案表决、公布阶段是指刑法立法草案审议完成以后，草案即将交付或交付给全国人大及其常委会表决通过的立法程序，经全国

[①] 参见第十二届全国人大常委会第十五次会议参阅资料（二）《中华人民共和国刑法修正案（九）（草案二次审议稿）参阅资料》。

[②] 参见第十二届全国人大常委会第十六次会议参阅资料（一）《中华人民共和国刑法修正案（九）（草案三次审议稿）参阅资料》。

人大及其常委会表决通过的刑法草案经国家主席签字正式公布实施，这一阶段也被认为是刑法立法的最后完成阶段。由于刑法立法草案表决是全国人大代表或者全国人大常委会委员在特定时空内依法履行立法职能的职权行为，具有一定的身份专属性，普通公众很难深入参与刑法草案表决的全过程和各环节，实践中主要还是最高立法机关邀请包括专家学者在内的普通公众列席旁听刑法立法草案的表决现场，以起到对刑法立法草案表决程序的公众监督之效用。当然，根据《立法法》规定，对拟提请全国人大常委会会议审议通过的法律案进行立法评估时，公众还可围绕主要制度规范的可行性、法律出台时机、法律实施的社会效果和可能出现的问题等发表意见。在刑法公布阶段，公众可通过参加最高立法机关举办的公众座谈会、论证会、听证会或者通过基层立法联系点等表达对已公布并生效实施刑法的意见和建议，例如，公众可对刑法公布如何同接下来刑法普法宣讲和研究衔接贯通提出意见建议，尽量减少刑法公布和刑法普法和研究的"空窗期"，促进两者的无缝有机深度衔接；再如，对已公布刑法规定中的罪名如何表述、定罪处罚标准进一步明确提出意见建议等等。实践中，不论人们是否承认，刑法立法草案表决、公布阶段，目前无论是在公众参与的数量还是质量上仍显不够，这值得我们认真反思。某种意义上，刑法立法草案表决、公布阶段的公众参与是刑法生效实施前的最后阶段，公众参与过程本身也是对新生效或修正刑法的熟悉和普法的过程，它有利于刑法立法和公众民意全方位的互动和熟悉，推动刑法在法律实施阶段更好地获得公众普遍拥护并得到切实遵守。

中国共产党历来重视包括刑法在内国家立法的公众参与，在理念上提出"坚持科学立法、民主立法、依法立法""人民平等参与、平等发展权利得到充分保障"的施政方略；在实践中进行广泛而深入的国家立法公众参与动员和实践，从建国伊始"五四宪法"制定过程的人民动员再到历次刑法修正中的公众参与，公众参与始终是我国科学立法、民主立法和依法立法的鲜明标识。理解刑法立法公众参与，首先要理解刑法立法公众参与如何发生，准确把握刑法立法公众参与在建制化和非建制化不同阶段呈现的特点、规律及其问题，才能为公众更加有序、有效地参与刑法立法提供针对性的理论支持，进而在刑法立法民主化浪潮下不断提高我国刑法立法质量和水平。

第二节 刑法立法公众参与在中国：若干规律

刑法立法公众参与在中国大地呈现出丰富的实践样态并日益彰显磅礴发展之势，无论是在建制化阶段还是非建制化阶段，公众都以其敏锐的参与意识和具体的参与行动形塑了我国刑法立法的基本面貌，建构了刑法立法中的民主事实、制度事实和宪治事实。然而，我们也必须注意到，刑法立法公众参与中的"民主事实"，并不是说公众的所有意见和建议都必然被最高立法机关吸收甚至转化为具体刑法立法条文，而是存在接受、不被接受、部分接受或者吸收等不同情形，或许民主真谛就在于这种多样化的结果选择可能而不是民主结果的"千篇一律"。正是在这个意义上，与其纠结刑法立法公众参与多少公众意见被接受的"结果"，不如更加聚焦刑法立法公众参与中公众意见被接受的"过程"，即探究刑法立法公众参与中公众哪些意见和建议能顺利被最高立法机关所接受及其原因，哪些情况下公众参与效果不好或者相关意见和建议不被最高立法机关接受及其相关影响因素，即探究刑法立法公众参与背后的基本规律问题，如此一来，从刑法立法公众参与的"过程民主"视角更加精准地挖掘并理解刑法立法公众参与"成果民主"知识生成背后的内在逻辑及其要义，在刑法立法公众参与现状叙事基础上写好若干规律如何凝练的"下半篇"文章，以更好理解刑法立法公众参与之所以是"这样"而不是"那样"样貌的背后"语义"，进而为新时代公众有序有效参与刑法立法提供规律支撑。

一　顺利的范例——以"醉驾"为何很快入刑为例

公众参与是民主立法核心要义，是刑法立法科学化的关键性因素，但不是唯一因素，下以"醉驾"为何很快入刑为例探讨公众参与刑法立法之所以顺利的背后"奥秘"。

首先，执政党的认可或者推动。习近平总书记指出："法是党的主张和人民意愿的统一体现，党领导人民制定宪法法律，党领导人民实施宪法法律。"[①] 刑法在我国现行法律体系中地位极端重要，既是部门法，也是部门法实施的保障法，必须在党的领导下科学立法、民主立法，不仅如

[①] 习近平:《在省部级主要领导干部学习贯彻十八届四中全会精神全面推进依法治国专题研讨班开班式上的讲话》,《人民日报》2015年2月7日第01版。

此，作为刑法立法民主化的重要方面之公众参与刑法立法也须臾不能离开执政党的领导，执政党的认可或者推动从根本上决定了刑法立法公众参与能否取得以及取得什么样的效果。诸如成都"孙伟铭案"、南京"张明宝案"这类因醉酒引发恶性交通事故被媒体频频曝光，人们充分认识到，醉酒驾驶机动车在公共交通道路上行驶行为不仅威胁驾驶人行车安全，更对不特定公众的生命财产安全构成了重大威胁，醉驾入刑具有广泛而深厚的民意基础，然而，这是否意味着醉驾行为就可以很快进入立法程序并被规定为刑法条文呢？答案是否定的，正如前文所述，无论是非建制化阶段还是建制化阶段的刑法立法公众参与，最高立法机关并没有听取公众意见的强制性"义务"，因此，单凭公众通过刑法对"醉驾"行为予以严厉打击的民意呼吁还是远远不够的，相反，它极其依赖，事实上也必须依靠执政党对这种刑法立法中的"民意"进行各种明（暗）示的支持和推动。根据规定，凡是涉及立法工作计划、重要立法项目必须按要求提交中央全面依法治国委员会进行审议，如果刑法立法中涉及重大政策调整，需要由党中央研究的重大立法事项，全国人大常委会党组还必须及时向党中央请示报告。[①] 换言之，虽然全国人大及其常委会主导立法，但执政党领导立法地位始终不容动摇，无论是刑法立法还是刑法立法公众参与均必须在党领导下进行的，以醉驾入刑为例，如果全国人大常委会党组不将公众呼吁"醉驾"行为入刑的民意"顺水推舟"纳入立法规划或者年度立法计划，那么，单凭公众再怎么强烈要求"醉驾入刑"都很难取得效果或者是不了了之，更遑论启动后续的刑法立法程序。事实上，无论是公众受社会实践或影响性案例启发最先提出刑法立法意见建议，还是最高立法机关围绕刑法草案主动征求公众意见建议，抑或是在拟提请全国人大常委会会议审议表决通过的刑法草案的立法最后评估阶段，公众要想获得事实上的刑法立法参与效应甚至成果，执政党各种明（暗）示的认可或推动都将极大发挥作用，特别是围绕刑法立法修正的重要环节、关键程序、主要内容，尤其是在社会各方面意见争议较大的刑法条款立法中，执政党态度将事实上强化公众参与刑法立法的信心和能力，提升刑法立法公众参与的有序性和有效性，反之，则不然。相关刑法立法例不仅反映在"醉驾入刑"中，还现实地体现在其他很多刑法立法中，例如，公众围绕"对有影响力的

[①] 秦前红：《执政党领导立法的方式和途径》，《中国法律评论》2014年第3期。

人行贿"的腐败行为入刑的意见和建议,之所以能很快得以被最高立法机关采纳并规定为刑法很大原因就在于该意见契合现阶段执政党全面从严治党,强力反腐的时代背景;公众要求对拖欠农民工工资行为入刑的意见和建议,之所以很快被刑法立法所确认很大程度上是因为该意见符合执政党坚持以人民为中心发展观和为人民服务宗旨等。概言之,执政党认可或者推动,不仅是公众就其他刑法立法内容的建议之所以能入刑的影响因素,也是公众就其他刑法立法内容的建议之所以不入刑的重要原因,它是决定我国刑法立法公众参与顺利与否的最根本影响因素,而这不仅是由我国刑法立法本质所规定,更是由我国的社会主义本质和执政党人民性所决定。

其次,公众意见比较统一。刑法立法公众参与能否获得预期民主立法效果,除了执政党认可或者推动以外,还要求公众在刑法立法参与过程中意见能相对统一,如果说公众围绕刑法立法意见本身份歧较多,或者刑法立法仅是某个社会阶层非典型性的表达,均会增加最高立法机关接受公众相关意见和建议的难度。事实上,社会公众就某个刑法立法议题取得意见基本一致,至少没有明显的意见分歧,将会显著增强公众围绕刑法立法的意见建议被最高立法机关接受的可能性,提升刑法立法民主化进程。格斯顿曾指出:"议程建构有赖于机构增强意识到触发机制的能力。如果这种联系得不到建立,人们对变化的认同所产生的良机就得不到发展。"[①] 当公众就刑法立法议题集中且进行相对一致发声的时候,就会对立法机关形成一种非正式的"民意"压力,这种压力迫使立法机关不得不听取公众意见并按照公众的意思去行事,结果就是,刑法立法公众参与就容易取得相对较好的参与效果。事实上,"醉驾"行为能最终顺利入刑,很大程度上正是因为公众对"醉驾"行为应当纳入刑法调整范围取得了相当程度的共识。凤凰网曾就"醉驾"行为纳入危险驾驶罪问题对16341人进行了网络在线调查,结果显示:"支持的"15042票,占92.1%;"不支持的"1059票,占6.5%;"说不清楚的"240票,占1.5%。[②] 紧接着,最高立法机关精准识别这种民意并在刑法立法上作出恰当且及时的必要回

---

① [美]拉雷·N.格斯顿:《公共政策的制定:程序和原理》,朱子文译,重庆出版社2001年版,第71页。
② 凤凰网:《刑法或单设危险驾驶罪调查》,http://survey.News.ifeng.com/result.phpsurveyId=7920,2010年8月17日。

应,正如时任全国人大常委会法工委主任李适时在第十一届全国人民代表大会常务委员会第十六次会议上作的说明中所言:"对一些社会危害严重,人民群众反响强烈,原来由行政管理手段或者民事手段调整的违法行为,建议规定为犯罪,主要是醉酒驾车、飙车等危险驾驶的犯罪。"可见,最高立法机关之所以将"醉驾"行为入刑就有"人民群众反响强烈"的因素,这实际上意味着,公众已经就醉驾入刑达成了比较一致的公众意见,这既是"醉驾"最后能否顺利入刑的关键权衡因素,也是决定刑法立法公众参与能否取得预期效果的重要影响因素。

再次,刑法立法经过充分意见商谈。公众参与刑法立法的目的,不仅是民意在立法中的形成与表达,更是希望在此过程中建构刑法立法的主体商谈机制,既包括公众之间围绕刑法立法议题的充分商谈,也包括公众和最高立法机关就刑法立法议题的有效商谈。刑法立法如果不经过主体间充分的意见商谈,不仅民主立法的成色和底气会被公众质疑,而且拟制定的刑法会还会面临立法瑕疵甚至是缺陷之风险,事实上,希冀通过公众参与提升刑法立法科学化水平的一系列制度设计均可能因商谈不够面临被"搁置"的风险。公众提出将"醉驾"行为纳入刑法规制,并不是一时的心血来潮的意见情绪化表达而是不同主体经过充分立法商谈的结果。商谈过程中,公众不仅要解决"醉驾"行为为什么要入刑?还要关注"醉驾"行为入刑会带来什么样的刑法立法效果。众所周知,在没有将"醉驾"行为入刑前,对"饮酒后驾驶机动车"行为的规制主要是依靠《道路交通安全法》第91条的规定,行为人如果有"饮酒后驾驶机动车"情形的,将会面临"暂扣六个月机动车驾驶证,并处一千元以上二千元以下罚款"的处罚,被处罚后"再次饮酒后驾驶机动车的",面临最高处十日以下拘留,并处一千元以上二千元以下罚款,吊销机动车驾驶证的处罚。显然,这种行政处罚的威慑力度远远不够,尤其是同饮酒后驾驶机动车可能造成的潜在社会危害性不成比例,而以交通肇事罪或者以危险方法危害公共安全罪来规制"醉驾"行为又面临刑法中罪刑法定和罪责刑相适用原则的诘难。[①] 因此,通过创设单独的危险驾驶罪将"醉驾"行为纳入刑法规制就成为可能,在这过程中,公众经过反复立法商谈使得醉驾入刑的各种利弊均在主体间得到充分展现并获得公众积极回应,大大提升了刑法

---

① 王志祥、戚进松:《从危险驾驶入刑看立法的民主性与科学性》,《山东警察学院学报》2012年第3期。

立法公众参与进程及其效果。试想，如果刑法立法过程中没有主体间的充分商谈，或者仅凭某一方意见来决定"醉驾"行为是否入刑以及如何入刑，那么，刑法立法进程就会变得艰难，例如，部分公众情绪化地将自己"角色拟剧"为"醉驾"风险行为的受害者和承受者，为了更好地维护自身安全利益，就容易"感同身受"般扩大"醉驾"行为的刑事处罚和犯罪圈，而如此非理性化的刑法立法倾向，最后必然会遭到来自其他相关方面的意见反对，刑法制定势必会被"搁置"。如果刑法难以问世，又谈何刑法立法公众参与是有效果的呢？概言之，经过不同主体间充分商谈的刑法立法更容易获得最高立法机关认可并通过，商谈不仅体现于刑法立法的程序正义，还促使公众之间以及公众和立法者之间在立法利益上彼此竞争、妥协和承认，使得立法利益更加均衡化，而在立法利益上呈现均衡化的刑法立法无疑更容易引发最高立法机关的回应，且主体间利益均衡程度越大，立法者回应速度就越快，立法质量就越高，充分且持续的商谈是决定刑法立法公众参与能否取得预期效果最为重要的因素之一。

最后，契合刑法基本原理。公众参与刑法立法为刑法立法过程注入了多元化的立法声音，也为刑法立法镌刻了商谈立法的"基因"，但刑法立法并不是简单民意的"集合"，它还涉及立法理念、技术、方法和程序等多方面内容，换言之，刑法民主立法的同时还必须兼顾刑法的科学立法，现代刑法立法对立法技术和立法者专业化素养不断提高，正如彭真同志曾说："法律是一门科学，有自身的体系，左右上下，特别是与宪法不能抵触。"[①] 刑法立法科学化要求公众围绕刑法立法提出的意见和建议还必须最大限度契合刑法基本原理，至少不能明显背离刑法基本原理，否则，刑法立法就会在民主化路上迷失方向，甚至会损害真正的民主立法价值。因为，如果刑法立法罔顾科学性，一味迷恋甚至于不加判断地服从所谓的"民意"，那么刑法立法公众所提意见和建议也最终很难被最高立法机关承认或者接受，背离刑法立法公众参与的价值意蕴。前述公众推动"醉驾"行为入刑之所以很快被写进刑法立法的背后，其实也在于"醉驾"行为入刑本身符合，至少不背离刑法基本原理，以刑法谦抑性原理为例，"醉驾"行为确实具有严重社会危害性，对不特定公众安全构成潜在威胁，单纯依靠行政法等其他法律法规无法对其有效规制，同时，公众主张

[①] 彭真：《论新中国的政法工作》，中央文献出版社 1992 年版，第 396 页。

并推动的"醉驾"入刑也不是任何"酒驾"行为都会入刑,只有达到"醉驾"的标准才会入刑,规定"醉驾"行为仅会面临拘役和罚金的惩罚,刑罚内容也具有宽容性。由此可见,"醉驾"入刑没有明显违背刑法的补充性、片段性和宽容性等谦抑原理。① 除此之外,"醉驾"入刑也同刑法责任主义原理、法益保护原理息息相通,更不违反刑法立法的体系性要求。显而易见,如果公众鼓动所有"酒驾"行为一律入刑,然后又规定严苛刑罚的刑法立法,势必不可能获得最高立法机关的认可。换言之,并不是公众呼吁的所有刑法立法都能被最高立法机关认可,只有那些符合刑法基本原理,同时经过充分立法商谈并被公众认可的刑法草案才能很好地转化为刑法规定。是的,契合刑法基本原理决定刑法立法公众参与能否以及取得多大的参与效能。

综上所述,公众就刑法立法建议之所以很快被最高立法机关接受进而成为正式法律的诀窍就在于公众的参与理性,这种理性既存在于刑法之内也存在于刑法之外。其中,契合刑法基本原理就是在刑法之内;执政党的认可、通过充分立法商谈使得公众意见趋向一致就是在刑法之外,两者缺一不可,共同揭开了刑法立法公众参与顺利背后的诀窍。

二 遇挫的范例——以"见危不救"为何入刑难为例

正如前文所述,对刑法立法公众参与顺利的规律探究为我们理解刑法立法公众参与本身提供了有益的知识视角,但这并不足以让人们理解并把握刑法立法公众参与成败得失的全部规律。换言之,我们还有必要从反面来考察那些刑法立法公众参与效果不佳,甚至是不被最高立法机关接受或认可的刑法立法公众参与现象,而以"见危不救"为何入刑难为例的分析有助于我们更加细致地挖掘这种现象背后的规律性东西。

首先,违背刑法基本原理。近些年来,社会生活中不时有公众"见危不救"的不良行为见诸报端,例如,2011 年发生在广东佛山的"小悦悦两次被碾压,无人施以援手"事件,② 引起公众道德不适和社会舆论的强烈反弹,在道德正义的朴素价值感召下,人们纷纷要求对公众"见危

---

① 马克昌主编:《外国刑法学总论(大陆法系)》,中国人民大学出版社 2009 年版,第 45 页。
② 2011 年 10 月 13 日,2 岁的小悦悦(本名王悦)在佛山南海黄岐广佛五金城相继被两车碾压,7 分钟内,18 名路人路过但都视而不见,最后一名叫陈贤妹的拾荒阿姨主动上前施以援手,后经医院全力抢救无效,小悦悦不幸离世。

不救"冷漠行为予以严惩,并建议仿照德国刑法典第 323 条规定①在我国刑法中也增设"见危不救罪",以期通过刑法强力威慑减少社会上的见危不救行为,避免并防止社会道德在更大范围内"滑坡"。应该说,设立"见危不救罪"的构想集中反映了公众对互帮互助中华传统美德回归的朴素情感,但是,这一公众建议很长时间并没有得到最高立法机关的响应,很大程度上正是因为"见危不救"罪的设立可能同我国刑法某些原理相互抵牾甚至是冲突。一方面,"见危不救"是一个典型的不作为犯罪,而成立不作为犯罪的前提就是要有作为义务,我国刑法关于作为义务来源主要是法律明文规定义务、职务上和业务上的义务、行为人先行行为导致的义务及其自愿承担的某种特定义务。② 然而,我国法律上的一般主体既不承担法律明文规定的"见危要救"的义务,也没有职务或者业务上的"见危要救"的义务,换言之,成立见危不救罪所必须具备的"作为义务"对于刑法中一般主体而言很难适用,而对那些本身具有作为义务而"见危不救"的特殊主体,例如,警察在履行职务过程中有实施见危不救行为的,完全可以依据现行刑法规定得到处理,例如,可对其以涉嫌不作为的渎职犯罪依法处理,因此,如果增设某一罪名很难在实践中运用抑或是在现行刑法体系中能够得到解决,就完全没有必要生搬硬套引入德国刑法的"见危不救罪",此外,我国刑法理论对不作为犯罪中的作为义务判断仍然沿袭的是传统的形式法律义务说,而德国主流观点则是采用机能的二分说,该观点将作为义务划分为对于特定法益的保护义务和对危险源的监督义务,同我国传统的形式法律义务说不尽一致。如果未经审慎地将德国"见危不救罪"的立法规定任性而不加思考地引入到中国刑法中,就极可能给我国不作为的刑法理论带来理解上的混乱,甚至还会影响司法实践围绕不作为犯罪的刑法理解和适用。③ 另一方面,刑法立法要坚持法益保护原则,但并不是任何法益侵害行为都值得用刑法立法去保护,只有严

---

① 此外,《法国新刑法典》第 223—6 条:任何人能立即采取行动阻止侵犯他人人身之重罪或轻罪发生,且这样做对本人或第三人并无危险时,而故意放弃此种行动的,处 5 年监禁并科 75000 欧元罚金。《芬兰刑法典》第 21 章"侵害生命与健康罪"第 15 条不予救助:凡明知他人处于致命的危险或者丧失健康的严重危险之中,但并未给予或促成救助,鉴于行为人的选择自由和当时的状况,该救助是能被合理期待的,以不予救助罪论处,处以罚金或者 6 个月以下的监禁。
② 马克昌主编:《犯罪通论》,武汉大学出版社 1999 年版,第 170—173 页。
③ 张明楷:《外国刑法纲要(第二版)》,清华大学出版社 2007 年版,第 99 页。

重的社会危害行为并在其他部门法不能实现有效规制情形下才能启动刑法保护，这也是刑法谦抑原则的内在要义。"见危不救"行为，的确具有社会道德上的"可谴责性"，甚至对社会良善社会风俗形成也具有相当的社会危害性，但是否达到了严重社会危害性而非要用刑法调整不可的地步呢？恐怕不无争议。因为，一般主体看到他人陷入危险而去救助在本质上仍然是一种道德义务，刑法不宜对任何违反道德义务的行为动辄干涉和处罚，否则就会丧失刑法只处罚严重危害社会行为的保障法角色定位，不仅刑法谦抑性原则将面临侵蚀克减的命运，公众参与刑法立法的也难以取得实质性效果。

其次，刑法立法的可操作问题。刑法的生命在于实施，没有实施力的刑法立法条文，哪怕设想地再美好，最后也只能异化并沦为为刑法中"具文"，因此，刑法立法必须考虑到它的实际可操作性问题。笔者注意到，"见危不救"行为入刑事实上也面临刑法立法的可操作性问题，正如前文所述，"见危不救罪"是一种典型的不作为犯罪，当他人生命财产发生现实侵害或者危险的时候，它不仅要求行为人有作为义务，还要求行为人具备能实施救助行为而没有进行救助的犯罪客观方面，而在司法实践中，如何证明行为人"能实施救助"的认定确实复杂不易，例如，行为人看到儿童落水，如何能证明它"能实施救助"呢？虽然，人们可以根据一般生活常识标准——他会游泳来认定他"能实施救助"，但他仍可以辩解自己当时因为内心恐惧紧张而无法救人，甚至还可能"托辞"自己游泳技巧不熟练从而没有达到"能实施救助"的条件，因此，行为人会游泳并意味着它当然就是"能实施救助"，毕竟面对风险，不是每个人都是"圣人"，尤其是法律不能假定每个人都是圣人，都可以不顾自身安危去营救溺水儿童。事实上，证明行为人"能实施救助"本身就是个充满个别化、偶然性的主观判断，它还同复杂而抽象的人性情感杂糅在一起。由此，见危不救罪在某种意义上就存在类似于贝卡利亚所说的"难以证明的犯罪"的风险，如果最高立法机关听从公众设立见危不救罪的立法建议，可以预见要么会使该罪面临事实上被虚置的命运，要么就会让司法机关因为定案证据难以衡量而使刑事裁判深陷不确定性风险，不仅违反刑法的平等保护原则，更可能对普通公众的基本人权构成潜在威胁。概言之，刑法立法公众参与如果不能充分考虑并解决刑法的可实施性问题的话，那么，公众所提意见和建议就很难获得预期的立法参与效果。

最后，刑法立法公众意见分歧大。围绕刑法立法的社会公众取得的基本共识越大，刑法生命力就越强，公众参与刑法立法过程中所形成的民意是否相对统一，直接影响公众立法参与效果，因为，参与刑法立法的公众意见如果本身分歧就较大，又怎么能很好地说服最高立法机关接受他们的意见和建议呢？正如前文所述，公众对"见危不救"这种公德冷漠行为极其失望，强烈要求将"见危不救"行为入刑，特别是在少数媒体炒作下，这种立法观感日渐强烈以至于人们几乎确信设立见危不救罪已成为社会基本共识了。其实，情况并非如此，公众意见反响热烈并不等于公众意见相对统一，有的时候，刑法立法公众参与意见反响热烈还可能肇始于反对者的声音也同样强大，换言之，公众意见反响热烈中的"热烈"也可能是某些别有用心的团体或个人故意遮蔽反对者声音的话语策略，不仅如此，这背后还可能真正隐射的是公众意见极化的舆论样态，笔者注意到，反对在刑法中设立见危不救罪的公众声音同样强烈，他们认为见危不救行为本质上是一种道德不当行为，而一定时期社会公众的道德水平是由其背后的物质生产方式和物质生活条件所决定，公众道德水准提升不可能一蹴而就更不可能是立竿见影，尤其是希冀通过刑法的"棍棒"手段的施压来提升公众道德水准更需谨慎，一旦处理不当，甚至还会对社会道德起到相反作用，因为，在大部分公众并没有做好"见危救人"准备的情况下，最高立法机关如果不考虑实际情况就仓促地将见危不救行为纳入刑法调整范围，这不仅容易导致社会公众"人人自危"，大多数人无可奈何地生活在刑法的恐怖之中，实际上还将催生大多数人都在犯罪的尴尬立法，完全背离了公众推动见危不救罪设立的初衷。因此，与其用刑法惩治见危不救的行为人，还不如通过激励措施来鼓励公众见危愿救。不管怎么样，刑法立法中反对者的声音极端重要，如果不顾刑法立法中公众意见本身分歧而仓促立法，这很难说是刑法之科学立法之意，更难以保障刑法之民主立法效能。

实际上，除"见危不救"入刑难外，诸如公众对非法鉴定胎儿性别和公职人员收受礼金的犯罪化等建议也没有被最高立法机关采纳。究其原因，要么是不符合刑法立法的基本原理，要么是公众意见分歧较大或者缺乏立法可操作性。总之，公众参与刑法立法的意见和建议并不一定总能被最高立法机关认可并转换为刑法条文，除非这些意见符合内在规律，而对这些规律的挖掘探究无疑为未来我国公众参与刑法立法指明方向。

第三节 刑法立法公众参与在中国：问题聚焦

刑法立法公众参与研究，我们不仅要看到它的应然、理想和规范，还要看到它的实然、现实和困境。要真正深入理解刑法立法公众参与，还要积极关注并聚焦刑法立法过程中公众参与的问题甚至是缺陷不足，为此，既要关注刑法立法公众参与在理论上的困惑，还要关注实践中公众配合参与、形式参与和部分参与刑法立法等问题，唯有如此，方能助益刑法立法公众参与制度机制的精准完善，提升刑法立法的民主性和科学性。

一 刑法立法公众参与的理论困惑

刑法立法公众参与的理论困惑是在承认公众参与刑法立法有理的基础上对其中存在的理论问题的进一步省思，它主要涉及刑法立法公众参与中的民意可靠性问题、公众参与对刑法立法可能造成的溢出效应问题。此外，对学界提出刑法立法公众参与应遵循必要限度，那么，这个限度又在哪里？人们能否以及如何寻找这里的参与限度？

（一）刑法立法公众参与中的民意可靠吗？

依前文所述，承载并汇聚民意的公众参与不仅一定程度上弥补了通过代议制的刑法立法的不足，还扩大了刑法立法的知识来源，促进了刑法立法过程中的不同意见竞争，可以说，民意几乎作为刑法立法科学化的代名词，只有立法反映了民意就一定是科学的，然而，随着时间的推移，特别是刑法立法公众参与的问题频现，人们开始追问"民意"到底是什么？其中，民意是否真的可靠成为刑法立法公众参与最先的理论困惑。

1. 民意未必至善。在对民意进行品格判断之前，我们有必要弄清楚什么是民意？顾名思义，所谓民意就是指社会公民群体围绕某一事项或整体事件的利益要求和内心愿望，它是社会上多数成员对与其相关公共事物或现象所持有的大体相近意见、情感和行为倾向的总和。[①] 民意容易与众意、公意和舆论等概念相混淆，实践中，人们经常误认为围绕事情诉求的"声音响""嗓门大"的就是民意，其实不尽然，"声音响""嗓门大"仅是表明舆论的传播效果好，但还不能据此认为就是民意，民意相对来说是

[①] 喻国明：《解构民意：一个舆论学者的实证研究》，华夏出版社2001年版，第9页。

抽象的，而舆论则相对具体，话语传播的特定性和时效性较为明显。至于民意同公意、众意的区别，卢梭总结到："公意是以公共利益为依归的，众意则是着眼于私人利益，是个别意志的总和。"① 换言之，民意同卢梭所讲的公意和众意虽有相似的地方，但也存在许多不同，民意指向大众的普通理性，是多数公众对某一事物较为一致的看法，而公意则是永远正确公共意志的话语阐释，众意则是同公意相对应的概念，它关注某一集团或者各自派系的具体利益。此外，民意还是一个同民主制度紧密关联的概念，正所谓，离开具体的民主制度设计去泛谈所谓民意，终将陷入"民意不可测"的话语泥沼之中，就如美国政治学家凯伊所感慨的"要很精确地来谈民意，与了解圣灵的工作没有两样"，② 甚至还会诱发多数人的暴政，历史上魏玛共和国尊重所谓民意导致法西斯独裁上台的悲剧就值得人们警醒。时下，我国社会主义协商民主政治不断发展，在此过程中，我们要尊重民意但绝不能迷信民意，我们要倾听民意但绝不能盲从民意，特别是在我国刑法立法过程中，如果一味固守情绪化的公众民意，就会给刑法立法带来极大的风险，正如前文所述，只要某个偶然的社会热点事件初见端倪，由此滋生的不安全感很快就会被公众感知并很快传播开来，整个社会都容易笼罩在风险威胁的阴影之下，于是，通过刑法立法来消解这种不安全感成为公众自然而然的首选方式，然而，这种不安全感是否真实？这种真实的不安全感又是否达到非要用刑法规制不可的地步？通过刑法立法来解决这种不安全感有无附随的溢出效应以及如何消解？如果不能准确认清并处理好这些问题，通过刑法立法来消解公众不安全感反而还会给公众带来更大的不安全感，这里面实际上指向了刑法立法公众参与过程中承载的民意是否至善的问题，即刑法立法公众参与中的民意非理性、民意伪代表性、民意局限性等。人们有理由担心，如果民意本身面临至善的诘问，那么，通过公众参与形塑并沉淀的民意又何以能推动刑法立法的科学化呢？

首先，刑法立法公众参与中民意非理性问题。就民意本身而言，它兴起于社会公众每一个真实个体的情感表达，而这种自由、随性的表达往往因未经过充分的思考和论证而不够理性也不够坚定，具有较强的冲动性和分散性，特别是当民意中的非理性因素积累到一定程度并传播开来，民意

---

① ［法］卢梭：《社会契约论》，何兆武译，商务印书馆1980年版，第35—36页。
② 彭怀恩：《政治传播与沟通》，台湾风云论坛出版有限公司2004年版，第103页。

从众性和自发性的弊病更是呼之欲出,受此影响,民意就很容易被群体的"无意识"思维所控制,再加上社会热点事件突然爆发,人们往往就会只凭自己最直观的主观感受对事物作出径直评判,丧失对问题深度思考、分析和判断的意识和能力,从而使得事物的真实面貌掩盖在公众简单的主观感受中。举例说明之,为了实现对公众有效的刑法立法积极广泛动员,民意经常渲染犯罪形势的严峻性,然而,真实的犯罪状况又是怎么样的呢?公众或许并不清楚,它们只是简单地以为,只要将某种行为规定为犯罪并用刑罚进行惩罚就可以彻底消除犯罪现象,从而实现生活的安全感,刑法万能主义就像一个无法摆脱的幽灵,至今仍在一些国人的内心深处游荡,以致"刑法是威慑犯罪、解决社会矛盾的最有力武器"的思想根深蒂固。其实,威慑犯罪和解决社会矛盾的方法是多种多样的,人们还可以考虑通过道德伦理规范、行业自治规范甚至是社会物质生活的改善重新回归生活的秩序,没有必要也不可能把所有的矛盾解决都寄托于刑法,因为,从本质上说,刑罚也是一种恶,用刑罚惩罚犯罪,属于"以恶制恶",它应当在最迫不得已的情形下适用,每一次对行为人的刑法惩戒都意味着社会治理的失败。如果仅仅因为刑法适用的效果更加简单粗暴,却不考虑由此可能带来的刑法膨胀的负面效应,这实际上无异于饮鸩止渴,正如学者所言,一个国家只有使用武器才能够机械地让人们在棍棒下屈从,还能有什么荣誉可说呢?[1] 对刑法的过度使用和依赖,正如死刑的滥用一样,会导致人们心灵麻木与羞耻感递减,对刑罚的感受力日益减弱,最终导致刑若无刑。[2] 即便某一行为入刑果真在某种程度上减少了社会的某些不安全感,但就能据此认为刑法干预就是合理的吗?例如,从社会效果来看,醉酒驾驶入刑后,一段时间内社会上醉酒驾驶行为的确是锐减,这难道就能足以证明醉驾入刑完全合理而应永远存在吗?实际上,刑法立法公众参与所汇聚的民意对此缺乏敏锐的认识,它们总是倾向于按照自己的主观想法去理解刑法:一方面,它们希望对社会越轨行为予以刑法镇压以保持自身社会安全感,忽略刑法不仅是裁判规范也是行为规范的事实,更没有考虑到民意刑法能否在实践中得到执行的问题;另一方面,公众在参与无被害人犯罪、自己是被害人等问题上的刑法立法又极尽显露仁慈,例如,公众

---

[1] [法]孟德斯鸠:《论法的精神》(上册),张雁深译,商务印书馆1961年版,第127页。
[2] 刘宪权:《刑事立法应力戒情绪——以〈刑法修正案(九)〉为视角》,《法学评论》2016年第1期。

在安乐死和堕胎问题上总是抱有无尽的宽容和理解。总而言之，刑法立法公众参与中的民意并非足够理性，正在或者已对刑法立法产生了影响，前述自媒体"人贩子一律当判死刑"的帖子虽然存在许多内容硬伤而不可能被最高立法机关接受，但不可否认的是，《刑法修正案（九）》后来规定对收买被拐卖的妇女、儿童一律追究刑事责任还是嵌入了这种非理性公众参与的痕迹。

其次，刑法立法公众参与中民意的伪代表性问题。所谓民意的伪代表性问题是指刑法立法公众参与中民意存在识别困难或者谬误的问题。[①] 众所周知，互联网时代背景下，几乎每一个社会热点事件背后，都可能听到来自社会不同阶层、不同领域的立法"民意"表达，他们通过发表对刑法立法的意见和建议企图影响刑法立法的内容，然而，由于这些民意是以"集体"面貌呈现给最高立法机关，个体情感和意见表达很难有"藏身之所"，换言之，刑法立法公众参与中的"民意"实际上是看不见、摸不着的抽象宏大认知存在，那究竟是谁代表了真正的民意呢？这恐怕是一个谁都无法回答且给出合理解释的问题，正如托马斯教授所言："公众参与——无论是在选举时，是在志愿者组织里，还是在社区事务中——常常不具有代表性。"[②] 此外，不管是在何处场合或条件下，很多有资格参与的人和已经参与的人都难以真正代表那些所有有资格参与的公众，尤其是公众参与者通常来自较高的社会阶层，较之那些非参与者，他们受过良好的教育，有着较好的经济收入情况下更是如此。即便是我们经常引以为傲的草根网络舆情也只是代表部分人的民意，不可能代表全部公众的民意，亦如"沉默的螺旋"理论所揭示那样，在一个支持者众多的阵营大声宣讲自己的政治理念，其他的小阵营的支持者为了避免被社会孤立和隔绝，就会倾向于保持沉默，少数掌握话语权的"大嗓门"正在挟持沉默的大多数，以新浪腾讯微博评论区的设置为例，当评论观点被其他人赞同时，就会因获赞数多被顶至热门评论，从而被更多网友看到，少数派的观点也

[①] 表面上，民意是在诉求对具体个案或者社会越轨行为的不满，其实，他们真正想表达的是他们对结构性社会问题的不满，包括对政府、对社会、对权贵、对官员的不满，尤其是对作为公正最后防线的司法，而刑法立法如果简单屈从所谓民意就会有缺陷甚至是重大疏漏，这样的刑法如果被信仰、被遵从，不仅被告人容易受到不公正的待遇，而且还会削弱刑法的权威，使刑法成为媚众的产物。

[②] ［美］约翰·克莱顿·托马斯：《公共决策中的公民参与：公共管理者的新技能与新策略》，孙柏瑛等译，中国人民大学出版社2005年版，第23页。

就被淹没了。因此，我们看到的民意许多时候并不就是真正的民意，尤其是在人人都是自媒体的互联网时代，公众表达对刑法立法意见和建议的匿名性、虚拟性和随意性，使得民意表达中的意思真实性和代表性远远没有现实生活中的民意来的真实可靠，而这正是民意的伪代表性的直接症表。

最后，刑法立法公众参与中民意的局限性问题。刑法公众参与还可能导致人们过于集中关注自身的私利，忽视对公共集体利益的应有关注，经济学中关于理性人的假设早已证明群体非理性的追逐利益是可能的，① 甚至有些公众还打着"公共利益"的旗号来谋求自己的私利，因为虚幻的多数人利益口号从来都是侵害他人利益的最好借口。同时，刑法立法公众参与中的民意还可能混淆刑法立法中的规范正义和自然正义的关系，例如，公众常常以日常生活中"杀人偿命"的朴素逻辑要求最高立法机关改变对废除死刑谨慎的态度，推动在刑法立法中强化死刑设置的覆盖面，这就极容易同主权国家废除死刑的时代发展潮流相背离。除此之外，刑法立法公众参与中的民意还容易从自身观感而不是客观情况角度考虑刑法立法的问题，例如，在缺乏全面、可靠的事实了解和掌握情况下，公众以不符合事实情况为基础放大犯罪行为危害性的主观想象，进而出现情绪性入罪或重刑的刑法立法倾向，譬如，社会上"仇富"的民意一旦渗入刑法立法就不利于对诸如民营企业家等群体合法财产的平等保护；社会上"仇官"的民意一旦影响并进入刑法立法必然就会出现诸如终身监禁刑罚滥用的风险；社会上对农民工被欠薪愤怒的民意事实上促使了《刑法修正案（八）》关于拒不支付劳动报酬罪的问世，遗憾的是，该罪名在司法实践中适用率却极低。② 更为严重的是，刑法立法公众参与中民意的这些局限性，一旦被某些别有用心的人利用，还可能会给以最高立法机关施加不当的民意舆论压力，当立法机关不断被公众追问刑法立法还要不要体现人民意志的时候，科学立法逻辑就会悄然切换成民意政治逻辑，在此语境下，立法机关就很有可能放弃原有的刑法立法理性和立场，一旦它过度遵从所谓社会公众的"民意"，例如，见危不救行为的犯罪化？婚内强奸行为的犯罪化？逃避债务行为的犯罪化？安乐死的非犯罪化？赌博罪的非

---

① [美]曼昆：《经济学原理（微观经济学分册）》，梁小民、梁砾译，北京大学出版社2015年版，第213—214页。
② 舒平锋：《拒不支付劳动报酬罪研究——以40例拒不支付劳动报酬案件为分析样本》，《中国刑事法杂志》2013年第2期。

犯罪化？传播淫秽物品罪的非犯罪化议题就会被不断重申甚至是被立法确认。由此，诸如"现象立法"和"情绪立法"发生概率就会大大增加。民意主导刑法立法的天下善治美好图景虽是美好，但未必能够成真，当民意总是希冀刑法以疯狂镇压的脸谱而不是诸葛亮"挥泪斩马谡"的形象出现时，刑法立法公众参与中民意局限性问题就已内嵌其中了。

2. 民意未必稳定。刑法立法公众参与中所呈现民意的不稳定性既表现在作为民意本身的内在流变性特征，也表现在民意因受外界干扰而频繁波动的特点。首先，从刑法立法公众参与所承载的民意本身来看，它时常富于变化。众所周知，刑法规范内化为公众行为规范需要一个过程，刑法规范认同也需要时间来沉淀，在这个过程中，民意常常呈现不稳定的特征。现实生活中，公众常常出现在刑法立法中先是积极推动某行为入刑后，假以时日又后悔当初选择的情形，立法中的民意在时空经历中发生微妙而又深刻的变化，特别是当公众期冀严刑峻法给他们带来安全感的想法没能如期实现时，转而发现罪行较为轻微的犯罪人却要面临漫长的监禁时，公众就会从最初对犯罪人的憎恨情感慢慢转换为悲悯与同情。一个典型的例子，就是美国三振出局法案颁布前后公众态度的显著变化，1992年，雷纳德的女儿在一起抢劫案中被杀害，为了避免他人遭受类似的厄运，他试图发动群众推动三振出局法案①的立法，起初支持他的人并不多，毕竟彰显重刑主义的三振出局法案背离了传统的罪刑均衡原理，直到克拉斯案件中犯罪嫌疑人戴维斯犯罪前科经历被媒体披露后彻底激化了公众对暴力累犯的愤怒，之后，雷纳德在短短几周之内就获得了 30 万的签名，成为加州历史上获得投票资格最快的法律提案，1994 年 3 月，加州议会以 27 比 9 的投票结果通过了这个法案，并在之后两年内，全美共有 23 个州通过类似的法案。② 应该说是普遍的民意直接推动了三振出局法案的出台，然而，就在该法案实施不到一年的时间里，它就给美国刑事司法系统带来了巨大压力，备受舆论指责。有批评者指出，它的打击范围过宽，存在对实质上的非暴力犯罪处于无期徒刑的情形，并且以纳税人难以置信的成本监禁了许多非暴力犯罪，③ 就连卡拉斯的父亲马克·卡拉斯在

---

① 三振出局法案的核心内容就是加重处罚累犯，对二振（二次犯重罪）被告适用双倍刑期，对三振（三次犯重罪）被告适用三倍刑期或无期徒刑。

② Jane Gross, *Drive to Keep Repeat Felons in Prison Gains in California*, N. Y. Times, Dec. 26, 1993, at 1.

③ *Can 'Three Strikes' Really Make a Difference*, S. F. Chron., Oct. 6, 1994, at A23.

看到三振出局法案带来的恶果之后也改变了最初支持的意见,用他的话来说:"提案对犯轻罪者太严苛而对犯重罪者太温和,将非暴力犯罪与暴力犯罪等同对待,忽视了真正的问题所在。在我的孩子被谋杀后,全加利福尼亚人都分享了我的家庭的极度绝望,我们盲目的支持了'三振已满,请君出局'的提议,错误地相信它只是针对暴力犯罪。实际上,它所宣称的犯罪有 3/4 都是非暴力的。我们要么为批准恶法的错误付出代价,为我们内部机构对非暴力罪犯处以残酷、非常的刑罚而征税,要么我们一起纠正我们昂贵的错误。"[1] 其次,从刑法立法公众参与所承载民意易受外界干扰来看,网络技术虽然让民意的互动突破了时间和空间的障碍,但它在客观上也加剧了民意的不稳定和流变性,公众总是很敏感地通过网络传媒接收到来自外界的一切信息,然而,伴随网络传媒的商业化进程加快,这些舆论和信息鱼龙混杂,良莠不齐,再加上普通公众对信息甄别能力不强,极易被这些海量信息误导和左右,尤其是一些掌握资本或者技术等资源优势的人,如果他们意图引导甚至操纵公众民意并不是一件难以办到的事情,换言之,利益分化时代背景下民意被某些别有用心的团体恶意利用甚至操纵的概率大大增加,由此,我们又凭什么期待民意能在刑法立法过程中始终保持相对稳定呢?为了应对刑法立法中民意的多变性,需要立法者具有更高超的立法技术和更完备的立法程序来作为民意的"过滤器",从而在瞬息万变的民意中过滤和识别真实、可靠的民意,在喧嚣的舆论中发现真正的人民意志,并将其凝练并体现在刑法立法的条文中。

3. 民意未必统一。所谓民意的统一性是指社会公众的意见以一种整体无分歧性的面貌呈现出来。民意统一性作为刑法立法公众参与质效评价的重要方面长期以来备受学界关注,正如前文所述,"公众意见比较统一"是决定刑法立法公众参与是否顺利的重要内容,理想情况下,社会公众围绕刑法立法进行一致性发声,统一的民意凝聚成更强大的民主力量推动现代刑法立法变迁,遗憾的是,这种统一的民意的客观实在性正面临日益严峻的理论诘问,正如我们时常谈论起民意,但什么是民意却很难准确定义和统一,事实上理想状态下的整体民意正面临来自公众内部分歧的挑战,参与刑法立法的公众并非一人而是很多人,他们可能来自不同的区域并有着不同的利益需求,而且还可能有着完全不同的社会伦理和文化背

---

[1] Marc Klaas, *It's Too Hard on Soft Crime and Too Soft on Hard Crime*, S. F. Chron., Oct. 6, 1994, at A23.

景；他们也可能属于不同的宗教传统，有不同的社会信仰，也可能对什么是有意义的事物拥有不同的个体性见解，他们甚至还可能说不同的语言，他们对刑法如何立法可能经常意见相左甚至产生纷争。① 在汉娜·阿伦特（Hannah Arendt）的眼中，公众根本就不是一个整体性的单一概念，它是一个人数众多的庞大群体，其核心特征就是多元化。大体上，我们可将刑法立法中的公众划分为以下两个层次：（1）与刑法立法具有过程和结果上利害关系的个体或组织；（2）对刑法立法无直接的利害关系，但基于多样化的价值偏好或各自的良知而试图对刑法立法施加影响的个体或者组织。既然形成并建构民意的公众是多元化的，那么呈现给最高立法机关面前的民意就很难说是整体无分歧的，相反，多元化公众主体之间如果缺乏认真而又富有成效的沟通，那么基于公众主体意思表示而建构的民意中出现观点误解、冲突与争议的机会就会被大大提升。当然，也有人认为公众内部的分歧被人为夸大了，基于物质生活条件的类似性，民意实际上具有更多的同质性。然而，我们依然认为，关注由公众内部分歧引发的民意未必统一的刑法立法公众参与的瑕疵是很有必要的。首先，如果公众内部分歧越小，由单一立法主体进行立法的可能性就越大，公众参与刑法立法必要性的讨论越低；其次，无论是最高立法机关，还是刑法立法公众参与的人数、结构、规模与多元化本身均构成刑法立法的内部环境要素。如果不是公众人数众多，刑法立法根本不需要考虑如何公正选举公众代表，而完全可以全民公决立法，通过公众参与弥补刑法代议制民主立法不足就更是无从谈起；甚至说如果不是公众内部意见分歧，立法就没有存在的必要，因此，我们不能断不能以所谓民意的同质性想象来遮蔽公众民意分层的基本事实。对于刑法立法而言，公众参与立法的人数并不是优势，而是劣势。正如孔多塞所言："一个人数众多的集合体不可能只由智者组成，甚至有可能那些构成这个集合体的人在许多事务上无知之至而且充满诸多偏见。"……由此，集合体人数越多，就面临越多的作出错误决定的风险。②

---

① 我国学者白建军教授通过实证研究指出，个人因素（年龄、精神状态）、社会因素（受教育程度、户口、工作性质（从事农业工作的人偏好轻法）、所在地区（东部地区的人偏爱重法）、相对收入（低收入者偏好重法）以及公权力行使（身边干部信任度，贪腐暗数和社会保障度）的满意度影响中国公众的刑法偏好。参见白建军《中国民众刑法偏好研究》，《中国社会科学》2017年第1期。

② Marquis De Condorcet, *Essay on the Application of Mathematics to the Theory of Decision-making*, in Baker (ed), Selected Writings, Macmillan Pub Co, 1976: 49.

即便立法者的无知并不成为一个问题，但人员越多越容易受到不良情绪的影响却也是个不争的事实，例如，麦迪逊（James Madison）就认为："代议制议会的人数越多，它就越是具有人民集体集会中特有的那种优柔寡断。无知将成为诡诈的愚弄者，情感也将成为诡辩和雄辩的奴隶。"[1] 当然，最为重要的是，可能源于一种担忧，即人数众多的公众是否能够充分合作以制定一个体系性的刑法。例如，卢梭在《社会契约论》中指出："常常是并不知道自己应该要些什么东西的盲目的群众……又怎么能亲自来执行像立法体系这样一桩既重大又困难的事业呢？"[2] 正如密尔所看到的那样，部分源于一个协调问题，部分源于一个专业知识的问题，[3] 大型的公众集合体似乎并不适合进行立法活动。

综上所述，刑法立法公众参与中的民意从内部来看本身充满着分歧和争议，从外部来看容易受到外界力量干扰而呈现不稳定性，从横向来看民意容易盲从大众舆论而迷失自我，从纵向上来看民意在不同阶段和时期也不一样，特别是在面对突发事件或者牵涉自身关键利益的时候，民意更是充满不确定性，民意并没有人们想象中那般牢靠，刑法立法公众参与中的民意难题要求人们对刑法立法中的民意要有整体性的把握，相信公众智慧但不要迷信公众意见全部，尊重民意但不是无条件地顺应舆论和迁就民意，否则，刑法立法公众参与的民意就极可能演变为多数人暴政甚至演化为刑法民粹主义。

（二）公众参与真能促进刑法立法科学化吗？

众所周知，公众参与的民主实践表征的是一种经验性的知识话语，而刑法立法代表的是一种专业化的立法知识逻辑，因此，当刑法立法公众参与命题最早被提出来之后，人们就怀疑作为经验性的公众参与能够和专业化立法知识逻辑充分兼容吗？作为生活化的公众参与果真能促进专业化的刑法立法吗？具体来说，公众参与不仅可能和传统的刑法理论相抵牾，还

---

[1] James Madison ed, *The Federalist Papers* (*Number L Ⅷ*), Harmondsworth, *Penguin Books*, 1987: 351.

[2] Jean-Jacques Rousseau, *The Social Contract*, Ⅱ, Ⅵ, London: Everyman, 1973: 193.

[3] 就协调问题而言，密尔提出："任何一个团体，除非组织起来并有人统率，是不适于严格意义上的行动的。"就专业知识问题而言，密尔说道："几乎没有任何脑力工作像立法工作那样，需要的不仅是有经验和受过训练，而且应由通过长期而辛勤的研究训练有素的人去做。"相关讨论参见 John Mill, *Considerations on representative Government*, Ch. Ⅴ, Prometheus Books, 1991: 109.

可能冲击刑法立法技术甚至还会催生无效的刑罚内容。

1. 公众参与对传统刑法理论的挑战

（1）公众参与和被允许的危险理论

"被允许危险理论"是在第二次工业革命时期，伴随人类社会活动范围不断扩展，科学技术迅猛发展，社会风险显著增多的背景下提出来的，工业化使人们开始意识到，社会生活将不可避免地存在这样或那样的危险行为，这些行为对社会的发展必要且有用，如果刑法为了防止实害发生而采取过度的预防措施，就排除了所有企业活动的可能性。① 因此，所谓被允许危险理论就是以对社会有益为理由，而允许企业活动、高速交通、医疗、科学实验、体育运动等具有法益侵害危险的行为的理论。② 它以"如果禁止一切危险社会就会停滞"为口号，提出只要公众遵守了其行为所必需的规则，以慎重的态度实施其行为，即便造成了法益侵害的结果或引起法益侵害的危险，就应阻却行为的违法性。③ 被允许危险理论很快获得刑法学界的关注并获得了大量的支持，④ 无论是试图揭示犯罪本质的的行为无价值论者还是结果无价值论者均在一定程度上肯定被允许危险理论的合理性，社会相当性学说的行为无价值论者将其视为当然意义上的违法阻却事由，法规范违反说的行为无价值论者将其视为阻却构成要求符合性的合法事由，而结果无价值论者则从法益衡量说的角度将其视为违法阻却事由，即当行为的危险性和行为的有用性相比较，后者具有更大的法益优越性，因此，存在优越的法益从而否认危险行为的违法性。然而，就是这样一个被学界广泛接受的刑法理论，却可能会因为刑法立法公众参与面临日益严峻的挑战，众所周知，风险社会下的公众天生对危险保持着敏感和警觉性，任何风吹草动的危险都有可能让公众感到恐慌，为了消解这种集体恐慌感，公众自然而然地将目光投向了刑法立法，毕竟刑法动用国家公诉力量，能有效地克服私人举证难的问题，特别是其对风险行为处罚的严厉性和高效性能极大满足公众对严重社会危害行为的报复心理。但我们也看到，当公众过多地诉诸动用刑法力量来消灭现实生活世界中一切潜在或者

---

① 转引自前田雅英《許された危!》，中山研一等编：《现代刑法讲座》第3卷，第28页。
② 马克昌主编：《外国刑法学总论（大陆法系）》，中国人民大学出版社2009年版，第144—145页。
③ 张明楷：《外国刑法纲要（第二版）》，清华大学出版社2007年版，第237—238页。
④ 我国刑法学者张明楷教授对此持反对意见，认为被允许的危险的概念及其法理都没有存在的必要。参见张明楷《论被允许的危险的法理》，《中国社会科学》2012年第11期。

现实风险的话，就有可能使那些本是推动技术发展所必要的可允许危险也会变得没有"藏身"之地，科学技术的发展也可能因此而陷入停滞不前的境地，进而妨碍整个社会生产力地向前推进。例如，由于网络诈骗、网络传谣、网络人肉搜索等"利用网络"技术实施的法益侵害行为屡禁不止，引发公众对网络中介服务商"不作为"的严重不满，认为正是它们的疏于监管，放任甚至间接帮助不法分子，才使得网络犯罪日益猖獗，而为了迎合公众对网络中介服务商不作为行为刑事惩处的心理，降低不法分子"利用网络"对公众正常生活造成的危险，我国《刑法修正案（九）》增设了拒不履行信息网络安全管理义务罪，① 诚然，设立该罪名的确有助于打击部分网络犯罪，但它实际上是将网络服务提供者的中立帮助行为直接正犯化，使得网络中介服务商行业的犯罪化风险显著增加，对此，有学者直言，类似立法会不会给网络服务商赋予过重且实际上也难以承担的审核和甄别的责任，甚至引发网络服务商和用户之间的相互监督甚至是敌视的关系，要求企业承担网络警察的责任会不会阻碍甚至扼杀互联网行业的创新动能。② 毋庸讳言，当风险社会中的危险不期而至的时候，公众对行为的严重社会危害性的判断极易受到情绪化的裹挟，碎片化的网络媒体对危险的叙事更是加剧了公众这种情绪化的心理，通过刑法立法对一切危险进行全面禁止和惩治的立场开始在公众内心变得日益坚定起来，而立法机关面对公众的怒气和怨气，常见的政治反应便是应急性或回应性的刑法立法，即大多表现为通过创设新罪名给国民一个认真对待且已适当处理的立法印象。但是，这种刑法立法往往忽略了被允许危险理论赋予刑法立法另外一层使命，即刑法固然要惩治危险，但并不是对一切危险的一切惩治，而必须充分衡量危险本身的内容，如果这种危险不可避免且对社会整体发展有用，即便行为可能具有法益侵害的危险，刑法立法也必须把"枪口抬高一厘米"，例如，对转基因作物是否需要刑法规制的问题，国家刑权力断不能因为公众对转基因作物可能带来危险的恐慌（其实这种恐慌

---

① 根据《刑法》第 286 条之规定："网络服务提供者不履行法律、行政法规规定的信息网络安全管理义务，经监管部门责令采取改正措施而拒不改正，有下列情形之一的，处三年以下有期徒刑、拘役或者管制，并处或者单处罚金：（一）致使违法信息大量传播的；（二）致使用户信息泄露，造成严重后果的；（三）致使刑事案件证据灭失，情节严重的；（四）有其他严重情节的。
② 车浩：《刑事立法的法教义学反思——基于〈刑法修正案（九）〉的分析》，《法学》2015 年第 10 期。

也可能是公众对科学的误解）就刻意迎合民众的"感觉"对转基因作物予以全面的刑法规制，否则，刑法立法就可能在客观上对转基因技术的发展带来致命性的打击。① 当然，如果这种危险在社会生活中并非不可避免或者危险带来的社会危害性远远大于其有用性，只要行为具有法益侵害的危险，在符合刑法立法原理的基础上可以考虑纳入刑法中进行规制。换言之，当我们在谈论刑法立法公众参与的时候，必须考虑它可能对被允许危险理论等基本刑法理论的冲击问题，否则，就难言刑法立法是科学的。

（2）公众参与和刑法谦抑性原理

刑罚在本质上是以国家的名义对严重社会危害行为予以威吓和惩戒的感性害恶，然而，刑法又必须将这种害恶限定在必要的范围和限度内，否则，刑法就有沦为国家肆意侵犯公民人权工具的危险。现代法治国家无一例外地都将刑法谦抑性规定为刑法的基本原则，我国也不例外，我国刑法第 3 条罪刑法定原则的规定正是刑法谦抑性的重要体现。边沁从功利的角度对刑法谦抑性做了生动的描述：第一，刑罚为了被承认，只有排除比刑罚更大的害恶成为可能的场合才应当适用；第二，即便科处那样的刑罚，于防止害恶没有作用时不要适用；第三，由于适用刑罚的害恶比由于犯罪的害恶还大时，毕竟伴有过度耗费的场合，不要适用刑罚；第四，用其他手段可能防止该不法的场合，不应当适用刑罚。② 川端博教授进一步归纳到："所谓谦抑主义，指刑法的发动不应以所有的违法行为为对象，刑罚限于不得不必要的场合才应适用的原则"，它以刑法的补充性、片段性和宽容性为主要内容。③ 如前所述，公众投身刑法立法的热情与日俱增，当我们肯定刑法立法公众参与价值的同时，也不能忽视公众参与对刑法谦抑性的潜在威胁。

首先，公众参与可能损害刑法的补充性。所谓刑法的补充性是指刑法不应该作为化解社会风险的前置手段，而应当限于防治犯罪的最后手段。刑法立法必须充分考虑拟规制的社会危害行为是否经由其他法律部门调整；其他部门法调整内容和方式是否恰当；是否存在替代性的社会政策及

---

① 张道许：《转基因作物的风险管理与刑法规制》，《刑法论丛》2016 年第 2 期；冯殿美、储陈城：《论转基因食品的刑法规制》，《山东大学学报（哲学社会科学版）》2013 年第 1 期。

② 马克昌主编：《外国刑法学总论（大陆法系）》，中国人民大学出版社 2009 年版，第 42—43 页。

③ ［日］川端博：《刑法总论讲义》，成文堂 1995 年版，第 56—57 页。

其犯罪化的可操作性等问题。① 众所周知，人类社会的工业化进程在极大解放社会生产力的同时，也使得各种风险最大范围地暴露在公众面前，这里面既有来自传统诸如地震、洪水、台风和泥石流等的自然风险，也有来自现代社会诸如贫富分化、恐怖主义、疫情传播、网络暴力和生态污染等新兴风险，这些风险无时不在、无处不在且相互关联，它以一种"平均化分布"的方式笼罩在包括富人和穷人在内的一切社会成员，一旦转化为实际的风险就会给整个社会带来不可描述之实害。可以说，风险极大地强化了社会公众保护自身和集体安全的内心需要，激活了公众情感中被现代文明所束缚的道德报应因子，尤其是伴随互联网技术在风险传播中的作用，公众对风险的感知往往比实际存在的风险还要夸大。② 为了控制风险，即便是存在诸如道德伦理、宗教信仰、行业规范和行政法规等多元化的社会控制手段摆在公众面前，公众还是更加倾向于选择更严厉的刑法，以期治理效应的"立竿见影"，在这种思维范式下，公众实际上并没有理性地将刑法当作风险治理的最后手段，而是在面对风险时条件反射式地将刑法前置，刑法成为风险社会治理的前锋而不是后卫，只要公众投下关注目光，刑法立法就迅速给出制度产品，③ 本来是回应型刑法立法迅速蜕变为迎合型甚至盲从型的刑法立法，刑法立法补充性原理被公众的情绪化参与所裹挟，被公众的风险焦虑型的参与所遮蔽。实际上，"国家要运用各种手段管理社会，国家的威信来源于处理各种事项的妥当性；而处理各种事项的妥当性既取决于目的正当性，也取决于手段的正当性，只有二者的结合才能真正称之为妥当。如果对各种事项不分轻重地动用刑法，就会损伤国家的威信。"④ 我国刑法立法绝不能仅是满足部分公众情绪化焦虑的情感宣泄，而应当恪守刑法是人们在面对风险无能为力时最后手段的基本

---

① 意大利学者帕多瓦尼指出："当一种制裁直接或潜在地涉及到剥夺人身自由的时候，立法者是不能随心所欲的，只有在最适当的情况下，立法者才有权规定刑事制裁；在不用刑事制裁措施就足以有效地处罚和预防某种行为时，就不允许将该行为规定为刑事制裁，即刑法具有辅助性和补充性。"参见［意］杜里奥·帕多瓦尼《意大利刑法学原理》，陈忠林译，法律出版社1998年版，第3—5页。

② 陈晓明：《风险社会之刑法应对》，《法学研究》2009年第6期。

③ 例如，在网络谣言的刑法规制问题上，公众就没有系统地思考网络谣言产生的原因、类型、传播路径和影响大小，仅是基于网络谣言"严重社会危害性"的主观认知就盲目地将刑法前置，显然并不是所有的网络谣言都值得刑法介入，刑法对网络谣言的全覆盖就极可能会误伤到公民的言论自由，从而给国家法治的建设带来消极影响。

④ 张明楷：《罪刑法定与刑法解释》，北京大学出版社2009年版，第54页。

立场，对公众参与刑法立法可能造成的损害刑法补充性原理的风险须保持警惕。

其次，公众参与可能损害刑法的片段性。所谓刑法的片段性是指刑法的规制不应当包罗社会生活的各个方面和各个阶段，也不能涵盖所有的违法行为，它应当限于必要的最小限度的领域。① 正如前文所述，风险社会下公众会对周边世界的不确定性会产生与生俱来的天然焦虑感，社会学家贝克在描述工业社会和风险社会区别时提道："阶级社会的驱动力可以概括为这样一句话：我饿！另一方面，风险社会的驱动力则可以表达为：我害怕！"② 如果是参与刑法立法过程中公众均普遍带有风险的焦虑情绪，毫无疑问，他们对风险的厌恶恐慌情绪也势必会渗透进刑法立法各个方面，试想，当社会公众抱着"宁可错杀一千，不可放过一个"的心态来参与刑法立法过程，那些本该或者不应该纳入刑法调整范围的风险就极有可能统统被纳入刑法立法规制的范围内，最终，被人为夸大甚至虚构的社会风险纷纷冠以"行为具有严重社会危害性"的名义在刑法立法中登堂入室，刑法立法远远超出了必要的最小限度领域。实践中，笔者发现只要诸如见危不救、非法胎儿性别鉴定、网络人肉搜索这类舆情一引爆网络，公众就会立刻想到用刑法规制之，"狠狠打击""刑罚不够"之类的公众呼声此起彼伏，然而，集体性的公众欢呼早已忘却刑法不可能也不应该扩张到社会生活的方方面面，它只能是对那些最重要的法益侵害行为犯罪化，单凭刑法一己之力就想解决社会风险的所有问题，与其说是社会风险刑法化，倒不如说是刑法的社会风险化，企图将一切社会风险行为纳入刑法规制的公众想法是公众对刑法功能的过度迷信，正如有学者指出，这种偕同"风险无处不在"因而"刑法也无处不在"的观念和做法，才是当下"风险社会"最大的"风险"。③ 遗憾的是，我们貌似并没有充分意识到这个问题的严重性，相反，刑法立法公众参与过程，情绪化的公众参与使得刑法越来越多地卷入社会生活中，不仅导致公民自由在刑法面前日益萎缩，而且客观上还容易助长国家相关职能部门社会治理的惰性，例如，面对社会治理中问题频发的弊病，社会治理者不再是先去查找问题发生的原因，探索治理规律，不断扎紧刑法各种前置性规范的"篱笆"，而是笼

---

① 熊永明：《论刑法谦抑性与和谐社会理论的契合》，《社会科学辑刊》2008年第4期。
② ［德］乌尔里希·贝克：《风险社会》，何博闻译，译林出版社2004年版，第57页。
③ 王强军：《刑法修正之于社会舆论：尊重更应超越》，《政法论坛》2014年第3期。

统地认为是刑法打击不力,借由公众声音匆忙将问题现象入罪,企图通过扩大刑法犯罪圈以一劳永逸地制造问题得以解决的假象。概言之,我国刑法立法一定要防止公众参与过程中民意的"泥沙俱下",实际上,"对于这些不可能有简单结论的问题,公众可能会过快地产生制定新的或者更严厉的处罚规定的需要,但这会产生严重的不良后果"。[①] 我们必须对公众参与可能损害刑法立法片段性的风险保持警惕,刑法作为最为严厉之法,正是由于其不过多干涉一般的法律关系而保证其威严性,否则,刑法将会失去其正当化的理由,正如密尔损害原则揭示的那样:"一个人的行为只有在有害地影响到他人利益时,社会对他才有裁判权,才可以适用刑法这样强制性法律,但是,当一个人的行为并不影响自己以外任何人的利益,或者除非他们愿意就不需要影响到他们时,那就根本没有蕴含任何这类问题的余地。"[②]

最后,公众参与可能损害刑法立法的宽容性。所谓刑法的宽容性是指刑罚如果不是逼不得已,即便犯罪是现行的,也应当重视宽容精神而不能过于迷恋社会治理中的重刑主义,它既包括刑法立法罪之宽容,也包括刑法立法刑之宽容。一方面,刑法立法公众参与可能影响刑法立法罪之宽容,公众参与刑法立法的一个重要主体是公众,他们虽然能为刑法立法贡献生活经验,但在具体刑法立法问题上常常欠缺规范化思维,对刑法功能的理解也有失全面,在许多公众眼中刑法最重要的脸谱是威吓与震慑,它是最有效的社会控制方式,面对法益侵害或者某类新型社会越轨行为,他们本能的想法和冲动就是增加罪名或者降低入罪门槛,扩大入罪范围,例如,校车安全事故频发促使公众对校车安全问题进行反思,大家普遍认为校车超速超载是安全事故频发的主要原因,[③] 于是,公众提议并鼓吹将校车超速超载行为纳入刑法规制范围,最后,最高立法机关在《刑法修正案(九)》中采纳公众意见,将"从事校车业务,严重超过额定乘员载客,或者严重超过规定时速行驶,危及公共安全"行为纳入危险驾驶罪的犯罪客观方面,问题在于,校车超速超载行为入刑并不能一劳永逸地解决校车安全事故,相反,它还可能使问题的真实原因被遮蔽,要知道校车

---

① [德] 冈特·施特拉腾韦特、洛塔尔·库伦:《刑法总论Ⅰ——犯罪论》,杨萌译,法律出版社2006年版,第36页。
② [英] 约翰·密尔:《论自由》,程崇华译,商务印书馆1959年版,第82页。
③ 李文姬:《盘点4年来43起校车事故:致百余幼儿身亡 超载为祸首》,《法制晚报》2014年7月14日第07版。

超速、超载行为固然危及学生的人身安全，但也会对危险驾驶行为人自身的生命安全构成威胁，如果不是囿于无奈或其他原因，没有哪个驾驶员天生喜欢超速超载，校车驾驶行为人亦是如此，因此，刑法立法与其将规制的目光投向校车驾驶行为人，不如认真反思校车超速超载背后的深层次原因，正如有学者指出："实际上政府提供的正规校车长期供应不足才是校车超速超载屡禁不止的根本原因"，① 只有在现有校车数量无法满足接送学生需要，人们才会铤而走险让校车超速超载，而对校车超速超载行为人入刑，表面看起来有威慑作用，但实际上并无多大用处，因为行为人超速超载意味着他自身生命安全也一同面临威胁，危险驾驶罪规定的最高只有6个月的拘役刑同超速超载行为人生命安全相比，很难说其有更强的刑罚威慑力。② 可见，公众参与刑法立法并不等同于科学立法，动辄采取刑法的方式来解决社会问题的公众思维习惯还极易对刑法立法的宽容性构成巨大挑战。③ 另一方面，刑法立法公众参与可能影响刑法立法刑之宽容。毋庸讳言，面对严重社会越轨行为，公众重刑主义思维是条件反射般的存在，公众参与刑法立法时候，这种重刑主义的倾向就会有意无意地渗透给最高立法机关，而这将在整体上抬高刑法立法之刑罚不宽容性的风险。例如，刑法立法公众情绪化参与事实上提升了刑法对收买妇女儿童行为的打击力度，正如前文所述，在《刑法修正案（九）》立法修正期间，微信朋友圈"贩卖妇女儿童一律判死刑"的帖子曾一度被刷屏，表面上，最高立法机关并没有就这种民意理性与否直接表态，但笔者注意到，从全国人大常委会围绕《刑法修正案（九）（草案）》第一次审议对收买被拐卖妇女、儿童，按照被收买妇女意愿，不阻碍其返回原居住地的，对被买儿童没有虐待行为，不阻碍对其解救的，可以从轻、减轻或者免除处罚到第二次审议对被买儿童没有虐待行为，不阻碍对其解救的，可以从轻处罚，按照被收买妇女意愿，不阻碍其返回原居住地的，可以从轻、减轻或者免除处罚，再到正式稿中对被收买妇女意愿，不阻碍其返回原居住地的，可以从轻、减轻处罚，不再规定免除处罚。由此，刑法对被收买妇女意愿，不阻碍其返回原居住地的，由"有条件不追究"改为"一律追究"

---

① 庞岚：《规范校车 需要政府更多的投入》，《法制晚报》2017年5月23日第A02版。
② 王群：《刑事立法谦抑化的路径选择》，《内蒙古社会科学（汉文版）》2016年第6期。
③ 有人甚至提出我国危险驾驶罪的危险应当比照日本刑法第208条之二的规定进一步扩容，将诸如飙车、吸食毒品驾驶、无证驾驶、无视信号灯等行为也纳入其中。参见王志祥、戚进松《从危险驾驶入刑看立法的民主性与科学性》，《山东警察学院学报》2012年第3期。

的结果,然而,这种立法结果是否真的能更好地保护妇女儿童的利益呢?恐怕尚存商榷之处,因为对收买人一律追究刑事责任客观上就提升了行为人抱有"鱼死网破"的概率,他们为了避免被发现就会带着受害人东躲西藏甚至是非法拘禁、虐待受害人,这反而更不利于保护被收买妇女等受害人的权益,刑法立法事实上存在违背法益保护初衷的嫌疑。需要指出的是,刑法立法公众参与对刑法立法宽容性的威胁远不止于此,例如,在刑法立法中创设信息网络利用者和服务者刑事责任的公众意见,是否会被滥用而钳制网络言论自由?公众对保留死刑长期"执拗"的立场,"不杀不足以平民愤"的情绪化逻辑是否会耽搁死刑逐步废除的中国现代立法愿景?总而言之,刑法立法公众参与的尺度一旦把握不当,刑法立法的宽容性就有可能面临直接威胁,刑法民粹主义也会闻风而动,历史经验证明,犯罪无法被消除,只能在一定范围内得到控制。"欲以刑法为急先锋以抗制风险,非但不能保卫社会、实现社会保护的功能,反而会牺牲社会及其成员的权益、丧失人权保障的功能。"[1] 在现代社会,犯罪控制不仅仅需要刑法配合,更依赖社会其他控制手段的共同作用,最好的社会政策是最好的刑事政策,同时,刑法威慑的作用实质上是有限的,真正决定犯罪的人其实并不害怕刑罚,费尔巴哈的心理强制说从来都缺乏充分而有效的实证支撑,"历史上任何最新的酷刑都从未使决心侵犯社会的人们回心转意",[2] 正如人们并不会因为有了刑法就不去实施犯罪,也不会因为刑罚残酷而不去实施犯罪,对刑法立法公众参与损害刑法宽容性的潜在风险需要认真反思并警惕。

梅因在《古代法》中谈道:"但凡落后的国家,民法少而刑法多;进步的国家,民法多而刑法少,即一个国家的发达程度与刑法的繁荣是成反比的。"[3] 刑法不理会琐碎之事,当我们大力倡导刑法立法公众参与的时候,我们必须警惕它可能对刑法谦抑性的冲击,公众参与刑法立法不能仅仅以目标越轨社会行为是否具有严重社会危害性为标准,还必须认真反思将该行为入刑是否符合刑法的补充性、片段性和宽容性的标准,否则就有

---

[1] 卢建平:《风险社会的刑事政策与刑法》,《法学论坛》2011年第4期。
[2] [意]切萨雷·贝卡利亚:《论犯罪与刑罚》,黄风译,中国法制出版社2005年版,第57页。
[3] [英]梅因:《古代法》,沈景一译,商务印书馆1959年版,小引。

可能出现案例立法、激情立法、重复立法和无效立法等非理性的刑法立法现象。①

2. 公众参与对刑法立法技术的冲击

所谓刑法立法技术是指刑法立法活动中所遵循的用以促使刑法立法臻于科学化的方法和操作技术的总称，既包括用于整体的刑法立法预测、立法规划等方面的立法技术，也包括刑法立法的内部结构、外部形式、概念、术语、语言、文体等进行表述的科学方法、手段和规则。② 显然，经验性的公众参与并不能全部认识并考虑到这些技术化的立法方法和技巧，它可能对诸如刑法立法稳定性、体系化和精细化的立法技术造成冲击。

首先，公众参与对刑法立法稳定性的可能破坏。刑法立法应当趋于稳定，不仅是富勒笔下法律道德性的内在要求，③ 也是罪刑法定原则关于刑法明确性的内在核心要义，拉德布鲁赫更是坚持认为，关于正义、合目的性和法的安定性三项法律价值中法的安定性要受到更高价值的约束。④ 所谓刑法立法稳定性就是说，刑法立法规范不能朝令夕改而是要有相对确定性，至少要为公众的社会活动和行为规范提供一种合理的制度预期，即便社会转型的背景下刑法有理由保持变动，但这种变动也不能超越公众合理预期范围之内，否则刑法立法的权威就无从谈起，公民人权保障也将是一句空话，刑事治理体系和能力的现代化更是无从谈起。正如前文所述，刑法立法中的公众参与许多时候是一种经验性、感官式和情绪化的参与，是基于公众朴素的刑法是非观的立法参与，是基于日常生活伦理道德判断的立法参与，公众以自己的生活经验和主观善恶为基础思考社会问题，明晰刑法角色，为立法者提供刑法立法的意见和建议，只是这些主观式意见和建议本身极富不稳定性和流变性，可能公众在前一个时段还坚持对某一行

---

① 帕克基于刑事制裁的界限的探讨指出只有同时满足以下几项标准的行为才能被刑法规定为犯罪：1. 行为必须是大多数看来有显著的社会危害性的行为且不专属于任何意义的社会阶层；2. 将该行为纳入刑事制裁不会违背惩罚目的；3. 抑制该行为不会约束人们合乎社会需要的行为；4. 须通过公平且不歧视的执行来处理；5. 通过刑事程序来控制该行为不会使该程序面临严重的定性或定量的负担；6. 没有合理的刑事制裁替代措施来处理该行为。

② 周旺生：《立法学教程》，北京大学出版社 2006 年版，第 238 页。

③ 富勒在《法律的道德性》中提出法律的内在道德至少包括普遍性、应当公布、不溯及既往、稳定性、无矛盾、明确、易于理解、相互一致等特征。其中，稳定性就是指法律不能频繁地修改规则，否则人们就无法根据规则来调试自己的行为。参见［美］富勒《法律的道德性》，郑戈译，商务印书馆 2005 年版，第 46—47 页。

④ ［德］古斯塔夫·拉德布鲁赫：《法律智慧警句集》，舒国滢译，中国法制出版社 2001 年版，第 18 页。

为入刑,在后一个阶段他就会改变想法,三振出局法案中的公众前后态度显著变化就是适例,尤其是在互联网时代,社会热点事件中凸显的社会越轨行为接二连三发生,伴随这些社会热点事件的转换,公众参与刑法立法中事件关注和重心也会随即切换,一旦最高立法机关轻易迫于民意压力依赖甚至迁就公众参与的意见和建议,"因事立法""因事制刑"的现象就会屡见不鲜,而当刑法立法深陷"头痛医头,脚痛医脚"的实践迷思,又拿什么来保证刑法立法的稳定性呢?即便刑法立法机关祭出法益保护原则来过滤不理性的立法公众参与意见,这恐怕也是一厢情愿,按照哈塞默尔的说法:"法益使一种刑罚威吓变得正当,但是,现在所有可能的东西都能够变成法益。刑法的不法就变得不清楚了,丧失了其规范的(并且也是道德的)轮廓。"[1] 因此,法益保护原则并不能完全隔绝公众参与对刑法立法稳定性的冲击,相反,公众"从各种既被普遍地又被模糊地表述的法益中寻找出路",依靠这种方式,公众还巧妙地减少了外界对刑法立法频繁变化的实质批评。实际上,刑法立法不像政治那样具有很大的灵活性,细水长流,基水常稳是它的基本特征,也是它的生命所在。[2] 如果刑法的规定可以随意更改,立法者的决定可以轻易推翻,那么潮起潮落的社情民意将导致刑法在朝令夕改的路上一去不复返。

其次,公众参与同刑法立法精细化的潜在张力。所谓刑法立法精细化,是指刑法结构必须合理、刑法语言必须精确、刑法逻辑必须严密、刑法外部形式必须完整、有关刑法规范的概念术语必须统一,换言之,刑法立法是一种专业性很强的活动,往往要由专业的法律人士来完成,与此相反,刑法立法公众参与往往带有规模化、盲目性、滞后性和自发性等特征,再加上他们并不掌握娴熟的刑法立法技术,公众不仅可能会忽略立法语言的精确性,有时就连刑法立法概念术语它都可能未必能全部了解,我们不难想象,一旦不具有基本法律专业知识的公众大规模地参与刑法立法中,关于刑法立法精细化的技术化要求就完全有可能会被搁置到一边,公众凭借自己经验性的日常知识对刑法立法"指手画脚",将漂泊的感觉、判断和见解等社科知识悉数带进刑法立法中,如果没有专业性的把关,所

---

[1] [德] 哈塞默尔:《面对各种新型犯罪的刑法》,中国人民大学刑事法律科学研究中心编:《刑事法学的当代展开》(上),中国检察出版社2008年版,第60页。
[2] 杨兴培:《公器乃当公论,神器更当持重——刑法修正方式的慎思与评价》,《法学》2011年第4期。

立刑法难免就会陷入粗放化的困境，举例说明之，公众之所以强烈要求废除嫖宿幼女罪，很大程度是因为公众普遍认为强奸幼女罪和嫖宿幼女罪的罪名适用相互排斥，嫖宿幼女罪为不法行为人降低罪责提供了"避风港"，帮助他们逃避罪责，实际上并非如此，强奸幼女罪和嫖宿幼女罪不仅可能存在法条竞合的关系，而且通过罪责刑相适应原则完全可以对嫖宿幼女行为进行妥当的刑罚裁量，最大限度实现对该类行为定罪处刑的政治效果、法律效果和社会效果的统一。

最后，公众参与和刑法立法体系化的抵牾。所谓刑法体系化是指刑法条文之间并不是孤立的存在，而是个逻辑严密的规范性条文的集合，最高立法机关对刑法条文的修订不能仅是从某个刑法条文本身下手，而应将具体条文修改放置于整个刑法中进行比较考察，充分考虑刑法条文间的内在联系，必须旗帜鲜明地反对"只见树木，不见森林"的刑法立法修正观。具体来说，刑法体系化要求刑法总则和分则条文相呼应、刑法分则条文之间相协调、刑法修正案间相协调以及刑法条文和刑法立法解释间相协调，同时，刑法罪名安排和条文序号的合理化安排。[①] 可以说，体系化刑法立法视野下任何对刑法条文的小修小补都有可能对整个刑法体系造成影响，甚至起到"牵一发而动全身"的效果。当最高立法机关打算"开门立法"并允许公众携带社情民意直接进入刑法立法的时候，这实际上也就意味着公众对刑法立法议题、条件、进展和结果有了相应更大的话语权，在刑法人民性的逻辑下，最高立法机关热切地回应着公众对刑法立法提出来的意见和建议，刑法立法修订的频率和内容势必会陡然激增。据统计，我国最高立法机关在97年《刑法》出台后短短二十余年间，已先后颁布了11个刑法修正案，平均不到两年就要对刑法做一次修正，如此频繁修法的背后客观上给刑法立法的体系化带来了极大挑战。例如，长期以来，官员腐败现象令公众深恶痛绝，于是，公众在参与刑法立法过程中就要向立法者明确表达并传递这种愤怒情绪，而立法者为了顾及甚至是迎合公众这种情绪，很快就在《刑法修正案（九）》第44条中规定了对严重贪贿犯罪行为人终身监禁，不得减刑假释的法律内容，只是当我们如果从刑法体系性角度对该规定进行推敲的话，这里面仍存在可商榷的地方。我国《刑法》第5条确立的罪刑相适应原则，根据《刑法修正案（八）》"限制减刑"

---

① 李翔：《论刑法修订的体系化》，《学术月刊》2016年第2期。

的规定可以看出,它主要针对的是"对被判处死刑缓期执行的累犯以及因故意杀人、强奸、抢劫、绑架、放火、爆炸、投放危险物质或者有组织的暴力性犯罪被判处死刑缓期执行的犯罪分子",即便是对这些严重暴力性犯罪分子刑法也仅是规定对其"限制减刑"而没有"禁止减刑",而对非严重暴力的贪污受贿分子却是终身监禁且"不得"减刑、假释,令人费解的背后正是刑法分则条文修改和刑法总则罪责刑相适应基本原则之间的潜在张力,刑法立法体系化面临冲击。再如,随着幼儿园老师虐待儿童、福利院工作人员虐待老人事件不断见诸报端,原刑法规定虐待罪的主体和对象仅限于"家庭成员"显然不能满足打击这类群体法益侵害行为的现实需要,因此,公众强烈建议在刑法中增设"虐待被监护、看护人罪",最高立法机关欣然接受了公众这一提议。需要指出的是,增设该罪无疑值得肯定,但是否必须采取另设新罪名方式则不无商榷之处,要知道将原虐待罪的罪状中"家庭成员"修正为"他人",同样可以达到和增设新罪名一样的立法效果,为什么要付出创设新罪名可能损害刑法体系化的额外代价呢?

3. 公众参与可能催生无效的刑罚

刑罚是刑法规定的为了阻止发生犯罪所必需的(必要性),并且期待能够发挥犯罪预防效果的一种强制处分。所谓无效的刑罚是指刑法规定的刑罚内容和方式对实现刑法法益保护和人权保障的目的没有明显的效果,具体表现为宣示的刑罚、过剩的刑罚、缺效率的刑罚。虽然我们不能武断地认为无效的刑罚都来源于刑法立法公众参与中民意的"泥沙俱下",但不恰当的公众参与在一定程度上还是有抬升无效刑罚出现的风险。民意汹汹,言之凿凿,尤其是备受公众关注的社会越轨事件经媒体铺天盖地报道以后,很容易使本来简单的社会矛盾被人为放大,公众为了舒缓愤怒和焦虑的情绪,就开始逐步由对个案的案情关注转为对同类事件刑罚立法的积极讨论,通过强大的刑罚威慑来应对法益侵害越来越成为更多公众的倾向性选择,而刑法立法公众参与恰好为这种选择的达成提供了条件,经由正式或者非正式渠道公众向立法者传递自己对某类行为"严惩"的呼声,它们汇聚在一起形成民意,从而形成对立法者压力,当刑罚万能的公众幽灵充斥于整个刑法立法过程中,刑罚就被公众赋予过度的功能担当,在刑罚种类和数量激增背后,无效的刑罚问题也会随之而来,这不仅损害刑法立法的权威性还挫伤了公民整体自由感,要知道,当社会生活中的越轨行为频繁地被公众通过参与刑法介入方式呈现给立法者的时候,公民整体自由就会面临现实性的威胁,正如有学者谈道:"刑法的社会关注与公民私权利之间具有一定矛盾关系,且往往是一种反比例的存在状态。"①

首先,刑法立法公众参与不当抬高"宣示的刑罚"出现的概率。所谓"宣示的刑罚"是指刑罚虽然规定在刑法条文中,但由于该条文不经常司法适用以致刑罚效果有限,最后沦为象征性的刑罚。以刑法中增设拒不支付劳动报酬罪为例,当公众从新闻媒体等渠道看到农民工兄弟辛苦工作一整年,工资还没有着落时,当公众从生活世界中看到那些欠工人钱还大手大脚挥霍金钱的企业主得不到应有惩戒时,油然而生的道德正义感就召唤公众必须对此有所作为,毕竟谁也不敢保证自己就不会成为下一个被拖欠工资的劳动者。于是,社会公众关于要在刑法中增设拒不支付劳动报酬罪的声音开始甚嚣尘上,这渐渐演变成一股稳定而强大的民意洪流,从而对最高立法机关构成了强大的民意压力,最后,最高立法机关在《刑法修正案(八)》中对这种民意进行积极回应并作出规定:"以转移财产、逃匿等方法逃避支付劳动者的劳动报酬或者有能力支付而不支付劳动者的报酬,数额较大,经政府有关部门责令支付仍不支付的"行为构成犯罪,由此,本是民事领域中的恶意欠薪行为在公众民意的怂恿下顺利入刑,然而,从增设该罪以来的刑法适用来看,拒不支付劳动报酬罪最后在司法实践中适用率却是极低,与其相关的刑罚内容也被事实上虚置,象征性刑罚立法现象凸显,公共立法资源被不经济地耗费。②虽然,拒不支付劳动报酬罪仅是公众民意鼓惑下宣示的刑罚中的个例,但我们不应该否认从该个例中所反映的某些规律性东西,那就是刑法立法公众参与中民意自发性如果不能很好引导确实可能会激发情绪化的刑法立法,进而抬高"宣示的刑罚"出现的概率。

其次,刑法立法公众参与不当抬高"过剩的刑罚"出现的概率。刑罚是刑事责任实现的方式之一,所谓过剩的刑罚就是指刑罚内容远远超过行为人本应承担的刑事责任,即罪责刑不相适应。通过最强有力的刑罚方能阻吓犯罪,只要刑罚施加给的痛苦远大于犯罪给行为人带来的收益就能真正解决犯罪问题,当抱有这些想法的个体公众因为讨论刑法立法走到一起时,传播就由最先原子状的公众意见发声转变为会堂式的交响讨论,受

---

① 刘伟:《越轨性社会热点问题与刑事立法》,《山东社会科学》2017年第9期。
② 李珊:《拒不支付劳动报酬罪的适用与完善路径》,《江西社会科学》2015年第6期。

"沉默螺旋"的传播规律影响，在此过程中，社会越轨事件中的法益侵害行为社会危害性一旦被人为放大，此时，如果最高立法机关对刑法立法公众参与中的意见和建议缺乏有效程序过滤的话，重刑主义的阴灵就会重新集结进而全面渗透给刑法立法，尤其是在民意趋于强势，而立法者囿于时间限制又无法对刑法立法充分论证情况下，[①] 刑法立法中"过剩的刑罚"出现的概率就会大大提高。下以终身监禁入刑为例讨论，公众积极推动对特定贪贿犯罪分子的终身监禁刑立法，这虽然满足了公众惩治腐败的情感宣泄，但将终身监禁适用于贪贿这样的非严重暴力犯罪同样存在"刑罚过剩"的争议：一方面，终身监禁的刑罚痛苦实际上早已超过死刑了，被终身监禁人看不到岁月的任何希望，每天行尸走肉地生活着，对他来说，每一天都是多余的，因为他在精神上早已经死去，正如张明楷教授所言"以终身刑替代死刑，只不过是用一种死刑（甚至更为残酷）替代另一种死刑"。[②] 事实上，"任何被拘禁者，都不可能在其人格不遭受重大障碍的情况下忍耐十五年以上的拘禁，这在今天已是不争的事实。后面他所剩下的并不是真正的生存，只不过是苟延残喘的人的空壳"。[③] 另一方面，终身监禁也违背了刑罚的教育改造功能，是刑罚报应主义的现代"替身"，对被终身监禁的行为人而言，不得减刑假释的规定等于否决了他对未来任何改造的努力，刑法的特殊预防功能几乎消失殆尽，更是从根本上背离了刑罚的人道主义精神。现代刑治经验亦证明，重刑化的做法并不能有效遏制犯罪，一味重刑化还会让公众的法感情变得迟钝且导致犯罪的不同法益侵害之间没有区分。因此，对刑法立法公众参与不当可能导致的"过剩的刑罚"值得我们认真反思。

最后，刑法立法公众参与不当抬高"缺效率刑罚"出现的概率。效率是一个经济学的词汇，关涉成本——收益的知识分析，只有收益大于成本的行为才能称之为有效率，而所谓缺效率的刑罚是指刑罚确实能够发挥法益保护和人权保障的机能，但就是成本消耗过大，因此某种程度上，它也可被归纳为无效的刑罚。以刑法是否增设资格刑为例，公众经常批评我

---

① 虽然法学专家对刑法立法中犯罪及其社会危害性可以辅助论证，但他们论证大多过于复杂，关于重刑可能带来负面效果的详尽分析更是难以引起立法者的兴趣；同时，由于刑法学不是自然科学，要从实证上论证刑罚到底是不是超比例，事实上也难以做到，因此，立法者更愿意从公众的嘈杂话语中来理解刑罚的"合比例性"。
② 张明楷：《死刑的废止不需要终身刑替代》，《法学研究》2008年第2期。
③ Arthur Kaufmann：《转换期の刑法哲学》，上田健二监译，成文堂1993年版，第262页。

国现行刑法中规定的资格刑过少，不能很好地适应当下资格依赖型的时代发展要求，主张进一步扩张我国刑法中资格刑的范围和内容，[①] 例如，借鉴外国刑法的相关做法，规定剥夺公权[②]、剥夺亲权[③]、剥夺从事一定的职业或营业的权利以及剥夺从事一定活动的权利。[④] 显然，如果刑法立法听从公众建议引进这些资格刑规定确实有助于打击诸如利用资格来犯罪的法益侵害行为，即刑罚是有用的，但这么做是否就符合立法的效率原则呢？暂且不说我国刑法并不像有些公众想象那样的资格刑匮乏，因为我国刑法的"资格刑"不仅在刑法之内更是广泛存在于刑法之外，例如，对曾经因犯罪而被判刑的人而言，诸如公务员、事业单位招考都是自动将其排除的，甚至还会影响其直系亲属顺利加入党团组织，等等。更为重要的是，刑法中资格刑大量设置还将使得行为人难以复归社会，进而影响了社会整体运行的效率。再如，公众积极推动醉驾入刑虽然有减少社会上的醉驾情况，我们也承认刑罚是有用的，但这是否就能得出醉驾入刑的刑罚就是最有效率的呢？恐怕未必。因为，加大醉驾的行政执法力度同样能实现醉驾人数下降的目标，既然如此，立法者为什么又要舍近求远非要在刑法框架下解决醉驾的问题呢？人们必须警惕刑法立法公众参与不当可能导致的"过剩的刑罚"问题，避免盲目听从情绪化的民意进行仓促式的刑法立法，从而造成刑罚成本透支过度。

刑法立法公众参与过程中，公众常会有这样一种误解：如果某类社会越轨行为尚没有被刑法规定，那么行为入刑就是解决这一社会问题的"万能钥匙"，实际上，这种观念非常的危险，如果依照此观念，所立刑法之刑罚不仅容易过剩并缺乏效率，还事实上容易成为一种宣示性的无效刑罚。我们必须铭记，刑法至多是通过严厉的刑罚惩戒恫吓潜在犯罪行为

[①] 我国《刑法修正案（八）》和《刑法修正案（九）》虽然分别规定了禁止令制度和职业禁止条款，但它们显然不是严格意义上的资格刑，一般认为，禁止令是一种刑罚执行的监管措施，而职业禁止是一种非刑罚处置措施，是对特殊犯罪分子刑满释放或者假释后的一种特殊预防性措施。参见柏利民《把握职业禁止和禁止令的不同》，《检察日报》2016年10月12日第03版。

[②] 例如意大利刑法第28条所规定的剥夺公权就包括担任一切公共职务的权利、担任监护人或报佐人职务的权利、任何选举中的选举权、被选举权以及其他一切政治权利等内容。

[③] 例如瑞士刑法第53条第1款规定："因犯重罪或被科处自由刑，其教养权或其作为监护人或者保护人的义务因而被破坏的，法官可剥夺其教养权或监护人职务或保护人职务，并宣告其无力行使教养权或担任监护人或保护人。"

[④] 例如瑞士刑法第56条第1款规定："如果重罪或者轻罪是在过量饮用含酒精饮料后实施的，除科处刑罚外，法官还可以禁止被告人在6个月至2年期间进入出售含酒精饮料的酒店。"

人不敢犯，但并不足以强大到让他们不能犯和不想犯，后者只能通过社会经济条件的改善方可能根本实现之，换言之，重刑并不能降低犯罪率或是带来社会公正，还将会极大地增加社会运行成本，让社会在犯罪的重负下"艰难"前行。[①] 因此，刑法立法公众参与必须要谨防无效的刑罚立法，最高立法机关对法益侵害行为的入罪要慎重，加刑更要慎重。需要指出的是，本部分所讲的公众参与对刑法立法科学化的冲击并不是必然的，只是尽可能客观地展示公众参与对刑法立法科学化可能的威胁，实际上，无序无效刑法立法公众参与才是损害刑法立法民主化和科学化的真正原因。

（三）刑法立法公众参与的"限度"在哪里？

刑法立法公众参与是刑法立法领域践行全过程人民民主的生动写照，它让最高立法机关要比以往任何时候都更加注重关注并回应公众的情绪性变化，从对醉酒驾驶行为的入罪处刑，对泄漏、非法买卖公民个人信息行为的从重处罚、对安全生产中危险作业的惩处再到对被拐卖的妇女、儿童的行为的全面追责等立法例均与民意、民情紧密勾连。然而，最高立法机关也开始意识到刑法立法过于倚重的民意本身也是充满易变和分歧的，公众对法益侵害行为的刑法诉求也有不理性甚至是情绪化的一面，尤其是在公众自身的知识素养和相关信息掌握、挖掘和占有能力同现代刑法立法专业化尚存有不少差距情况下，过于倚重公众参与中的民意，由最高立法机关充当平复民愤的"消防员"，不仅容易导致现代刑法立法的朝令夕改，还可能因此忽略刑法立法技术，违反刑法基本理论，催生一系列无效而昂贵的刑法立法，而这将从根本上对我国刑法立法民主化和科学化的价值根基产生威胁。鉴于此，有学者提出了刑法立法公众参与限度论的观点，换言之，刑法立法应当允许公众参与，但公众不是任性参与或者是冲动参与而是有限度的参与，在此基础上，学者们还给出了坚持刑法立法公众参与"限度论"的具体理由。例如，李翔教授指出："刑事立法的专业化、精英化与民意表达的大众化存在着紧张关系，应当维护立法权威，加强刑事

---

① 从20世纪中期开始，西方国家开始出现了"轻轻重重"两极化的刑事政策倾向，受刑法谦抑性和目的刑思想的影响，世界各国对于一些社会危害性不大的行为都在努力寻找"非刑罚化"的处罚方法，这不仅能够降低国家的刑事司法成本，还有利于行为人更好地复归社会。

立法的体系化，刑事立法公众参与应当具有一定限度"。① 然而，令人遗憾的是，刑法立法公众参与的"限度"论者并没有告诉人们"限度"到底在哪里？众所周知，"限度"本身是一个极易被滥用的词汇，它不仅在理论上存在道德是否正当与合理的诘难，而且在方法论上也存在由谁来界定以及如何界定"限度"的难题，当我们在谈论刑法立法公众参与的限度的时候，其实我们并不知道"限度"到底在哪里？"限度"只是剩下个没有灵魂的躯壳，刑法立法公众参与"限度论"表面上看完全契合辩证法的"两点论"，既紧挨民主又沾边科学，听起来也很有道理，实际上，它让公众在刑法立法面前无所适从，公众并不知道刑法立法哪里可以参与而哪里又不可以参与？哪里参与过度了而哪里又参与不足？公众始终无法也不可能知道刑法立法公众参与的"重点论"到底在哪里？由此，深陷不可知论的哲学泥淖，而一旦这个不可知论的限度最后由立法者说的算，那么，刑法立法公众参与就会沦为论证刑法立法民主性的工具，具有极大的民主迷惑性和虚伪性。或者说，刑法立法公众参与所谓的"限度论"实际上是一种理论研究上的"骑墙派"，一方面，它通过"限度"使一部分公众意见能够进入刑法立法程序中以完成刑法立法民主化的论证；另一方面，它又通过"限度"使得一部分公众意见不能顺利进入刑法立法程序以彰显刑法立法科学化的价值，遗憾的是，在这种理论研究之"限度"的微平衡中，它始终没有告诉人们限度到底在哪里？人们又该如何来识别并找到这种限度？实际上，没有标准就没有适用，没有限度的界分又谈何"限度"理论存在的道德根基？即便按照李翔教授所言："社会公众对刑事立法的参与反映了其对刑事法律的期待，但是，这种期待能否转换为法律则需要立法者以高度的理性来面对，必须考虑这种期待是否符合刑法原理、制度设计以及立法技术等因素。"② 然而，这里的刑法原理、制度设计、立法技术能否成立刑法立法公众参与的"限度标准"，恐怕也不无商榷之处，它不仅存在将抽象的刑法原理等同于技术化的限度标准是否合适的问题，同时，依赖静态的立法技术能否有效识别动态的刑法立法公众参与之限度更是值得怀疑。可以说，刑法立法公众参与的"限度论"回避

---

① 李翔：《论刑事立法公众参与的限度》，《东南大学学报（哲学社会科学版）》2016年第3期。

② 李翔：《论刑事立法公众参与的限度》，《东南大学学报（哲学社会科学版）》2016年第3期。

了参与问题的本质并将其引向不可知论的理论陷阱,因此,很难说它为我国刑法立法公众参与实践提供了新的理论增量。

二 刑法立法公众参与的实践迷思

刑法立法公众参与的实践迷思将研究视角投向现阶段刑法立法公众参与的微观的生活实践,集中关注刑法立法公众参与中的现状问题,观察并挖掘这些问题为何以及如何妨碍公众有序有效参与刑法立法的?鉴于非建制化阶段和建制化阶段刑法立法公众参与的内容、特点、方式、形式、规律和效果等方面都不尽相同,为了针对性呈现并反思实践问题,下以非建制化阶段和建制化阶段的刑法立法公众参与的问题分别展开论述。

(一)非建制化阶段的刑法立法公众参与

非建制化阶段的刑法立法公众参与实践由于兴起于公共领域的非正式的意见商谈,众多而嘈杂的公众意见不得不借助信息互联网技术和融媒体等手段才能更好地在社群中传播并最终呈现在最高立法机关面前。由此,该阶段的实践迷思也就更多地表现在过多地依赖传媒发声、公众参与效果不明显和互联网技术促进悖论等方面。

1. 过多地依赖传媒发声

正如前文所述,传媒在非建制化阶段的刑法立法公众参与中扮演了尤为关键的角色,搭起了立法者和公众就刑法立法内容沟通的桥梁,可以说,哪里有刑法立法公众参与,哪里就有传媒活跃的身影,例如,凤凰网曾就《刑法修正案(九)》的修正推出专门的大众话语议题,设置专门的立法互动栏目方便公众参与刑法立法,人们可以在此发表对刑法立法的意见和建议,也可以对他人发表的刑法立法意见进行评论,或点赞支持或拍砖质疑,如果某个意见获得多数人的点赞就会被系统程序自动推送到页面得更加显著位置,包括立法者在内的其他公众就能更容易地看到相关意见建议。可见,现代社会中的刑法立法公众参与如果离开传媒的支持和帮助是很难想象的,尤其是在非建制化的刑法立法阶段更是如此,但若过度依赖传媒发声的刑法立法公众参与也会面临系列问题。首先,传媒有其自身局限性。一方面,传媒绕不开特定的利益立场。无论是政府传媒还是商业传媒都有其自己特定的利益立场,例如,政府传媒必须发挥党和政府的"喉舌"作用,传播并体现党和政府的话语立场,彰显社会主流核心价值观并发挥引领作用,而商业媒体尤其是那些自媒体则更多将商业利益放在首位，因此在办媒体过程中更习惯并倾向于考虑和追逐新闻的轰动效应，从新闻的点击率到报道的收视率，新闻必须能够创造足够的商业价值。因此，那些固执认为传媒能够超越利益纠葛而独立传播声音的观点从来只不过是人们一厢情愿的主观臆想而已，固有的利益立场既是传媒的生存基础也是实际运转方式，刑法立法公众参与一旦深陷传媒依赖，夹杂其中的利益偏私和立场的偏见使传媒尤其是商业媒体未必能够做到客观而全面地展示公众真实且稳定的社情民意，甚至还可能为了一己之私炮制虚假民意，进而误导最高立法机关的立法认识和判断。另一方面，传媒也并非万能。传媒报道所展现的舆论永远只可能代表社会一部分公众的一部分声音，它不可能在同一时间同一场合代表社会上所有的公众发声，发表所有的声音，特别是对那些在刑法立法过程中没有积极关注立法进展并发表意见建议的公众，传媒更是不可能代表他们来发声，同时，一定时期内传媒自身的专业素养能力提升也是一个渐进的过程，不可能一下子就臻于完美，这种客观局限性使得传媒很难也不可能迅速地对刑法立法中的公众意见建议全部识别、有效沉淀和精准输出，举例说明之，现阶段国内传媒普遍存在对刑法草案介绍得不够充分、完整的问题，即便有部分立法背景和相关内容的介绍，但介绍的内容往往也剑走"偏锋"，题目做得很"跳"，但没有围绕公众真正想知道和了解的立法内容和背景素材展开精准的信息供给，有题目没有内容，有观点没有论证，有信息没有体系。此外，传媒对公众就刑法立法典型性的意见和争议点也缺乏针对性的分类归纳和整理，有时候甚至为了吸引眼球故意将某些缺乏常识的公众意见凸显出来，进行误导性的新闻报道。其次，传媒也可能会被利用。传媒本身并不生产知识，它只是在立法者和公众之间进行刑法立法信息和知识地来回搬运，发挥信息聚合和传播之功能。因此，它没有也不可能有足够能力对所搬运知识和传播信息的真假作出全面科学判断，一旦别有用心的个体出于某些不可告人的动机向传媒提供了误导性甚至虚假的信息而传媒又恰好没有识别出来，那么，此时传媒围绕该信息的公开报道就事实上放大了信息的危害性，如此一来，本是再次凝聚社会共识的刑法立法公众参与就极有可能因为传媒被利用而出现虚假信息满天飞的情况，一旦这些信息又被最高立法机关捕捉甚至在民意压力下进行"仓促性"的刑法立法，就极容易给立法科学性带来系列严重的后果。例如，别有用心的个体通过各种途径向传媒提供社会安全形势急剧恶化的虚假信息，一旦传媒未经审慎辨别便接受这些信息并加以广泛传播，一种安全焦虑的风险画面就会直接呈现在公众面前，受此影响，公众对安全刑法立法就会保持极强的立法路径依赖并迅速将其转化为高涨的刑法立法参与热情，进而出现"媒体热议—公众呼应—立法跟进"的立法连锁反应，可惜的是，这种追随式刑法立法从一开始就是建立在虚假信息基础上，那么，根据其所制定的刑法立法的科学性势必就会大打折扣，而这正是过度依赖传媒发声的刑法立法公众参与所面临的重大挑战。最后，传媒报道的负面效应不容忽略。流行的传媒话语表达方式和内容多充斥着抽象的普世价值原则，虽然对受众具有很好的传播效果。但是，原则不决定行动，如果传媒无须调查立法背后复杂之经济社会条件，仅是希望凭借从权利、自由、正义和平等这类抽象原则中演绎并得出法律应当以及如何规制什么的正确答案，那么，大概率就会滑入立法误区，在此过程中，立法过程应有的实证、权衡、博弈和承认的价值将被大大消解，与此相适应，情绪性、随意性和主观性的刑法立法的风险大概率增加。[①] 人们必须充分认识到，刑法立法公众参与如果过度依赖传媒发声将会使刑法立法事实上处于媒体话语霸权和民粹政治的笼罩之下，这种压力有可能促使立法者非理性地改变对立法资源的原有配置，转而在传媒话语及其建构民意政治压力下仓促推动刑法立法，只是这种回应性的立法模式往往具有较强的功利性和权宜性，刑法立法事实上沦为缓解社会压力和民众情绪的工具，正如卡拉布雷西进一步阐明的"如果法律和政治制度过于频繁地对变化做出反应，那么暂时性的和不稳固的多数人就极易加强他们的意志。新的法律获得通过，随之而来的，则是在下届选举之后又很快地被抛弃。这将导致不确定性，导致法律制度所设定的正当预期的落空。更有甚者，激变会在社会上制造深层的断裂，而这种断裂是更缓慢的、有机的变化本可以避免的"。[②]

2. 公众参与的效果不稳定

公众参与的效果不稳定，是非建制化阶段刑法立法公众参与中普遍存

[①] 吴元元：《传播时代的立法泛化及其法律规制》，《中国地质大学学报（社会科学版）》2016年第3期。

[②] ［美］盖多·卡拉布雷西：《制定法时代的普通法》，周林刚等译，北京大学出版社2006年版，第6页。

在的问题。所谓公众参与的效果是指公众围绕刑法立法的意见和建议能够直接或间接地影响最高立法机关在后续正式立法程序中的刑法立法过程或者结果。如前文所述，非建制化阶段的刑法立法公众参与，大多滥觞于社会热点事件中涉及现有刑法立法的规定是否合理、完备和充分等内容，例如，国家强力反腐背景下公职人员收受礼金行为要不要入刑就经常成为非建制化阶段公众商谈的议题之一，然而，需要注意的是，该阶段公众对刑法立法的讨论虽然热闹非凡，但引起立法机关真正关注并采纳的研讨成果的并不多也不稳定，更不用说成为之后的正式刑法条文了。应该说，这里面的原因有很多，但大致可归结为以下几点：首先，普通公众同最高立法机关直接面对面互动交流机会并不多，尤其是在非建制化阶段的公众参与，它仅是停留在公共协商领域并没有正式进入正式的政治商谈领域，公众直接接触最高立法机关并进行有效交流的渠道和机会较少，即便公众热烈地对刑法立法发声也极有可能在反馈给最高立法机关过程中被人为减弱、篡改甚至是消音，而另一方面，刑法立法其他相关方面又同最高立法机关保持着密切联系，例如国务院相关部委局、最高人民法院和最高人民检察院等国家机关，正如有学者指出："实际上，全国人大及其常委会在立法中已形成一个惯例，即制定任何一部法律，都有其他相关国家机关的深度参与和介入，都共同讨论和解决一些主要和关键的问题。"[1] 两相比较的结果就是，我们必须承认，现阶段普通公众在非建制化阶段对最高立法机关的影响力与渗透力总体上还是相对较弱，公共领域围绕刑法立法发声的公众参与既没有正式的表达渠道更缺乏对最高立法机关听取相关意见的强制约束力，公众参与能否取得实效有很大的偶然性，换言之，刑法立法公众参与效果不稳定。其次，公众参与态度和能力滞后问题。刑法立法公众参与的效果，不仅取决于公众的积极参与态度，还取决于公众的现实参与能力。就公众参与态度而言，刑法立法是全社会的公开产品，成功的刑法立法将会给所有的公众带来利益和福祉，失败的刑法立法则意味着相应社会风险均摊在所有公众身上，正如管理学中不付成本而坐享他人之利的"搭便车"理论所揭示的那样，公众总是希望别人能积极参与刑法立法，带来更多更好更成功的刑法立法公开产品，而容忍自己不付出任何成本就能享受成功的刑法立法所带来的福利，正如亚里士多德所言："许多

---

[1] 刘松山：《国家立法三十年的回顾与展望》，《中国法学》2009年第1期。

人共有的东西总是被关心的最少，因为所有人对自己东西的关心都大于对与其他人共同拥有的东西的关心"，① 尤其是一个优质且稳定可靠的刑法立法意见和建议，需要进行大量立法访谈、调研、座谈等耗时性的实证考察、审慎周密的方案构思和创造性的制度设想，因此，公众更希望他人而不是自己来付出这种额外的立法调研时间和成本，只是当所有人都抱有这种立法"搭便车"思想，② 就极可能会导致最后没有人或者很少人愿意参与到刑法立法中，如此一来，刑法立法公众参与效果稳定性又该从何谈起呢？就公众参与能力而言，非专业化、分散性的个体公众限制了刑法立法公众参与的效果想象。正如人们所了解的那样，刑法立法是一项高度专业性的工作，不仅要遵循基本的刑法立法原理还要关照刑事司法运行和普遍守法的内在规律，对诸如知识产权等专业性较强的刑法立法还要求公众具有相应的专业知识，对现有刑法立法的语言、结构、体系和内容公众也应该有个大致了解，可以说，刑法立法本身是一项公正平衡各方利益诉求、系统观照各种可能性社会后果的实践活动，是一个立法经验不断累积、立法技艺不断砥砺的过程，在这个过程中，公众的良知、公众的立法判断力、领悟力、立法智慧、立法技艺都变得极端重要，而这显然是非建制化阶段刑法立法公众参与中绝大多数公众所无法具备的，他们大多只是个普通的公众，并没有什么过人的专业能力和本领，即便是在政治商谈领域，作为各行各业精英的全国人大代表都不能保证所提刑法立法的提案就一定科学妥当，又何谈是普通公众呢？此外，非建制化阶段公众对刑法立法的意见如何提交、向谁提交、最高立法机关如何受理、如何对待网民评论、评论如何反馈、评论期间有多长等等，现阶段也缺乏可操作性的详细规定，这同样影响了该阶段刑法立法公众参与效果。

---

① 经济学上讲了个有趣的案例，镇上有块草地是公地，它不归任何一个家庭所有，每个家庭都把自己家里的羊牵到这里免费吃草，然而，随着时光的流逝，镇上人口在增加，镇工地上的羊也在增加，而土地数量是固定的，土地开始失去自我养护能力，最后，土地上放牧的羊如此之多，以至于土地变得寸草不生，这就是所谓的公地悲剧，每个人都只想在公共产品上索取利益而不知道付出，最终，所有人都将面临利益损耗。参见［美］曼昆《经济学原理（微观经济学分册）》，梁小民、梁砾译，北京大学出版社2015年版，第241页。

② 20世纪50年代，以萨缪尔森为代表的传统福利经济学家则认为由于公共物品的非排他性，由市场供给公共物品是缺乏效率的，个人在"搭便车"的激励下，并不愿意为集体利益支付任何成本，公共物品供给存在典型的市场失灵问题，因此强调依靠"政府之手"来解决公共物品的供给问题。

3. 公众参与的技术促进悖论

所谓刑法立法公众参与的技术促进悖论，它是指数智技术虽然有助于提升刑法立法公众参与的效果，但技术并非万能，一旦利用不当它也有可能影响刑法立法公众参与的效果，正如前文所述，兴起并存在于公共领域刑法立法的公众参与由于缺乏正式的参与渠道，公众参与刑法立法的效果稳定性和实效性在不同程度上会受到影响，为了弥补这一劣势，引入互联网数智技术就成为改善非建制化阶段的刑法立法公众参与效果的重要手段，网络数智技术不仅极大地降低了刑法立法公众参与中的公众之间的人际沟通成本，提高了公众参与的效率，还能通过诸如电视辩论、网络直播等互联互通方式提升了公众意见的穿透力和影响力，增强刑法立法公众参与的质量。可以说，网络数智技术正在重塑非建制化阶段刑法立法公众参与的存在方式和内容，并不断拓展公众参与的活动空间。然而，对互联网数智技术在非建制化阶段刑法立法公众参与中的地位作用，我们也不宜过分"抬高"甚至于陶醉其中，必须辩证看待，换言之，我们既要看到互联网数智技术运用带给刑法立法公众参与的积极一面，更要看到互联网技术广泛运用给刑法立法公众参与可能造成的现实隐忧。首先，刑法立法公众参与中的技术能否广泛运用并取得实效必须兼顾到我国不同地区公众的文化素质和信息素养，尤其是他们对资讯的掌握程度、信息理解能力和技术使用习惯等诸多因素，甚至还要考虑技术赋能刑法立法公众参与内容和方式同刑法立法公众参与其他途径方式是否兼容的情况，不能一味地迷信技术决定一切的理念，否则，就有可能因为忽略公众的实际情况而使技术在刑法立法公众参与的推广运用中大打折扣甚至是功亏一篑，进而使得刑法立法公众参与的预期目标被搁浅。例如，对我国某些边远贫困地区的公众而言，他们无论是在利用互联网数智技术获取信息的意识还是在能力上都相对欠缺，甚至于，极少数地区的公众获取刑法立法的资讯并不是依靠网络技术，而更多的是依赖传统的口耳相传的方式，在这种情况下，如果人们还固执地坚持认为，通过互联网数智技术的推广运用就可以一劳永逸地解决公众参与刑法立法中面临的刑法立法资讯获取问题，那么，我们显然就是在犯典型的"形而上学"的错误，因为，互联网技术在这里对公众很难起到作用，至少无法发挥关键性的作用，相反，它还给人们造成这样一种错觉：那就是互联网技术已经解决了所有信息供给问题，而实际上这些问题和困难并没有得到真正的解决，那部分公众依然难以获取参与刑法立法所需要的刑法立法相关资讯，而没有充分信息积累的公众群体依然难以甚至是不可能有序有效参与到刑法立法中,更为严重的是,因为这种对技术迷信和绝对信赖还让我们因此减少甚至忽略了本可以继续针对他们信息获取不足这一实际情况的其他帮助措施。其次,技术的广泛运用可能加剧而不是减少公众对刑法立法计划以及在刑法草案起草、调研、审议、评估、宣传、实施过程中的反对程度。在刑法立法公众参与的广泛实践中,一个经常被人们所忽略的情况就是,互联网数智技术的广泛运用还有可能放大刑法立法草案的缺陷,方便快捷的信息交往和互动很容易使本来只是略有瑕疵的刑法立法草案被网络迅速放大,在此情况下,公众对刑法草案某处瑕疵的批判就极有可能发展成对整个刑法草案的否定,出现公众"因噎废食"的不理性立法参与情形,同时,刑法立法公众参与中的技术推动运用还可能促使公民在立法中产生新的关注点,例如,最高立法机关通过互联网公开的刑法草案征求意见稿本身并没有引起公众兴趣,公众反而将注意力集中在刑法草案中其他方面的问题并就该问题持续发声和讨论,这就极易偏离刑法草案征求公众意见的制度设计初衷,造成宝贵的立法资源的浪费,而且也不利于刑法草案本身内容的最后完善。最后,刑法立法公众参与中相关互联网数智技术支持的价值远没有提供支持的环境状况那么重要。技术支持并不能代替更不能弥补刑法立法公众参与中的固有的不足,相反,围绕法治社会建设和"党委领导、人大主导、政府依托、各方参与"科学立法工作格局不断完善的整体环境才是决定刑法立法公众参与有序有效的更为关键的因素,换言之,只有当技术支持成为刑法立法公众参与的一个部分,并兼顾公众参与刑法立法其他指导原则时,它才能真正在刑法立法公众参与过程中发挥更大的作用。

(二) 建制化阶段的刑法立法公众参与

建制化阶段的刑法立法公众参与将目光投向了政治领域的公众商谈,该阶段的立法商谈不仅要聚焦商谈程序的有序性,更要关心商谈内容的有效性。目前,建制化阶段刑法立法公众参与的实践迷思主要体现在公众介入刑法立法的时间偏晚、公众参与刑法立法程序不完善、刑法立法公众参与配套机制虚化和保障机制弱化等方面问题。

1. 公众实质参与刑法立法的时间偏晚

非建制化阶段公众可以就任何他感兴趣的社会越轨行为的刑法立法规定发表看法,刑法立法公众参与没有任何时间和场域的限制,然而,这种情况在建制化刑法立法阶段似乎发生了一些变化,建制化阶段公众介入刑法立法的时间法律具有明确规定,换言之,公众什么时候可以介入、以什么方式介入刑法立法要受到我国《立法法》的相关规定调整。依据我国现行《立法法》第40条的规定:"列入常务委员会会议议程的法律案,应当在常务委员会会议后将法律草案及其起草、修改的说明等向社会公布,征求意见,但是经委员长会议决定不公布的除外"。也就是说,围绕建制化阶段公众正式参与刑法立法的时间是在刑法草案经全国人大常务委员会会议第一次审议之后,然而,事实上,刑法立法是前后相接的衔接性和系统性的专门立法活动,对刑法草案设置"三审制"的一般立法程序固然是刑法立法中的重要环节,但这并不是意味着诸如刑法草案审议、评估前的立法规划和年度立法计划①甚至立法机关围绕刑法立法的前期起草、调研活动就不重要了,它们虽然不具有法律上的任何制度性约束力,但在立法实践却起着非常大的作用,以立法规划和年度立法计划为例,最高立法机关是否将刑法立法纳入立法规划和年度立法计划,纳入什么样类别的立法项目直接影响甚至决定着刑法立法出台的时间表,尤其是在"严进宽出"的立法惯习下,顺利纳入立法规划和年度立法计划是最高立法机关推动并开展刑法立法的第一步,立法规划和年度立法计划的制定和调整直接关涉刑法立法的时间安排、实施方案和推进力度,更是对之后刑法草案的调研、审议、评估、表决、公布、宣传和实施具有非常直接的影响。然而,正如前文所述,现有建制化阶段的刑法立法公众参与仅是在刑法草案第一次审议之后才向公众正式征求意见建议,对立法规规划和年度立法计划、立法调研等阶段的刑法立法问题,公众参与总体还是很不够的,在一些地方,公众对立法规划和年度立法计划不了解、不清楚、不掌握等情况仍不同程度存在,公众实质参与刑法立法的时间偏晚。需要指出的是,如果刑法立法中公众参与仅是某个阶段性民主仪式,这就会影响整个建制化阶段刑法立法公众参与的进程和实效。欣喜的是,近年来立法机关自觉践行全过程人民民主,通过基层立法联系点听取公众立法意见建议,公众实质参与刑法立法的时间节点不断提前,相关经验值得总结推广。

2. 公众参与刑法立法的程序不完善

程序正义是立法在政治商谈领域的核心要义,遵循严格的立法程序是

---

① 根据立法惯例,刑法立法规划和立法计划是最高立法机关在广泛征求各方面意见基础上制定出来的用以指导具体刑法立法活动的规范性文件,具有严格的商谈程序与规则,立法商谈主体也相应呈现明显的专业化和精英化色彩,因此,可将其视为建制化阶段的刑法立法活动。

建制化阶段刑法立法的重要内容和显著特征，因此，当我们审视建制化阶段刑法立法公众参与实践迷思，公众参与刑法立法的程序是否完善无法也不可能回避。立法程序有抽象和具体之分，鉴于此，笔者从作为刑法立法公众参与程序的共同问题和具体问题为例分别展开探讨。

（1）作为参与程序的共同问题

首先，刑法立法公众参与程序的规定粗条化。根据《立法法》的相关规定，目前建制化阶段刑法立法公众参与主要通过参加相关部门主持召开的座谈会、论证会和听证会等形式来实现，[①] 然后，现行《立法法》及其相关规定对刑法立法公众参与之座谈会、论证会、听证会如何具体运作却多是一笔带过，并没有对参与程序的具体的运行和保障机制作出详尽的规定，然而，古今中外，法律正义的身影从来都是倒映在具体法律细节里而不是驻足于抽象的法律文本规定中，诸如对座谈会、论证会和听证会等刑法立法公众参与粗条化的程序规定不仅使得相关规定操作性不够，增加规定执行中的形式化风险，而且相关程序规定欠缺统一的操作性标准还可能在实践中造成"政出多门"后果，立法座谈会、论证会、听证会就会在一个地方有一个做法，一个部门有一个做法的问题，进而严重损害刑法立法全过程人民民主的价值意蕴。例如，对刑法立法公众座谈会中的公众代表的选拔方式、职业构成比例等缺乏具体规定，就会导致实践中屡屡出现以政府部门为代表的公职人员占据立法座谈会绝对多数比例的情况，有的立法座谈会甚至没有一名普通公众代表。再如，如果对刑法立法公众座谈会、论证会和听证会中运行方式、运转流程和公众发言顺序和时间限制等没有作出任何的程序规定，就会导致实践中屡屡出现公众立法的话语霸权和无效发声等情况，因为不同的发言顺序和发言时间限制对公众参与刑法立法的进程和效果影响颇大，一旦处理不当，必将损害刑法立法践行全过程人民民主的价值根基，正如有学者指出："座谈会、听证会等形式如果没有科学的代表产生机制，将很容易异化为立法机关自身'前见'的正当化论证，非但起不到汲取民意、实现价值理性之民主目标，反而导致立法机关过度依赖媒体话语的偏狭性认知框架愈发牢固。"[②] 再譬如，《立

[①] 《立法法》第39条的规定："列入常务委员会会议议程的法律案，宪法和法律委员会、有关的专门委员会和常务委员会工作机构应当听取各方面的意见。听取意见可以采取座谈会、论证会、听证会等多种形式。"

[②] 吴元元：《传播时代的立法泛化及其法律规制》，《中国地质大学学报（社会科学版）》2016年第3期。

法法》虽然规定了立法机关在审议、评估刑法草案的时候有听取有关方面意见建议的义务，但对刑法立法的利害关系人如何参与刑法立法程序的规定仍不够明确，尤其是利害关系人和普通公众围绕刑法立法提出意见建议的具体立法参与程序要不要区分？如何区分？换言之，他们分别应该通过什么样的立法程序提出具体的刑法立法意见建议？尤其是对听取的有关方面意见要不要以及如何分类公布，对其中采纳的公众意见要不要反馈以及如何反馈，对不予采纳的意见要不要及时说明理由等，均缺乏具体的细则化规定。此外，法律对公众是否可以以及如何参与刑法立法解释和刑法立法后评估、监督和宣传工作规定也不够细致。[1] 我们必须充分认识到，当前粗条化的刑法立法公众参与的程序规定，无论是公众参与刑法立法的范围、具体步骤，还是刑法立法公众参与的具体规则，或没有明确规定，或规定得不够具体，从而给我国立法实践预留较大的操作性空间，而这正是影响刑法立法公众参与实践效能的重要方面。

其次，刑法立法公众参与程序刚性不足。刑法立法公众参与程序是否实际运行存在不确定性在立法实践中广受诟病。举例说明之，根据我国《立法法》相关规定，"听取意见可以采取座谈会、论证会、听证会等多种形式"，这里法律条文使用的是授权性规定之"可以采取"一词，而不是肯定性的"应当采取"，如此一来，就赋予了相关立法机构相当大的自由裁量权，即它可以选择召开也可以不召开立法座谈会等公众参与形式。此外，对"法律案有关问题专业性较强，需要进行可行性评价的，应当召开论证会，听取有关专家、部门和全国人民代表大会代表等方面的意见"，这里的"等方面的意见"的"等"到底包不包括普通公众也不是十分明确，实践中更多是由立法机关自主来决定。此外，"法律案有关问题存在重大意见分歧或者设计利益关系重大调整，需要进行听证的，应当召开听证会，听取有关基层和群体代表、部门、人民团体、专家、全国人民代表大会代表和社会有关方面的意见"，这里虽然指出了立法必须听取公众意见，但对何谓"重大分歧和利益关系重大调整"以及这种分歧和利益关系重大调整是否达到"需要进行听证"地步的判断权仍然属于立法机关，即便公众认为刑法立法草案中的一些问题存在重大分歧需要进行听证，但立法机关依然可以认为不存在重大分歧并"依法"否决公众要求

---

[1] 例如《立法法》第51条规定："法律解释草案经常务委员会审议，由宪法和法律委员会根据常务会组成人员的审议意见进行审议、修改，提出法律解释草案表决稿。"

举行相关听证会的提议,换言之,公众在法律上确实被赋予就某类重要立法草案中的争议问题进行充分参与的权利,但实际上决定公众参与的可能不仅需要《立法法》文本上的规定,更有赖于立法机关公正准确地理解好《立法法》的立法本意并将其付诸实践,否则,即便法律规定的再完善,刑法立法公众参与实践都有可能出现有程序不执行的法治偏离现象。总而言之,现有《立法法》虽然确立了民主立法原则,也赋予了公众参与刑法立法的权利,但在关于公众参与刑法立法的程序性规定中,是否需要吸收公众参与刑法立法,公众以何种方式参与刑法立法,邀请哪些公众和多少公众参与刑法立法,很大程度上都取决于立法机关基于民主理解上的自我意志决定,一旦他们没有准确理解并把握好刑法立法过程中的全过程人民民主之真谛,那么,刑法立法公众参与立法程序能否恰当执行就会面临很大不确定性,由此,建制化阶段刑法立法公众参与中的民主立法价值意蕴就会面临被克减的命运,最终也将损害科学立法和立法的科学化,正如党的十八届四中全会所指的立法"未能全面反映客观规律和人民意愿,针对性、可操作性不强,立法工作中部门化倾向、争权诿责现象较为突出"。[1]

(2) 作为参与程序的具体问题

首先,网络、报纸等媒体向公众征求意见的缺陷。通过网络、报纸等媒体征求公众意见和建议是近年我国刑法立法修正的一贯做法和鲜明特色,[2] 是中国刑法立法践行全过程人民民主的生动实践,然而,这种公众参与刑法立法的程序制度设计在实践中也暴露出了不少问题。其一,缺乏针对性。通过网络、报纸等媒体公开征求公众意见是面向所有公众的刑法立法公众参与,问题在于,并不是所有公众都愿意为刑法立法付出足够时间、精力和智慧,也不是所有公众都有能力参与到刑法立法中,如果只是"大水漫灌"的征求公众意见,不仅可能消弭众多公众意见中的那些真知灼见,使得那些真正愿意也有能力参与刑法立法的公众声音得不到应有重视,而且客观上还会使立法机关处理公众意见和建议的工作量显著增加,尤其是当最高立法机关并没有为此做好充分准备的时候,公众还会质疑为

---

[1] 《中共中央关于全面推进依法治国若干重大问题决定》,《人民日报》2014年10月29日第01版。

[2] 例如,2014年11月4日,《刑法修正案(九)(草案)》经第十二届全国人大常委会第十一会初次审议之后,相关刑法草案条文和草案说明以及草案和刑法有关条文对照表就被立法机关迅速公布在中国人大网以及其他报纸媒体上,正式向公众征求对刑法立法的意见和建议。

什么自己的声音得不到立法机关应有的关注，进而认为刑法立法公众参与不过是立法机关的一场民意"作秀"而已，如此一来，本是彰显民主化的公众参与最后却酿成不民主化的公众立法观感，人们不禁要问，谁之过？其二，过程不可控。网络、报纸等媒体使得公众对刑法立法的意见和建议在最大范围、最大程度和最大限度公开，它不仅是公众意见的单向传播渠道，也是公众意见互动碰撞的话语场域，在此过程中，公众意见容易受到各种因素的影响，甚至还容易被某些具有不良企图的利益集团所诱导，一旦公众民意被不当误导，出现立法中的民意偏差，在沸腾的公众立法呐喊和欢呼中，留给民意的就只是激情而不可能是公意，而在激情主导下的刑法立法又谈何科学立法呢？其三，单向被动性明显。实践中，通过网络、报纸等媒体方式公开刑法草案和立法说明往往存在一"开"了之的情况，立法机关在网络和媒体等媒介上公布刑法修正草案文本和立法说明后，大多只是消极被动地等待公众参与刑法草案的讨论并提出意见和建议，现行立法既没有对通过网络、报纸等媒体征集到的公众意见和建议是否需要向公众反馈的强制性规定，[①] 也没有很好地关注并了解通过网络、报纸媒体等方式向公众征求刑法立法意见建议时，公众是否参与，是否有能力参与，征求意见的1个月时间够不够等问题，单向被动性的参与特征凸显，严重影响了刑法立法公众持续、有效的高质量参与。

其次，刑法立法听证会的缺陷。刑法立法过程中，如果对某些刑法条款有争议或者涉及公众利益关系重大调整的，立法机关往往会举办立法听证会，听取公众对刑法立法的相关意见和建议，应当说，这是促进立法机关和公众良性互动沟通的重要形式，也是目前我国刑法立法公众参与中备受推崇的民主方式。然而，备受推崇的公众参与方式并不意味着就是最为完美的公众参与方式，目前我国刑法立法听证会的不足主要表现为以下几个方面：其一，参加听证会的公众的代表性有待提升。刑法立法听证会一般只是邀请部分公众的小范围内进行，因此，就必须保证立法听证会所选听证代表的代表性，尤其是要保障同拟刑法立法具有利害关系的人员有机会参与其中，然而，目前相关法律对参加听证会的听证代表的资格标准、

---

① 我国《立法法》第41条规定："列入常务委员会会议议程的法律案，常务委员会工作机构应当收集整理分组审议的意见和各方面提出的意见以及其他有关资料，分送宪法和法律委员会和有关专门委员会，并根据需要，印发常务委员会会议。"可见，《立法法》并没有直接涉及立法机关是否要向公众集中反馈法律草案征求意见和建议情况的规定。

履职条件、选拔程序和保障机制均缺乏明确性规定,立法者事实上对谁能参加立法听证会拥有很大的自由裁量权,甚至可以事实上决定参加听证代表的身份和范围。实践中,立法者出于各种利益因素的考虑,往往选择自己认为"靠得住""稳得住"的人参加刑法立法听证会,这就让人有"瓜田李下"之嫌,如此一来,立法机关表面上虽然赋予公众参与刑法立法听证会的权利,但反过来他又同时具有划分谁是公众的"自由",那么,籍希望通过听证会的刑法立法公众参与的民主价值又该如何体现呢?它不仅很难保证刑法立法多元利益格局中的不同利益相关者的平等利益表达机会,还使刑法立法公众参与的意义变得荡然无存,即它只不过是立法者论证刑法立法彰显民主化的工具而已。其二,听证会的实质商谈功能弱化。由于目前法律法规对刑法立法听证程序中各方权利义务内容没有明确的规定,正所谓,无规矩不成方圆,作为刑法立法听证程序核心之主体间权利义务内容如果都没有具体明确的话,那么我们又该如何期待听证各方能够就刑法立法内容进行实质性的交流、讨论和辩论呢?实践中,一些刑法立法听证会就沦为仅是为了向公众说明或展示已经确定好的刑法立法内容的再论证、再表态,无论是听证过程还是听证内容都存在许多"被安排"的痕迹,为了听证而听证,为了造势而听证,本身是很好的立法民主形式就这样在实践中异化成了"花拳绣腿",极少数立法听证会甚至还沦为立法机关以民主的幌子推卸责任的工具,这不仅制约了立法听证会应有作用发挥,更严重影响了刑法立法听证会的公众认同感。

最后,刑法立法座谈会的缺陷。通过召开座谈会邀请公众参与刑法立法是较为传统的典型公众参与方式,它的优点就是范围小、人数不多,主题相对确定,各方能够就刑法立法草案中的焦点问题面对面进行深度的、充分的交流和辩论,类似于一种实质商谈程序,也比较容易达成刑法立法意见的内容共识,但它同样也面临不少问题,例如,立法座谈会的参会人员也就是征求意见对象往往缺乏代表性,参加者以专家学者、政府部门代表和立法机关代表居多,普通公众很少受邀参加这类座谈会,导致征求的立法意见不能充分且均衡地反映各阶层各部门各方面的各种利益,从而无法实现立法参与程序所承载的大众价值理性。除此之外,刑法立法座谈会召开一般也比较封闭式和随意化,缺乏像立法听证会那样具有相对规范化的参与程序,除非主动公开,外界很难了解立法座谈会的内容、进展和结果的情况,这在一定程度上损害了作为程序正义的现代立法技艺。

综上所述，现阶段我国刑法立法公众参与程序仍然不够完善，形式参与、部分参与和被动参与的问题在一定程度上仍然存在，距离在立法中全面践行全过程人民民主的要求仍有差距，虽然公众在立法规范甚至在实践中获得了不少直接参与刑法立法的权利，但这个权利仍然是不完整的，它有赖于公众参与刑法立法程序得更加完备和有效。

3. 刑法立法公众参与的配套机制虚化

刑法立法公众参与的制度设计不是单独的制度呈现，不是纯粹的制度线性逻辑演绎，它应该也必须是一个系统集成完备的制度"束"，在这里面，既要有主干性的基础制度，例如前述的刑法立法听证会、座谈会、论证会等方式，再如兴起于我国民主立法实践的基层立法联系点制度，更为重要的是，它还依赖于完备的刑法立法公众参与的配套机制。遗憾的是，当前我国刑法立法公众参与的配套机制还有待进一步健全和完善。

（1）刑法立法信息公开有待加强

"没有任何东西比秘密更能损害民主，公民没有了解情况，所谓自治，所谓公民最大限度地参与国家事务只是一句空话。"[①] 对刑法立法公众参与来说亦是如此，如果刑法立法信息不能及时、准确、全面地公开，公众就很难获取广泛而有效的刑法立法信息，最终，通过刑法立法公众参与来实现立法民主的"说辞"终究不过是立法机关说给公众听的"美丽谎言"。近年来，我国立法机关主动践行全过程人民民主理念，围绕刑法立法中的立法信息公开做了大量的工作，也取得了长足的进步，但我们仍要清醒地认识到，现阶段刑法立法信息公开大多仍停留在刑法立法草案文本的公开，虽然也有关于刑法立法草案的情况说明，草案修改背景、变化及其合理性阐述，但对形成刑法草案文本的前期立法调研报告、座谈记录、专家论证事项、争议内容和刑法这样立法可能引发的负面效应等更深层次立法细节内容几乎不公开，换言之，公众只看得到刑法草案内容的优势，很难看到与之相关的隐忧和风险，同时，最高立法机关对刑法立法草案形成前的立法规划和年度立法计划的公开内容也极为简单，只有拟立法项目的名称和审议阶段，没有更多关于背景、征求意见情况等实质内容的公开，聊胜于无，这就直接造成面向公众公开的刑法立法信息的严重"缩水"，公众获取相关刑法立法信息的容量和质量大大被限制，无疑这

---

① 王名扬：《美国行政法》，中国法制出版社1995年版，第959页。

极大妨碍了公众有序有效地参与刑法立法。实际上，刑法立法信息公开的信息应当定义为同拟刑法立法一切相关的密切信息，只要任何对公众参与刑法立法有帮助的信息都应归为此类，如此，方能最大程度保障公众对刑法立法信息的知情权，为公众有序有效参与刑法立法争取更多的胜算。举例说明之，2017年10月16日，十二届全国全国人大常委会第102次委员长会议决定十二届全国人大常委会第三十次会议将审议《刑法修正案（十）》草案的消息公布以后，顿时包括学界在内的社会舆论纷纷预测本次《刑法修正案（十）》将对我国现行刑法进行系统修订，有学者甚至还精确猜测《刑法修正案（十）》将全面推进刑罚轻缓化、多元化、社会化，完善重罪、轻罪、微罪分层以后的相关配套制度，等等。[①] 然而，在之后的《刑法修正（十）》草案中却只有侮辱国歌罪一个刑法条文的修正，令许多公众大跌眼镜，直呼"完全没有想到"，这从侧面印证了当前我国刑法立法信息公开不够的问题并非子虚乌有。除此之外，刑法立法信息的精准公开制度和信息公开的考核监督机制还有待完善，前者是指刑法立法信息公开不能够区别不同的信息受众来针对性满足个别化要求，不能够区别不同的信息内容来针对性满足个别化要求，如前所述，通过互联网和纸质媒体的刑法立法信息公开固然能够大大提升信息传播的范围和效率，赋能刑法立法民主品格，但是，对某些不掌握信息技术和文字识读能力较差的贫困边远地区公众而言，这些信息公开渠道就不是精准化信息公开甚至是无用的信息公开；后者是指对立法机关围绕刑法立法信息公开态度和能力的考核监督机制尚不健全，例如，全国人大及其常委会的相关职能部门是否公开了刑法立法信息？所公开的信息是否及时、充分和完整？及时、充分和完整的信息是否顺利地被公众有效的理解并掌握？诸如此类信息公开的制度目前尚缺乏细致化的考核监督机制，这不仅直接影响刑法立法信息公开的质量，损害刑法立法信息公开的可持续性，最终也会侵蚀民主立法价值意蕴。

（2）刑法立法公众参与效力有待明确

刑法立法公众参与的效力主要针对建制化阶段公众围绕刑法立法的意见和建议是否以及在多大程度内对立法机关有相应的制度化约束力的问题，如果没有任何约束力，立法机关"两眼不观公众事"或仅是将公众

[①] 孙本雄：《刑法完善有待全面修订》，《检察日报》2017年10月16日第03版。

参与刑法立法的过程和成果当作是"走过场",那么,作为民主立法实践的刑法立法公众参与的程序价值就会备受质疑,更遑论刑法立法公众参与的实体性价值了。可以说,刑法立法公众参与是否有以及有多大效力是检验现代立法公众参与制度真伪的试金石。遗憾的是,目前,我国刑法立法公众参与的效力并不十分明确,公众的意见建议能否被立法者接受很多时候是带有偶然性和不确定性,在立法实践中,以下两种刑法立法公众参与效力的极端倾向值得我们反思和警惕:一种是公众参与刑法立法过程中所提意见和建议对立法者毫无约束力,不管公众对某个刑法条文的立改废释的呼声有多大,不管公众对某个刑法立法条文立改废释的意见和建议有多少,不管公众对某个刑法立法条文立改废释的论证有多么的充分和完备,立法者仍然是置若罔闻,我行我素,既不回应,也不解释,固执己见地"沉默式"立法或者做出同公众普遍意志相反的刑法立法,如此一来,公众参与刑法立法就会出现"人民形式上有权,实际上无权现象",公众参与某种意义上仅是立法机关论证刑法立法的民主性和正当化的工具,至于立法中的公众意见是否科学合理并非优先的议题或根本不会考虑。另一种是公众参与刑法立法过程中所提意见和建议的绝对话语垄断权倾向,甚至于可以违背或者搁置正常的立法程序。例如,在《刑法修正案(九)》草案一审和二审中完全没有涉及对嫖宿幼女罪废除的相关内容,但由于在之后草案审议过程中,贵州习水案被媒体突然披露出来,一下子宛如"洪水滔天"的民意纷纷指责刑法所规定的嫖宿幼女罪是恶法,要求废除之,[①] 而立法者为了迎合民意,在之后的三审立法程序中直接将嫖宿幼女罪的废除纳入其中,虽然这样做并没有违反《立法法》规定,但如此做法却有一点"偷袭立法"的嫌疑,它事实上让原来的一审、二审的刑法立法程序被虚置,使得草案中的嫖宿幼女罪实际上只是经过一次立法审议之后就匆匆交付表决,而这显然不利于立法程序的稳定,尤其是在此过程中损害相关立法草案审议程序的制度可预见性。概言之,参与效力不明确的刑法立法公众参与制度设计,一旦把握不好,无论最终公众意见是否被立法者所接受,都容易将公众陷入极其不稳定的立法民主化"漩涡"之

[①] 2009年,贵州习水案中被媒体曝光后,公众对嫖宿幼女罪的废除再起波澜,一些公众认为,嫖宿幼女罪的最高刑为十五年有期徒刑,远远低于强奸罪的最高刑期,刑法避重就轻不利于保护幼女利益,同时,"嫖宿"一词涉嫌将幼女区分为"卖淫幼女"和"普通幼女",这种标签化做法也不利于幼女重新回归社会。

中，立法者倡导的刑法立法公众参与的真诚度和实施能力将会面临公众的普遍质疑，同时预期中刑法公众参与效果更可能会因此受到影响。

(3) 刑法立法公众参与的渠道有待拓宽

刑法立法公众参与的有序有效必须借助一定渠道方能实现之。所谓渠道是指公众通过特定途径把自己意见建议反映给立法机关以期刑法文本能最大限度地反映公众声音，可以说，多元且畅通的公众参与渠道不仅关乎刑法立法公众参与的制度设计真实性，也关乎公众对刑法立法的民主监督的宪法性权利能否真正得到落实。目前，建制化阶段公众参与刑法立法的渠道主要还是依靠立法听证会、论证会和座谈会等形式，或者是刑法草案一审过后公布并征求公众意见的方式，前者是公众被动等待立法者要约邀请的参与形式，后者是公众主动参与但参与效力不明确的参与形式，总的来说，目前刑法立法公众参与渠道还是有待拓宽赋能，即便是前述《刑法修正案（九）》草案第一次向社会公开征求意见有公众15096人提出了51362条意见，确实在立法民主方面较以往有所进步，但就中国将近14亿的人口基数而言，这点公众参与人数还是远远不够的，换言之，绝大多数公众出于各种原因并没有直接参与刑法立法过程中，有的时候沉默的"围观立法"成为许多公众的现实选项。为此，笔者就该问题专门设计了网络调查问卷，① 问及公众不参与刑法立法的原因是什么？可供选项包括公众认为参与能力不够、参与意愿不强、参与渠道不通畅和其他原因，在收回的2507份的有效问卷中，874个受访者选择了"参与渠道不通畅"的选项，占比34.8%的公众不知道该向哪个部门反映自己对刑法立法的意见和建议，部分公众不知道全国人大宪法和法律委员会和法制工作委员会的差异甚至将两者职能混为一谈，有的公众甚至连自己享有立法参与权都不知道并表示如果对刑法立法有意见或者建议的话，一般也就"与亲朋好友议论"而已，对向哪个部门反映自己的立法意见和建议是一脸的茫然。而立法机关虽然整体上意识到公众参与刑法立法的重要性，但对公众参与刑法立法的渠道创设还远远跟不上公众参与的时代需要，例

---

① 网络问卷调查，通过互联网方式随机向符合要求的公众进行不记名问卷调查方式进行。样本成功采集到2507名公众的看法，其中有：社区、乡村基层干部217人、事业单位工作人员370人、公司及企业工作人员471人、农民及农民工687人、退休干部、职工129人、私营业主287人、城镇无固定职业居民183人、其他职业121人，另有42人没有表明身份，同时，样本覆盖地区情况均衡，东部地区693份，中部地区891份，西部地区923份，大致反映了当前我国人口和地区的分布情况。

如，目前全国人大网站设立了专门的全国人大代表服务区，有专门的代表议案建议（包括立法建议）和办理进度情况的查询系统，但只有人大代表才能登得进去并使用，而对普通公众提供的立法意见和建议，既没有专门的公众意见归纳汇总反馈，公众也无法查询意见的提交和处理情况，这无疑极大地影响了公众参与刑法立法的热情。需要说明的是，勃兴于立法践行全过程人民民主时代的基层立法联系点制度为公众参与刑法立法提供了新渠道，展示了新空间，但对于如何激发更大范围的公众通过基层立法联系点反映社情民意，尤其是如何提升公众通过基层立法联系点参与立法的积极性还需进一步探索。

4. 刑法立法公众参与的保障机制弱化

所谓刑法立法公众参与的保障机制，顾名思义就是保障刑法立法公众参与有序有效的相关制度能够切实得以实施的制度机制。健全的保障机制是推动刑法立法公众有序有效参与的制度依托。然而，一个不得不承认的事实是，保障机制弱化日益成为制约建制化阶段刑法立法公众参与的重要瓶颈，集中表现在以下两个方面：首先，责任机制不健全。虽然我国《立法法》从程序和实体两个方面规定了刑法立法听证和征求公众意见等民主立法和公开立法的内容，但对于实践中立法机关及其工作人员应当举行听证而没有听证、应当征求公众意见而没有征求意见、应当长时间征求公众意见而短时间征求公众意见的行为如何承担责任问题缺乏细致性的规定，同时，对普通公众在参与刑法立法过程中出现的违反刑法立法的法定程序规定、泄露刑法立法过程中应当保守的秘密的行为也没有专门的相应责任机制进行约束。[①] 然而，人类文明制度发展史早已雄辩地证明，没有责任约束的自由行为迟早都将异化甚至滥用，所谓刑法立法公众有序、有效和依法参与也将不可能真正实现。其次，主体保障机制不健全。刑法立法公众参与归根结底是人的参与，包括立法机关及其工作人员和普通公众在内的人的参与。就目前我国立法机关及其工作人员的立法能力而言，无论是部门立法中的部门利益还是全国人大代表专职化不足的现实短板都将对其科学立法能力构成直接挑战，具体来说，诸如在刑法立法中的部门利益容易限制立法机关及其工作人员回应民意的空间，从而影响刑法立法公众参与的预期效果；由全国人大代表及其常委会委员组成的立法机关也可

---

① 王群：《司法公众参与责任制：缘起、内涵与制度路径》，《重庆理工大学学报（社会科学）》2019年第1期。

能因为专职性不够而影响立法机关识别并过滤公众民意的能力，要么盲从民意的"冲动立法"，要么罔顾民意的"关门立法"，从而影响刑法立法公众参与的现实效果，这并不是多余的忧虑，执政党之所以在历次党的报告中不厌其烦地谈要发挥"人大主导立法"的作用以及"优化人大常委会和专门委员会组成人员结构"，或许就是对此类忧虑的最好的说明和政策回应。[①] 就目前我国公众的参与情况而言，由于深受农业文明影响，很多公众固守自给自足的价值观，要么事不关己，高高挂起的处事冷漠，要么运动式参与，激情式选择，以致当前我国刑法立法公众参与中要么理性过剩，要么呈现情绪裹挟的发展态势，然而，这两者均同刑法立法公众参与所需要的理性、平和的价值目标背道而驰。再加上，我国目前仅是基本实现了义务教育的普及，高等教育虽然有所发展，但就总人口数而言，还远难说达到普及化的程度，城乡社会经济文化不均衡发展在我国也将长期存在，这就意味着公众参与刑法立法所要求公众的专业素养和理解能力同现实中的国民素质还有较大差距。当然，更为重要的是，同公众参与密切相关的法治社会在我国发展仍不够健全，社会转型期的一些中国公众更加热衷经济利益的得失，对市民文化、自治和参与精神的践行也相对滞后，而这就从根本上制约了我国刑法立法公众参与的可持续推进。

小结：从刑法立法公众参与的现状叙事到若干规律，从刑法立法公众参与的理论困惑到实践迷思，它不仅展示了刑法立法公众参与在我国的基本现状，更揭示了刑法立法公众参与在我国推进的挑战、经验和机遇。笔者展示刑法立法公众参与的实践迷思并不是要否认刑法立法公众参与本身，或者说实践迷思在某种意义上甚至都不是公众参与本身带来的问题，而是公众无序无效参与刑法立法的直接后果，理解了这一点，我们才能找到理解刑法立法公众参与现实、规律和困境的问题支点并在此基础上寻找破解困境方法的可能，而这也为后文我们探寻刑法立法公众参与的解局之道提供了知识素材。

---

① 党的十八大报告中指出："支持人大及其常委会充分发挥国家权力机关的作用，依法行使立法、监督、决定、任免等职权。"党的十八届四中全会指出："健全有立法权的人大主导立法工作的体制机制，发挥人大及其常委会在立法工作中的主导作用。"党的十九大更是指出："发挥人大及其常委会在立法工作中的主导作用，健全人大组织制度和工作制度，支持和保证人大依法行使立法权、监督权、决定权、任免权。"

第四章

刑法立法公众参与的解局之道

行文至此，有种困惑浮上心头，一方面，我们笃信刑法立法须臾离不开公众参与，另一方面，我们又发现刑法立法公众参与从理论到实践均面临不少的困惑甚至是挑战，我们该如何理解这种认知悖论并走出过往的迷惑呢？首先，我们必须找到造成困惑的真正原因，只有"对症"才能"下药"，只有"查因"才好"问果"，而对刑法立法公众参与困惑的追问不仅要关注表层原因，更要聚焦表象背后的深层实质。其次，探寻并发现刑法立法公众参与困境的症结并不是研究的全部，最终目的还在于找到破解刑法立法公众参与的困境的新路径。为此，我们不仅要有理念论上的指导，更要有方法论的落地，通过理念和方法的交相呼应为公众有序有效参与刑法立法探得新思路，找到新方案。概言之，从问题到方案，从理念到方法是贯穿刑法立法公众参与解局之道的核心议题。

第一节 刑法立法公众参与的困境归因

如前所述，类型化思维是我们破解刑法立法公众参与困境的重要途径，而解剖刑法立法公众参与的困境，我们不难发现，所谓理论困惑和实践迷思其实可归结为两类问题：一类是公众民意溢出效应引发的问题，例如，理论困惑之民意未必可靠的公众观感、民意对刑法立法科学化的潜在威胁、民意模糊了刑法立法公众参与"限度"论等等，这本质属于公众参与者的问题；一类是立法机关及其工作人员的态度和能力瑕疵引发的问题，例如，实践迷思之公众介入刑法立法时间偏晚、公众参与刑法立法的程序不完善、刑法立法公众参与配套机制虚化等等，核心是立法者的问题。鉴于此，分别循着立法者和公众这两条线索去揭开刑法立法公众参与困境的面纱不仅可能也是现实可行的。

一　表层透视：立法者可能被遮蔽与公众可能被误导

刑法立法公众参与本质上是公众通过特定程序和途径向立法者反映自己对刑法立法的意见和建议的过程，毋庸讳言，在此过程中产生的问题和困境理所应当要回到参与刑法立法各方主体的意识和行为的检讨上来，即立法者和公众均有可能对刑法立法公众参与困境承担各自的主体责任，下文将分别展开叙述。

（一）态度抑或能力：立法者可能被遮蔽

所谓立法者被遮蔽，不是立法机构及其工作人员在具体刑法立法过程中不被人们所"看到"，而是指他们在刑法立法公众参与中所呈现态度偏差和能力同中央要求的科学立法、民主立法和依法立法的立法现代化不相适应的状态，使得他们在法律立项、起草、审议、论证、评估、监督和宣传所应当承担的角色作用被功能性的"遮蔽"，具体来说，一些立法工作人员不仅不能有序有效地组织公众参与刑法立法，反而利用抑或虚置公众参与在刑法立法过程中的角色和地位，而这正是导致刑法立法公众参与困境的重要原因。

1. 立法者的态度偏差

如前所述，刑法立法公众参与中之所以会出现这样或那样的理论困惑与实践迷思，同立法者的态度偏差不无关系，其中既有因立法者态度偏差本身引发的问题，也有的是因为立法者态度偏差进而引发的其他次生问题。作为刑法立法公众参与中关键主体之立法者如果在对待公众参与态度上出现偏差，那么刑法立法公众参与实践，要么就是公众的"独角戏"，要么就是公众和立法者之间你来我往的"对台戏"，从而极大影响刑法立法公众参与效果。为此，我们必须正视刑法立法公众参与中的立法者态度偏差问题，即有什么样的态度偏差，偏差是如何产生以及如何运行，又该如何有效应对之。众所周知，刑法立法公众参与既是一种民主化形式，也是一种集体性大众决策实践，在嘈杂而喧闹声音中，公众说什么不确定，什么才是公众真正想说的也不确定，这就在客观上放大了刑法立法过程中公众集体的无意识的情绪宣泄的可能性，一旦立法者态度出现暧昧甚至是偏差，它就可能利用这种无意识的公众情绪宣泄来左右刑法立法进程和结果，由此将民主立法之价值真谛抛之脑后甚至是损害。当前,我国最高立法机关及其相关立法工作人员主动在立法工作中深入践行全过程人民民主理念,采取各种行之有效措施鼓励公众参与包括刑法立法在内的各种立法工作中来,并取得了积极的成效,但不可否认,实践中还是有一些极少数立法工作人员存在民主立法的态度偏差问题,这种态度偏差集中表现为将公众参与视为刑法立法的"工具"和"道具"。其一,将公众参与视为推动刑法立法进程和结果的"工具"。即公众还将在刑法立法过程中扮演重要角色并发挥影响力,只不过此时公众的参与是附庸于立法者的形式参与,立法者主导刑法立法公众参与方向、内容、程度和结果。常见的情形就是,当前述认知态度出现偏差的立法者拟就某类法益侵害行为进行刑法立法,但它害怕该立法因为得不到足够公众的支持而面临不通过的风险,为了获取公众对该项立法草案的支持,它就可能会有意无意地向公众释放某些瑕疵甚至是错误的信息来误导公众,或者把应当及时公开的信息不及时公开,把应当不公开的信息全部违法公开,然后,公众基于对社会情势和法律体系错误认知情况下发表对刑法立法的意见和建议,支持前者拟进行的刑法立法行为,换言之,将某种法益侵害行为入刑或者出罪并不是公众本来的想法,是在认知态度出现偏差的立法者不当鼓惑和不实信息的影响下进而违背本意地支持或拒绝某项刑法立法,公众参与实际沦为立法者立废改释刑法的"工具"。无数事例雄辩地证明,如果立法者围绕民主立法的态度出现偏差,在刑法立法中产生将公众参与工具化的想法,前述诸如刑法立法信息公开不够及时、全面和准确,刑法立法公众参与效力不明确,刑法立法公众参与渠道狭窄化等问题便会接踵而至,因为在参与工具化了的个别立法人员眼中,公众参与本身并没有独立的民主价值意蕴,又有什么必要去创设相应刑法立法公众参与的配套机制呢,更遑论他们愿意真正建构全方位的刑法立法公众参与的保障机制了。其二,视公众参与为刑法立法的"道具"。公众表面上是在立法者安排下参与刑法立法全部过程和各个环节,但实际上一系列貌似合乎程序的公众参与仅是用来论证刑法立法凸显并践行民主价值意蕴的装饰物,公众在刑法立法程序中并没有获得同立法者地位平等、作用相当的角色影响力。对立法者中的一些立法工作人员而言,之所以重视公众参与,更多考虑是因为"民主必须计算选票",而公众参与刑法立法活动具有在民主数量上的绝对影响力,可以提供某项关于证明刑法立法合法性标识的可测量的标准,至少是一种数量上的合法性论证,立法者并不真正关心公众是否参与以及实际效果如何,貌似只要有公众参与,所谓刑法立法合法性问题就能迎刃而解,在这里,刑法立法公众参与的形式意义远大于实质意义。显然,一旦立法者在刑法立法中产生将公众参与"道具化"的想法并将其付诸实施,那么,前述诸如刑法立法公众参与效果不明显,刑法立法公众参与启动依赖立法机关的公权力、公众参与的形式、进程和途径亦多受立法机关节制等一系列程序不完善问题①也就一望而知了。可以说,只要立法者中的一些立法工作人员在刑法立法中虚置公众参与的态度不发生改变,公众就不可能真正有序有效地参与刑法立法,不仅引发刑法立法公众参与前述理论困惑和实践迷思不足为奇,更不要说指望立法者能够制定专门的《刑法立法公众参与程序条例》的规范性文件,进而从制度上保障公众有序有效参与刑法立法了。

　　此外,立法者的态度偏差还体现在他们长期以来对公众参与刑法立法能力的固有偏见上,例如,立法者中的一些立法工作人员经常认为公众参与刑法立法的能力和专业素养不够,主张鼓励刑法立法公众参与不仅会浪费立法的宝贵时间还会耗损立法机关颇为紧张的人力资源成本。调研中,一些立法工作者反映,公众在参与刑法立法过程中,所提的刑法立法意见和建议,要么在现行刑法规范内已经得到解决,要么违反了刑法立法的基本原理,要么不切实际甚至会引发更大的司法资源紧张,专业性不强、质量不高、参考价值不大是当前刑法立法公众参与比较突出的问题,同时,还认为普通公众在语言表达能力和纪律观念也比较欠缺,并不适合参与诸如刑法立法听证会这类普通立法程序。固然,公众在参与刑法立法过程中确实存在不少问题,但是不是所有公众都存在语言表达能力不足的问题呢?是不是所有公众对刑法立法的意见都没有建设性呢?即便是公众所提意见不符合刑法原理,但他也只是提出初步意见供立法机关参考和回应,立法机关不能据此就要全盘否定公众参与刑法立法的价值,否则,参与永远只能停留在功用主义的初级参与层次上,而不可能是主体间商谈式的高级参与层次。其实,立法机关围绕该问题的正确打开方式就是以此为契机,就刑法立法公众参与中典型但不合时宜的公众意见集中反馈,商谈再

---

① 例如,对于公众可以在哪些阶段参与刑法立法;征求公众意见的时间长短;各种刑法立法的座谈会、听证会和讨论会的参与人员的产生、组成和来源以及公众参与最终结果均由立法者来掌控,公众就可能被动地陷入配合立法者相关行为的境地。

商谈，实现主体间就刑法立法意见的"重叠共识"，即开启主体间立法商谈的进程。我们不难想象，如果立法机关动辄认为公众参与的能力和素质有限，一旦这种态度偏见在其内心里根深蒂固，他们不仅组织公众参与刑法立法的积极性会下降，而且对公众所提刑法立法的意见和建议也会重视不够，甚至会对整个公众参与刑法立法的制度设计产生怀疑，由此，不可避免地会对刑法立法公众参与困境起到催化作用。

2. 立法者能力相对滞后

所谓立法者能力相对滞后是指立法者组织、协调和促进公众有序有效参与刑法立法的能力相对落后。正如前文所述，立法者虽然认同刑法立法公众参与，但对如何组织公众有序有效地参与刑法立法、公众参与刑法立法可能面临的风险及其化解策略或许并没有做好完全充分的准备，同时，可资借鉴的诸如行政法等其他领域立法公众参与经验，由于刑法立法的极端特殊性，立法者又不宜将其他的民主立法经验完全照搬到刑法立法过程中，同时，我们还必须承认，直接负责刑法草案起草的工作人员本身知识和社会经验也是相对有限的，精通刑法立法知识的未必熟悉协调社会公众事务，深谙社会生活实践的未必通晓刑法立法程序及其规律，而有序、有效的刑法立法公众参与又须臾离不开一个优秀的立法者，它必须兼具娴熟立法知识和丰富社会经验，从而能够对刑法立法公众参与进行高效组织和科学安排。换言之，刑法立法过程中立法者的精力和能力的滞后在客观上加剧了刑法立法公众参与的现实困境，例如，刑法立法信息公开常常顾此失彼，立法者看到了刑法立法信息普遍公开，但可能忽略刑法立法信息围绕特定群体的精准公开；立法者注意到了刑法立法草案在征求意见过程中普遍公开，但可能忽略了立法规划和年度刑法立法计划的实质内容公开，从而使得刑法立法过程中公众介入刑法时机相对迟延。又如，立法者在刑法立法公众参与过程中简单地将"公众"等同于全部的"社会公众"，由此，刑法立法中的"公众参与"就有可能演变成"全民参与"，无论何种方面的刑法立法内容，动辄采用"大水漫灌"的方式，面向全部社会公众全部征求意见，这不仅影响公众围绕刑法立法所提意见和建议的针对性，甚至还可能让人怀疑立法机关征求公众意见的真诚态度，毕竟立法者不可能听得到、听得进所有人的所有意见，可以聚焦刑法立法紧密关系人精准听取相关意见，为什么还要"大水漫灌"式征求意见呢？尤其是当立法者基于"民意政治"的考量，哪怕是面对集体无意识的不合理的

"严刑峻法"之声音,它还总是倾向升级法律的严厉程度,以此来舒缓公众的紧张情绪,甚至不惜以刑法立法的方式来营造问题已经获得解决的假象,由此,公众参与的"情绪暴政"就会对刑法立法科学化造成消极影响。正如有学者指出:"决策者偏好创设新罪名带来的政治上的象征性后果,给人以问题已被认真对待且已适当处理的印象。"[1] 然而,在民粹主义影响下,专业的立法精英与立法活动都沦落到了客体的地位,刑法立法变成了公众情绪的消费品,而这正是立法者能力滞后在面对刑法立法公众参与时必然要咽下的"苦果"。除此之外,立法者能力的滞后还体现在立法者不能对公众参与刑法立法进行卓有成效的组织,使得刑法立法公众参与出现过于依赖传媒,同时公众参与刑法立法的相关程序也不尽完善,这些都现实地影响到了刑法立法公众参与的制度效能。

(二) 主导还是参加:公众可能被误导

所谓公众可能被误导,是指公众在刑法立法过程中可能对自身角色定位不清晰甚至错位的一种认知状态,公众要么把"参与"刑法立法理解成"主导"刑法立法,要么把"参与"刑法立法理解成"参加"刑法立法,而无论是"主导"还是"参加"刑法立法,事实上都等于将公众放在了同立法者对立的一面,而这加剧了刑法立法公众参与的困境。

1. 公众主导刑法立法

正如前文所述,社会转型期的中国面临社会矛盾和主体间利益冲突频发的发展态势,再加上伴随信息技术革命的加速,一些新的诸如生物安全、公共卫生等领域安全风险层出不穷,而原有社会治理模式又不能及时有效地跟进,公众面临不确定的风险和危险比以往任何时候都要显著增多,不安和焦虑的情绪时常萦绕并笼罩在公众内心深处,而现代信息技术的飞速发展更是便利了这种主体间焦虑情绪的交叉感染,进而提升了公众对整个社会的风险认知度,再加上某些个案和社会热点事件的发生,极大地刺激着公众的敏感神经,公众越来越不满足仅是通过代议制来参与刑法立法,他们越来越倾向于自己直接参与甚至是亲自主导刑法立法全部过程和各个环节来尽快将风险消除殆尽,例如,公众希望亲自主导刑法立法计划的制定、公众希望亲自主导刑法立法内容的确定以及公众希望亲自主导刑法立法的审议等,公众认为,只要他们对刑法立

---

[1] 劳东燕:《公共政策与风险社会的刑法》,《中国社会科学》2007年第3期。

法过程施加强有力的过程控制，所立刑法就能更精准地理解并满足公众需要，就能更精准地回应社会风险，化解公众焦虑，进而消解直至消除风险社会中无处不在的风险。然而，理想和现实终究是存有差距的，公众主导刑法立法的设想看起来很美好，但它实际上加重了刑法立法公众参与的困境，前述刑法立法公众参与的理论困惑之民意未必可靠、公众参与对传统刑法理论的威胁、公众参与对刑法立法技术的冲击，以及公众参与可能导致无效刑罚等问题，在某种意义上无不与公众试图主导刑法立法的理念有直接关系。首先，民意未必可靠从本体论上揭示了民意与生俱来的不完美性，而公众主导刑法立法势必就是要放大民意的这种缺陷，由此造成的对刑法立法科学性的冲击就不言而喻了；其次，合乎规律的刑法立法公众参与必然能够促进刑法立法科学化而不是相反，而公众主导刑法立法就有许多不同，它意味着民意在刑法立法过程中的话语权急剧扩张和膨胀，而当"泥沙俱下"的民意全面地进入并侵袭刑法立法，而法律精英们又无足够政治勇气和专业实力同其相抗衡；最后，必然会损害刑法的谦抑性，冲击刑法立法技术甚至会出现大量无效的刑罚。换言之，没有公众主导刑法立法，就没有泛滥的民意在刑法立法过程中的肆意游走，也就没有至少会消解刑法立法公众参与前述诸多的理论困惑，刑法立法公众参与困境与其说是公众参与刑法立法的产物，不如说是公众主导刑法立法的结果。①

2. 公众参加刑法立法

对很多公众而言，除非刑法立法同其自身利益密切相关，他们才愿意为刑法立法支出相应时间和精力成本，刑法立法公众参与对一些公众而言更多的是一种政治符号或"政治在场"而非实在的具体的公民行动，他们觉得"参与"没有用或者认为"参与"仅是精英阶层的事情，与自身关系不大而且个体的立法知识和水平也有限，再加上参与立法还会浪费自己宝贵的时间和有限的精力，由此，我们就引出了公众"参加"刑法立法的现象和问题，它是指公众虽然按照相关程序规定参与刑法立法并就刑法立法发表意见和建议，但从其内心来看，他们并不认为自己应该也能够

---

① 公众主导刑法立法还可能造成刑罚民粹主义，它滥觞于20世纪90年代初期，以保护被害人和守法公众为目的，以严惩犯罪人为主要诉求，主张刑事法律制度应当直接反映公众意愿，其支持力量是社会公众，理念支撑是刑罚报应主义，美国的梅根法案（Megan law）、三振出局法（Three Strikes）等都可以看作是刑罚民粹主义的产物。

对刑法立法内容施加影响，从其行动来看，他们也未就刑法立法质量的提升付出额外更多的时间和精力，更多的是将参与刑法立法看作是公民一种必须完成的政治仪式。常见的情形是，立法机关就拟进行的刑法立法举办公众听证会，公众虽然受邀参与其中，但他不发表任何意见或者发表一些无关痛痒的意见，又或者讲的都是立法机关希望听到的意见，总之，全程"配合"立法机关完成立法听证会所要求的全部程序和内容。如果说公众主导刑法立法侧重的是公众对刑法立法的进程和结果掌控过多，跟得太紧，那么，公众参加刑法立法则是与此恰好相反，纵观整个刑法立法过程，刑法立法公众参与的流程化，过场化和任务化的特征日渐凸显。调研中，笔者发现公众"参加"刑法立法现象并非个例，实践中之所以会出现公众"参加"刑法立法现象的原因也多种多样，在前述 2507 份有效网络问卷调查过程中，问及公众为何仅是"参加"刑法立法？有 871 名公众表示立法参与能力有限，占比 34.7%，由于受法律知识素养和专业技术知识的限制，公众普遍认为即便是自己提出了对刑法立法的意见和建议，也往往会因为意见的非专业性而很难引起立法机关的重视，更遑论最后会在立法中采纳公众意见了，所以，公众干脆就选择在刑法立法面前"沉默是金"的行为方式；有 976 名公众表示刑法立法公众参与效力不明确是重要原因，占比 38.9%，认为正是由于没有明确的立法公众参与效力的规定，公众对拟立刑法的意见和建议缺乏制度约束力，所以，公众认为自己所提刑法立法意见没什么用，意见提了也是白提，进而导致刑法立法公众仅是形式性、程序性地"参加"立法；有 451 人选择了其他理由，占比 17.9%；有 209 人没有表示意见，占比 8.3%。事实上，一旦公众抱着"参加"而非"参与"心态进入到刑法立法过程中，它将使得公众参与对刑法立法所起的实质促进作用变得愈加有限，前述刑法立法公众参与实践迷思之公众参与效果不稳定就是例证；同时，公众配合式"参加"刑法立法还将弱化刑法立法过程中公众主体这一方的地位和作用，使得刑法立法公众参与相应的主体保障机制变得愈加脆弱，尤其是公众"参加"刑法立法促进刑法立法的民主表面化和繁荣化，使得前述刑法立法公众参与实践迷思之技术促进悖论变得愈加隐蔽，加剧了我国刑法立法公众参与的整体困境。

二　深层反思：主体间平等真诚商谈观念阙如

从立法者可能被遮蔽到公众可能被误导，我们基本上揭开了刑法立法公众参与理论困惑和实践迷思的面纱。表面上看，刑法立法公众参与问题既有源自立法机关对待公众参与态度和能力偏差的因素，也有公众参与刑法立法过程中试图主导抑或形式参加的原因，而无论是立法者中的一些立法工作人员虚置或者是利用公众参与，还是公众试图主导或者形式性参加刑法立法，它们共同特点都是主体仅是围绕自身需求或者兴趣点来决定公众应当如何参与刑法立法，例如，立法者中的一些立法工作人员为了达到某种刑法立法目的虚置或者是利用公众参与，公众为了实现某种刑法立法目的主导或者参加刑法立法，而没有充分考虑到各自的行为可能给对方或者不特定他人参与刑法立法带来什么样的妨害，换言之，他们并没有把刑法立法看成是一个协商互动的意见竞争与承认的过程，仍然停留在立法公众参与的初级层次，或者颐指气使或者随心所欲理解立法公众参与，在自我封闭的信息城堡里想象着公众参与刑法立法可能的"效果图"并单方面擅自决定如何行动，显然，这种你唱你的戏，我谱我的曲的刑法立法公众参与不会也不可能有任何好的结果，甚至还容易将刑法立法公众参与带入歧途，进言之，立法者可能被遮蔽或者公众可能被误导仅是从不同角度揭示刑法立法公众参与困境的表面原因，围绕刑法立法的主体间平等真诚商谈观念的阙如才是导致困境的根本原因，与其说是立法者或者公众闭塞排斥和不真诚的单方面原因造成了刑法立法公众参与的困境，还不如说双方在立法协商的观念和认知上出现了重大分歧。首先，主体间平等商谈观念不够。刑法立法过程中主体间地位不对等导致双方平等商谈观念不够。举例说明之，依据《立法法》规定，立法机关有权决定有无必要召开刑法立法听证会，什么时候召开刑法立法听证会，选择谁来参加刑法立法听证会，而公众对此却没有相应的意见抗辩权和申诉救济权，虽然《立法法》这样的规定可能考虑的是立法的专业性和立法效率的制度价值，但这样的规定也可能在立法规范上让公众感觉参与立法事宜的"可有可无"，相反，立法机关中的一些人员还可能据此认为自己在立法事宜上的主体优越性，比其他公众要"高人一等"，进而傲慢地将公众视为立法公众参与中的客体而非平等商谈的参与主体。其次，主体间真诚商谈观念的不够。刑法立法公众参与的过程实际上也是立法机关和公众就刑法立法的议题和内容持续对话、承认、妥协和接受的过程，但是，当公众基于风险偏好或厌恶的目的企图主导刑法立法来实现法益预防性保护的时候，当公众基于对立法者真诚性的怀疑或者自身能力不自信而程式化地"参加"刑法立法的时候,当立法者中的一些立法工作人员基于某些原因利用或者虚置公众参与的时候,我们又从哪里能看得到哪怕是一丁点的主体间就刑法立法的真诚商谈的踪迹呢?总而言之,参与的本质是商谈而不是主导或者参加,商谈是主体间观点彼此互动而形成的稳定性的意见共识,商谈是参与的高级阶段,是一种更高层次的公众参与方式和结果。正如前文所述,刑法立法公众参与的问题困境也只有归结到立法商谈的阙如才能得到一以贯之的准确解释,换言之,破解当前刑法立法公众参与的困境也必须回到主体间真诚而充分的立法商谈,引导刑法立法各相关主体从表层的立法"参与"走向深度的立法"商谈",而不是将希望寄托于抽象的刑法立法公众参与的"限度"论或者"自律"论,正如党的十九大报告所指出的那样:"众人的事情由众人商量",刑法立法不仅是众人的事情,而且还是众人公共生活中极为重要的事情,因此,有必要让"众人商量"全过程民主原则贯穿刑法立法的全过程,只有立法者和公众之间真正平等真诚商谈,方能奏出刑法立法公众参与的时代最强音。

第二节 刑法立法公众参与的可能方案

现代文明国家的立法永远不能是少数人智慧的体现,更不能只是少数人利益的结果,任何民主国家的立法都应该是在一定的部门主持下,动员社会广泛参与的背景下完成的。正如有学者指出:"那种立法权被立法机构垄断的个人英雄主义时代已经结束,相反,刑法立法过程中的群体优势正日益显示其无限活力。"[1] 刑法立法需要公众参与,但公众参与不能是立法机关增加刑法立法合法性的"道具",更不能是公众对刑法立法情绪化宣泄的载体,正如上文所言,"道具论"和"宣泄论"的背后是立法主体间平等真诚商谈观念的阙如,而这也正是导致我国刑法立法公众参与困境的"病根"所在,鉴于此,围绕刑法立法公众参与的任何改良方案都应该从这个"病根"出发,集中精力解决这一主要矛盾,唯有如此,我国刑法立法公众参与效能提升方能取得实质性的进展。

---

[1] 佟吉清:《论我国立法公众参与的法理基础》,《河北法学》2002年第5期。

一 理念论：党导下的立法商谈方略①

理念是方案的灵魂，方案是理念的落实。刑法立法公众参与的可能方案首先要解决用什么理念的问题，它直接关系后续具体方法路径论的选择。笔者认为，党导下的立法商谈方略应当是贯穿我国刑法立法公众参与过程的核心理念，它是指刑法立法过程中的主体间有效立法商谈必须在中国共产党领导下进行。其中，商谈破解前述刑法立法公众参与深层反思之商谈阙如的问题，通过立法者和公众间平等真诚对话消解主体顾虑，同时为了保障商谈在平和的过程中顺利进行，避免新一轮立法对话的反复失败，应该不断强化"党导"的作用，通过党的领导克服商谈中的意见困境并消解公众固有局限性。

（一）刑法立法公众参与中党的领导

围绕刑法立法公众参与中党的领导的论证主要涉及刑法立法公众参与为什么要坚持党的领导，以及党如何领导刑法立法公众参与这两方面内容。

1. 刑法立法公众参与为何要坚持党的领导

首先，党领导立法是社会主义法治建设基本经验。我国宪法确立了中国共产党的领导地位，回顾我国社会主义法治建设尤其是立法工作历程发现，什么时候党对立法工作的领导越坚强有力，我国立法工作和各方面的事业发展进步就越快。文革时期，因党对立法工作领导的弱化，民主法治建设遭到了严重的破坏，给党和国家的事业带来灾难；改革开放以后，我们党加强了对立法工作的领导，从党的十一届三中全会明确提出"有法可依、有法必依、执法必严、违法必究"的法治建设十六字方针到党的十八届四中全会提出的"科学立法、严格执法、公正司法、全民守法"，从"有法可依"到"科学立法"，从中国特色社会主义法律体系基本形成到中国特色社会主义法治体系稳步推进，等等，全面依法治国取得系列重大成就的背后正是党对全面依法治国领导的坚强有力，正如党的十八届四

---

① 需要说明的是，"党导"并不是笔者主观臆造出来的概念词语，其实，在学界这个问题早有人提出，例如柯华庆教授分别就"党导"问题提出了党导民主制、立宪党导制等概念，引起学界热议，况且，本文所提及的"党导"更多的是从中国共产党领导立法商谈这个角度言说的，不仅仅是话语政治正确，还在于通过"党导"消解刑法立法公众参与中的商谈困境。参见柯华庆《党导民主制：正当性与价值》，《学术界》2017年第5期。

中全会指出:"党的领导是中国特色社会主义最本质的特征,是社会主义法治最根本的保证。把党的领导贯彻到依法治国全过程和各方面,是我国社会主义法治建设的一条基本经验。"① 党的十九大报告进一步强调:"党政军民学,东西南北中,党是领导一切的。"② 中央全面依法治国工作会议将坚持党对全面依法治国的领导作为习近平法治思想的重要内容和核心要义。立法必须坚持党的领导,作为社会主义法律体系中重要部门法之刑法的立法也必然要在党的领导下进行,这是刑法立法科学化和民主化的根本保证和灵魂,而公众参与本身就是刑法立法程序的重要内容和关键环节,更要旗帜鲜明地坚持党的领导,社会转型期的中国社会,各类社会团体和个人虽然都有各自的特殊利益,但他们也有共同的政治利益,那就是都拥护中国共产党的领导,中国共产党作为全国各族人民共同利益的忠实代表者,没有党的领导,社会主义法治事业推进就会失去主心骨,科学立法、民主立法就会失去依托和方向,要将党的领导贯彻到刑法立法公众参与的全过程和各环节。全国人大法工委原副主任朗胜同志将"坚持党的领导,确保刑法立法活动方向的正确性"作为总结我国近20年以来刑法立法的首要经验,③ 这充分反映了党领导刑法立法公众参与的重要性,这不仅是宪法法律规范逻辑的演绎结果,更是经我国立法实践反复证明的经验之论,必须长期坚持并在实践中不断完善。

其次,党领导刑法立法公众参与克服公众集体行动困境。刑法立法公众参与是一种集体性行动,既然是集体行动就不可避免地会产生与此相关的外部负效应,中国古谚"三个和尚没水喝"就是对这种集体行动困境的一个解释视角,这其中尤以公众"搭便车"决策依赖心理和"二律背反"式的决策选择困难为甚。一方面,公众参与搭便车的心理偏私需要强化党的领导来纠偏。如前所述,在围绕刑法立法公众参与的集体行动中,并不是所有的公众都愿意也有能力投身到刑法立法中,更多时候的更多公众还是习惯把主动参与并推动刑法立法完善的希望寄托在其他人身

---

① 《中共中央关于全面推进依法治国若干重大问题的决定》,《人民日报》2014年10月29日第01版。
② 习近平:《决胜全面建成小康社会 夺取新时代中国特色社会主义伟大胜利——在中国共产党第十九次全国代表大会上的报告》,《人民日报》2017年10月28日第01版。
③ 除此之外,"从我国国情出发,坚持问题导向""解放思想,与时俱进,坚持和发展刑法的谦抑性"也被他归纳为刑法立法的其他经验。参见朗胜《我国刑法的新发展》,《中国法学》2017年第5期。

上，然后自己"坐享"刑法立法完善可能带来的制度收益，尤其是在拟刑法立法对其自没有明显利益勾连的情形下更是如此，这并非危言耸听。美国学者奥斯特罗姆等人很早以前就从经济理性人的假设出发，认为在集体行动中个人策略的选择主要取决于预期收益、预期成本、内在规范和贴现率。① 而公众参与刑法立法，意味着他们需要花费一定的时间来了解所公开的刑法草案和既有刑法和其他相关法律规范内容及其区别，如果他们还要了解拟立刑法的立法缘由和实际状况，他们还将为此支付围绕刑法立法实证调研的交通费、误工费和调研费等相关费用。如果他们所提的刑法立法的意见和建议不被采纳，甚至立法机关对他们所提的意见根本置之不理的话，这就还可能会给公众参与者带来心理上的"不悦"。反过来，从收益的角度讲，由于刑法立法本身具有社会公共产品的性质，即使因为公众参与了刑法立法使得刑法的科学性得以提高，但那些没有参与刑法立法活动的其他公众也能同样能从同伴的立法参与成果中充分受益。因此，公众不积极参与立法更像是理性权衡考虑的结果。另一方面，公众参与意见决断之犹豫需要强化党的领导来消解。在刑法立法公众参与的集体行动中，信息技术的发展助益公众更加便捷地表达自己对刑法立法的意见和建议，然而，公众群体的多元化特质和利益诉求的差异，"热闹"民意的背后可能存在诸多观点和意见分歧，这正是所谓刑法立法公众意见决断之犹豫情形，例如，针对公职人员收受礼金是否该入刑的讨论，有人以该行为仅是一般违法行为为理由明确反对将其入刑，但也有人主张通过对受贿罪的重新阐释而将该行为纳入刑法进行调整。② 公说公有理，婆说婆有理，尤其是随着公众参与人数增多，通过充分协商达成一致的可能性就会变得更加困难，公众面临不知刑法立法到底该如何是好的"尴尬"，这还是在通过商谈有可能达成不同主体间立法共识的情形，在某些特定问题上，公众等不同主体间还可能存在立法无法协商的情况，要知道，立法商谈背后不仅是主观意见的沟通，更是背后物质资料生产方式的决定论，不同的物质资料生产方式下的公众立场迥然不同甚至不可调和，此时，刑法立法过程中公众和公众、公众和立法者等不同主体间立法商谈就会面临意见决断之犹豫难题，但刑法立法公众参与显然不能回避立法决断并不可避免地要

---

① [美] 奥斯特罗姆等：《公共服务的制度建构》，余逊达、陈旭东译，上海三联书店 2000 年版，中文版序言。
② 陈伟、蔡荣：《"收受礼金"行为的刑法规制》，《河北法学》2015 年第 12 期。

对此进行价值决断。中国共产党是中国人民根本利益的代表者，能够从纷繁复杂的公众立法商谈的分歧中迅速找到问题的本质，并基于公众长期利益和短期利益的恰当平衡助益公众和立法者做出妥当而关键的立法决断。面对刑法立法中的公众参与困境，党的领导实际上是将公众等不同主体间围绕刑法立法在充分意见商谈基础上的不同观点地再集中，再沉淀和再认知，而这也是民主集中制在刑法立法公众参与场域的价值映射。

再次，党领导刑法立法公众参与消解公众自身局限。虽然"应当使法律成为人民意志的自觉表现"，[1] 但人民是现实的人民而不是抽象的人民，它有时候不仅自私还脆弱，它可能更关心眼前可视化的利益，"人民总是愿意自己幸福，但人民并不总能看清幸福；人民是绝不会被腐蚀的，但人民却往往会受欺骗，而且唯有这时候，人民才好像愿意接受不好的现实"。[2] 具体来说，刑法立法公众参与中的公众自身局限性主要表现在以下两个方面，其一，公众主观认知的局限性。刑法立法固然要反映公众的立法利益和需求，但不能否认公众在某些情况、条件和领域下也可能会产生"后知后觉"，特别是在诸如专利、环境和科技犯罪等专业性较强的刑法立法上，公众未必总能很清晰地认清状况，例如，公众经常认为中国刑法偏轻，以致社会越轨行为层出不穷，于是寄希望以重刑来规制社会越轨行为的呼声经常此起彼伏，但社会越轨行为之所以层出不穷到底是刑法轻了还是行政执法偏弱抑或者是社会治理不健全，甚至是否还要考虑经济社会发展不充分、平衡的原因呢？恐怕公众自己都不知道，如果不问原因，仅以公众偏好重刑为由在刑罚立法中肆意扩张刑罚惩戒资源的投入，反倒更可能导致某种刑事法治的恶性循环。其结果，不仅社会越轨行为没能显著减少，还可能因此更加加剧社会关系的紧张，激化社会矛盾。历史经验早已无数次证明，通过过度犯罪化和过度刑罚化的重刑规制不可能也无法根治社会治理矛盾，相反重刑主义的公众刑法立法偏执最后都不可避免地加剧法律的失灵，因为，重刑会让人们对刑罚的耻辱感和威慑感不断"钝化"，从而消解并蚕食法律的一般预防和特殊预防之功能，最后，通过法律的社会治理将变得更加艰难。由此可知，人民的法治并不意味着人民可以随意创设法律或者按照自己意愿去改变法律，任何主观任性的法律创设都有可能背离甚至是破坏法治。我们必须承认，刑法立法公众参与中

---

[1] 《马克思恩格斯全集》（第1卷），人民出版社1985年版，第184页。
[2] [法] 卢梭：《社会契约论》，何兆武译，商务印书馆2003年版，第35页。

的公众主观认知的局限性,法治根源于人民也服务于人民,但人民未必能对法律的好坏优劣进行有效准备识别,这就好比我们去买东西,我们肉眼可见的好东西未必就真的是好东西,即便是真的好东西也未必就是最适合自己的。其二,公众判断被情绪化的左右。刑法立法公众参与中的公众判断总是基于特定环境、特定情感下的主观判断,具有想当程度的不确定性,尤其是当这种判断被别有用心的人误导或加以利用之后,围绕立法的公众判断的情绪化效应就容易急剧"外溢",而严谨规范的刑法立法活动一旦被激进的公众情绪所笼罩,立法就极有可能变成一场群众情绪无节制的"狂欢",而刑法立法中"多数人的暴政"带来的危害显然并不比"少数人的暴政"的危害小,前述无效的刑罚和在刑法立法中否认且盲目排除一切危险等现象就是现阶段我国刑法立法公众参与困境的较好例证。除此之外,公众的局限之处还在于:当我们说公众参与的时候,其实我们并不知道公众是谁,谁来参与,很多时候,我们其实仅是将"公众"作为一种政治正确的话语去理解,而对它本来应有之面目缺乏深入而细致的思考。在现实生活中,刑法立法公众参与中的"公众"并不是整体性的抽象人物形象的认知,而是一个个具体的活生生的个人,他们同生活中大多数普通人一样,更加关注自己的现实利益的损益,更加关注自身安全感的增减,他们平素也会谈论抽象的公平正义价值,但如果在立法中抽象的公平正义价值与自身现实的直接利益发生冲突情况下,他们更愿意选择并推动后者在刑法立法中得到充分的体现,由此,刑法立法公众参与中的"公众"也有自身的局限性,他们不仅在某些问题上只讲私利不讲公德,而且客观上也存在被人利用的可能。为了最大限度消解这种局限性,在刑法立法公众参与中强化党的领导的作用就变得极端重要而且紧迫。[①] 这是因为党具有内在的先进性和显著的实践性优势,正如《共产党宣言》中所指出的那样:"在实践方面,共产党人是各国工人政党中最坚决的、始终起推动作用的部分;在理论方面,他们胜过其余无产阶级群众的地方在于他们了解无产阶级运动的条件、进程和一般结果。"[②] 通过强化党对刑法立法公众参与进程和结果的领导,识别并破解在刑法立法过程中公众陷

[①] 马克思的人民主体思想承认人民是主权者,但它也注意到人民经常被欺骗,人民主体并不是机械地人民决定一切,而是说人民如何在党的领导下尽其职,发挥其对历史的创造性作用。(参见李包庚《马克思"人民主体性"思想解读》,《马克思主义研究》2014年第10期。)

[②] [德]马克思、恩格斯:《共产党宣言》,中共中央马克思恩格斯列宁斯大林著作编译局编译,人民出版社2018年版,第41页。

入重刑主义立法偏执而不自知，深陷情绪化刑法立法执拗而不自省等主体的局限性问题。实际上，即便是哈贝马斯的商谈理论也存在最后的专业商谈问题，即需要对之前立法商谈过程中伦理商谈和道德商谈内容再次审视优化，通过强化党对刑法立法公众参与的领导，可进一步识别并沉淀立法商谈中的公众真实稳定的民意，过滤掉那些漂浮、虚假和情绪化的民意，增强刑法立法的民意可靠性。

最后，党领导刑法立法公众参与有助于限制立法者的权力恣意。正如有学者指出，立法官僚化在某种程度上是理解我国刑法立法过程的重要视角，它是指在最高立法机关中存在一群专职从事法律制定的非民选的专业立法工作人员，他们在国家立法规划制定、年度立法计划出台、法律草案起草、审议、论证、评估以及法律解释的过程中发挥了重要作用，他们以立法/法律专业知识为基础，实际参与甚至是支配、主导了相关法律草案的起草制定，成为游离于传统理论中民意代表、执政党决策者与行政机关之外的"隐形立法者"。[①] 以刑法立法为例，这群负责刑法立法起草的人员不仅是刑法制定的重要角色，更是组织并影响刑法立法公众有序有效参与的关键群体。一旦他们在刑法立法公众参与中行使权力任性，有法不依、执法不严，那么恣意妄为的权力滥用就极有可能让公众参与有名无实，甚至还会起到反作用，例如，立法者（特指立法机关中的一些具体负责立法的工作人员）在刑法立法过程中虚置或利用公众参与，不及时、全面、准确地公开刑法立法的相关信息，或者是选择性挑选自己人配合地参加其所举办的刑法立法听证会、座谈会等等，那么，所谓的刑法立法公众参与，实际上就是一场民主立法"秀"，公众与其说是参与民主还不如说是为立法者拟立刑法的背书，并无多大实质意义；再如，立法者在刑法立法公众参与中任性地将刑法作为社会道德的促进者、将刑法作为社会管理的工具，不考虑刑法谦抑性肆意发动国家刑权力并假借公众参与之名，实现一己刑法修改之私，而这势必会创设许多不公正也无必要的刑法。这些事例无一不在提醒我们，刑法立法公众参与过程中的立法者可能被遮蔽，尤其是当它出现立法态度偏差时，如果处理不当，就会给刑法立法公众参与带来阻碍。我们必须谨记：任何有权力的人都会滥用权力，必须把权力关进制度的牢笼里，刑法立法公众参与中立法技术官僚的权力行使同

---

① 王理万：《立法官僚化：理解中国立法过程的新视角》，《中国法律评论》2016年第2期。

样需要受到制约，否则，它随时都有可能以公众名义损害立法公众参与的民主价值，那么如何来约束他们的权力呢？办好中国的事情，关键还是在党，对包括刑法立法公众参与在内的法治建设尤为如此。无论是刑法立法启动环节还是刑法立法的形成环节，通过强化党对刑法立法公众参与的领导，把握刑法立法公众参与的政治方向，严格执行刑法立法中的请示汇报程序，发挥好中央全面依法治国委员会的职能作用，全面落实刑法立法中的执行监督程序，更加及时并精准识别刑法立法公众参与中立法技术官僚们的不当行为并通过健全相关制度机制有效限制其权力恣意，为刑法立法公众参与提供坚强的政治保障、思想保障和组织保障，不断提升刑法立法公众参与效能。

刑法立法是主权国家对国家最宝贵的合法暴力资源的制度再分配的过程及其秩序，必须警惕在此过程中公众"主导"或"参加"这两个极端的参与倾向。刑法立法，如果完全同公众分享立法权，例如让公众主导甚至是来决定刑法立法的过程和结果，就会变得极度危险，工具性、情绪性抑或象征性的刑法立法就会随之而来，进而给现代刑事法治文明带来毁灭性伤害，以人民为中心的刑法立法意味着人民是立法工作的中心，但这并不是说人民包干立法的一切，还必须要有先进的政党来组织和领导，它是党领导下的刑法立法公众参与。通过党领导刑法立法公众参与，进一步消解在此过程中的公众自身局限、公众集体行动困境和立法者的权力恣意问题。

2. 党如何领导刑法立法公众参与

公众等不同主体间围绕刑法立法的商谈必须要在党的领导下进行，但是，刑法立法公众参与中的党的领导并不是说党要对刑法立法每个环节、每个程序都要事无巨细地积极过问，这不现实也不可能，党领导刑法立法公众参与主要体现在以下几个方面：

首先，党对刑法立法公众参与的整体顶层制度设计。从实践上来看，刑法立法公众有序有效参与不仅涉及立法机关和公众主体、公众与公众之间的立法程序协调配合问题，还关系到全国人大及其常委会的内部立法工作流程、人力资源调配、立法进度安排以及同其他相关国家部委的立法沟通衔接等事宜，不仅关系刑法立法公众参与的总则、原则、内容、范围、责任和机制保障等实体问题厘清，还关乎公众参与刑法立法的方式、手段、程序及其救济等流程问题的讨论，哪怕是对其中某个小问题的理解不同和细微变动都有可能会对整个刑法立法公众参与机制产生"牵一发而动全身"的制度后果。从理论上来看，包括刑法立法在内的立法公众参与关乎民主立法，关系全过程人民民主理念在立法领域中的落地落实落细，意义重大。这就要求执政党要对包括刑法立法在内的立法公众参与行为要有整体性的统筹规划和科学的顶层制度设计，对涉及包括刑法立法在内的立法公众参与的框架问题统筹规划，精细安排，对诸如立法公众参与的目标、原则、内容、程序等一系列问题作出系统化的制度安排，从而保障公众有序、有效地参与刑法立法，至于由谁来具体负责这项工作，党的十九大报告中提出要"成立中央全面依法治国领导小组，加强对法治中国建设的统一领导"。鉴于此，为了保障包括刑法立法在内的立法公众参与顶层制度设计的权威性和统一性，减小制度制定和实施阻力，可以考虑由中央全面依法治国委员会来统筹协调推进这项工作，全国人大常委会法工委具体落实制度的调研、制定、评估和推进，确保民主立法的相关制度设计科学管用。

其次，党对刑法立法公众参与过程中重大意识形态分歧作政治决断。如前所述，哪怕是主体间再充分的立法商谈也无法回避刑法立法中某些问题的"不可商谈性"，尤其是在涉及其中重大意识形态分歧的问题，它必须依靠执政党意志的果断介入，才能确保刑法立法政治方向的正确性，否则，刑法立法即便是有再多的公众参与也没有意义。实践亦证明，在刑法立法公众参与过程中，通过纯粹的立法主体间有效立法商谈虽然在大多数问题上可以得到满意的结果，达成主体间围绕刑法立法意见的"重叠共识"，但在某些问题上，仅凭商谈是永远无法给出立法答案的或者仅是提供没有生命力的立法答案，换言之，主体间立法商谈也必须坚持民主集中制，即围绕立法的民主价值只有在充分"集中"视域下才有意义，主体间立法商谈也只有在正确的政治方向上才有意义，而要保障立法商谈的"集中"和正确的政治方向必须毫不动摇坚持和强化党的领导。对此，不仅仅是理念上的价值证成，更有规范上的文本依据，早在1991年《中共中央关于加强对国家立法工作领导的若干意见》（以下简称《意见》）就明确规定，中央对法律起草工作实行统一领导，凡由全国人大及其常委会起草的法律，一律由全国人大常委会党组报中央审批，其他部门起草的法律草案需报全国人大审议的，也需要由全国人大常委会党组统一报中央审批，该《意见》的出台标志着执政党对立法从"原则性领导"发展为

"实质性介入"了。① 党的十八届四中全会进一步指出:"加强党对立法工作的领导,完善党对立法工作中重大问题决策的程序。凡立法涉及重大体制和重大政策调整的,必须报党中央讨论决定。法律制定和修改的重大问题由全国人大常委会向党中央报告。"《中国共产党政法工作条例》第20条亦规定,中央政法单位党组对有关地区、部门之间存在分歧,经反复协商仍不能达成一致应当向中央政法委员会请示报告。由此可见,党对刑法立法公众参与的领导的重要方面就是在涉及刑法立法商谈过程中面对商谈主体间争议不决之事项和内容,尤其是在涉及重大意识形态的分歧问题必须按照规定向党组织请示报告,发挥党在刑法立法公众参与中关键问题上的关键决断,为刑法立法践行全过程人民民主提供政治保障。

再次,党强化对最高立法机关工作的全面领导。通过对最高立法机关工作的全面领导实现党对刑法立法公众参与的全过程领导。全国人大及其常委会既是我国法定的刑法立法机关,也是党领导下的政治机关。中国共产党通过各种方式和途径实现对全国人大及其常委会的全面领导,例如,在组织上,执政党在全国人大常委会内部设置全国人大常委会党组和机关党组,其中常委会党组担负着全国人大及其常委会党的政治建设、思想建设、组织建设、作风建设、纪律建设的主体责任。常委会机关党组贯彻党管干部原则,有权讨论并决定机关内部的机构设置、职责、重大决策和重要人事任免等事项。此外,各专门委员会还设有分党组,全面履行在本委员会的党的领导责任,切实发挥把方向、管大局、保落实的作用。在实体上,立法规划需要由全国人大常委会党组会议先进行审议,审议通过后还需报请党中央批准。年度立法工作计划也是先由全国人大常委会党组会议审议后,才进一步提交委员长会议审议通过。此外,提请全国人大常委会审议的法律案,以及法律草案审议修改情况,也是先由常委会党组会议审议,对重大问题进行讨论研究后,才进而提交委员长会议审议。对列入中央政治局常委会年度工作要点的项目,以及立法中的重要事项和重大问题,全国人大常委会党组还要依据《中国共产党政法工作条例》等相关规定,及时向党中央请示报告相关情况,确保党的路线方针政策和决策部署在国家工作中得到全面贯彻和有效执行,并及时将党的主张通过法定程序上升为国家意志,举例说明之,为了更好地弘扬社会主义核心价值观,

---

① 韩丽:《中国立法的非正式性及其政治功能》,《当代中国研究》2002年第2期。

《刑法修正案（九）》积极推动违反诚信行为入刑，增设了组织考试作弊罪、伪造、变卖、买卖身份证件罪等一系列罪名。需要指出的是，全国人大及其常委会作为最高立法机关，在刑法立法中始终发挥主导作用，同时它也是围绕刑法立法进行商谈的重要当事人主体，在现有《立法法》的框架下，最高立法机关是否以及在多大程度上勤勉立法商谈履职行为将直接关系公众有序有效参与刑法立法的广度和深度，例如，最高立法机关依法公开刑法立法信息就有助于公众及时了解相关刑法立法动态，从而提高公众参与刑法立法的质量，换言之，党通过对立法机关的全面领导可间接实现对刑法立法公众参与的领导，党对立法机关的领导强度直接关系刑法立法公众参与的力度，更直接影响刑法立法公众参与的质效。

最后，党通过对群众路线的生动实践实现党对刑法立法公众参与的领导。长期以来，密切联系群众，从群众中来，到群众中去的群众工作方法是中国共产党保持同人民群众血肉联系的制胜法宝。这种群众工作方法运用到刑法立法公众参与中，就是要求执政党扎实做好包括基层立法联系点在内的一系列群众工作，积极听取基层公众对包括刑法立法在内立法的相关意见和建议，并做好相关的刑法立法公众意见的整理反馈工作，对具有代表性的刑法立法公众意见要做到及时反馈跟进，具体来说，就要在刑法立法公众参与的广泛实践中，党要通过保持同人民群众密切联系，时刻做到观点在线，影响在场，始终相信群众，依靠群众，在立法中始终将群众利益放在最高位置，真正赢得群众信赖和支持，进而领导刑法立法公众有序有效参与。这种领导方式通过持续对公众参与施加潜移默化式的影响，以"身教"代之以"言传"引导公众平和、理性并有序地参与刑法立法，是对刑法立法公众参与的"软"领导，虽然不及威权压力型领导效率高，但一旦形成，它其实更容易也更能获得公众真诚认同和可持续的领导力，并促使多元的公众利益诉求在刑法立法中充分展现，同时将部门立法和精英立法给刑法立法带来的消极影响最大限度地降低，使得刑法立法具有更加深厚的民意基础。

(二) 刑法立法公众参与中商谈场域

正如前文所述，当下刑法立法公众参与困境根本原因是主体间平等真诚商谈观念的阙如，因此，在我们谈及用什么样的理念去指导刑法立法公众有序有效参与的时候，必然绕不开主体间平等真诚商谈的逻辑建构，商谈跨越刑法立法公众参与"限度"的陷阱，消解公众意见难题并建构刑法立法的合法性。在这个意义上说，商谈才是我们倡导刑法立法公众参与理念的核心内容，党导下的立法商谈方略意味着商谈是常态，而党导既是原则也是底线，党导只是在立法商谈无效的情况下才会行使自己权力来"定纷止争"。

1. 商谈跨越"限度"陷阱

如前所述，面对刑法立法公众参与可能引发的问题和困境诘难，学界试图以刑法立法公众参与"限度论"来回应之，然而，貌似合理也容易引起公众道德共鸣的"限度论"无论是在理论上还是在实践中仍然很难经得起仔细推敲，因为，所谓限度及其限度标准适用起来仍然极其模糊，即便是学者们绞尽脑汁想出来诸如符合刑法原理、立法技术等这些看似很完美的限度标准实际也多缺乏操作性。然而，当我们尝试搁置刑法立法公众参与的"限度论"，我们似乎又找不到更好的方法来应对公众无序参与可能引发的风险？其实不然，与其"死磕"刑法立法公众参与的限度到底在哪里这样的无解之惑，不如转变视角和思路，将目光更加聚焦刑法立法公众参与过程中的"商谈"上来，通过商谈跨越立法公众参与所谓"限度"之陷阱，在主体间意见互动碰撞中隐现"限度"，换言之，限度并不是画一条公众参与边界标准的均衡线，而是本身形成于刑法立法公众循环往复商谈的过程中，它来源于立法商谈中的主体间性而非主体性。首先，就必要性而言，刑法立法与其说是国家立法机关确定犯罪和刑罚的过程，还不如说是协调并确认社会利益关系的过程，而对社会利益关系的协调和确认不可避免地会面临着公众意见分歧的问题，而分歧就意味着要商谈，刑法立法公众参与正是国家立法机关在刑法制定时引入公众商谈的一种制度实践，它提倡并鼓励公众对正在讨论或审议的刑法立法草案充分的言说、交流和对话，"国家的每一种利益和每一种意见都能在政府面前以及其他一切利益和意见面前对自身的理由进行甚至热烈的辩护，能强迫他们听取，或者同意，或者说明不同意的理由，这样一个场所本质上就是……一种政治制度和自由政府的头等好处之一"。[①] 籍此人们所担心刑法立法公众参与的各种风险或许已经在商谈过程中有效消解，至少将风险保持在可控的范围之内。相反，如果我们固守刑法立法公众参与"限度论"的执念，试图人为地给公众参与设置边界红线，并警告公众不能越

---

① John Mill. *Considerations on Representative Government*. Ch. V, Prometheus Books, 1991: 117.

界，尤其是当解释是否"越界"的权力并不掌握在公众手中的时候，公众参与刑法立法就更会变得愈加"瞻前顾后"，甚至抱着多一事不如少一事的态度形式化、配合式地参与到刑法立法中，刑法立法公众参与的最后效果也就可想而知了。其次，就现实性而言，围绕刑法立法主体间商谈过程本身也是立法智慧再凝聚的过程，法律专家掌握系统的立法专业知识，通过专家座谈会、咨询会和论证会等形式为刑法立法贡献专业智慧。普通公众熟悉社会生活，了解社情民意，并能充分洞察公众平凡社会生活实践背后围绕刑法立法的多元利益诉求，通过刑法立法草案征求意见、基层立法联系点，刑法立法听证会等形式为刑法立法贡献民意经验，他们不仅在公共领域内就刑法立法条文的科学性议题充分商谈，也在正式立法程序中保持广泛的自由平等地对话、讨论和沟通，尽力平衡立法过程中的民主化和官僚化可能的张力因素并以和平理性的方式促成主体间达成最广泛的刑法立法的共识，最大限度实现刑法立法科学化。再看刑法立法公众参与"限度论"，公众参与之所以是要有"限度"的背后，其实隐射了立法精英们对刑法立法公众参与的警惕甚至是不信任的心理，他们实际上掌握这种"限度"的界限、内容、特征和范围，而在此逻辑下，公众参与势必就会滑向少数人意志主导下的刑法立法公众参与，而反观主体间的循环往复的立法商谈则是不同主体间围绕刑法立法的平等的意见交往、博弈和承认，这就较为巧妙地避开了刑法立法公众参与只剩下"少数人"意见的命运并最大限度征表并在立法中凝练集体智慧，换言之，商谈跨越了参与"限度"论的专制陷阱。最后，就理论嬗变而言，从直接民主到代议制民主，再到商谈民主的理论演进展现了人类对民主形式和实践孜孜不倦的追求，尤其是商谈民主理论，它所蕴含的多元主体平等地磋商、讨论、咨询和对话的价值，[①] 不仅对代议制民主起到补充作用，还将直接民主重新整合到现代国家社会治理中。商谈民主理论投射到刑法立法过程中，就是要充分重视主体间立法商谈在刑法立法中的作用，公众被广泛地动员起来积极参与刑法立法，使所立刑法凝固更多人的智慧，反映更多元的声音，从而克服最高立法机关可能地对理性主义立法技艺的过度偏爱，因为理性主义最显著的缺陷就是"过于抽象、把理性同历史割裂开来，牺牲了原则

[①] 商谈民主是指在公共协商过程中，自由、平等的公民通过对话、讨论、审视各种相关理由和平衡各种利益后，赋予立法和决策合法性的一种治理模式。参见高峰《依法治国视阈下地方立法公众参与研究》，《山东理工大学学报（社会科学版）》2015年第4期。

而只看逻辑性"。① 总而言之，商谈的原则、立场、形式、内容和禀赋客观上决定了其在刑法立法公众参与中的不可或缺性和不可替代性，它成功跨越刑法立法公众参与"限度论"的陷阱。当然，也有人质疑将刑法立法公众参与中"限度"消解寄希望于主体间平等真诚的立法商谈，是否对立法商谈功能过于夸大呢？答案是否定的，主体间立法商谈交往过程不仅可以有效地自动过滤立法中的"异见"，还能使过滤后的不同公众的立法意见建议较好地沉淀下来，这远远比"限度论"所主张的人为设置几个冷冰冰的参与边界标准要强得多，按照社会学的一般原理，"在理解者与被理解者双方的心理过程之间，存在着一种最值得注意的心灵感应现象。理解者一方发出一种沟通的信号以后，被理解者在接受和诠释这些信号的同时，也向对方发回一种理解的反馈信号，从而在双方之间发生一种心理场和心灵感应，从而对沟通双方产生一种相互加强的作用"。②

2. 商谈消解参与悖论

刑法立法离不开公众参与，但当公众参与刑法立法的时候，又出现诸如理论困惑和实践迷思的问题，正如我们一方面说公众参与降低了立法机纯粹理性立法带来的风险，以刑法立法民主化推动刑法立法科学化，但另一方面又说公众参与回避立法的技术理性，极易引发刑法立法中的民粹主义，刑法立法民主化将会给刑法立法的科学化带来威胁。如何看待这种刑法立法公众参与悖论？又该如何破解这种话语悖论？对第一个问题，前文已经给出了答案，即主体间平等真诚立法商谈观念的阙如是主要原因，由此，对第二个问题的解答也就必然需要回归刑法立法的商谈，通过不同主体间平等真诚的立法商谈，听取对方意见，陈述己方观点，然后在互动、竞争、承认和博弈的基础上寻求刑法立法各方的"重叠共识"，对于某些暂时难有立法商谈结果的问题继续保持商谈的可能性，必要的时候，发挥党领导刑法立法公众商谈之功效，即执政党围绕主体间立法商谈之主要争议点和难点，充分理解并兼顾立法中公众长远利益和短期利益的平衡，对主体间立法商谈中意见犹豫不决之问题作出价值决断，克服并消解刑法立法公众的参与悖论。

首先，商谈立法消解主体间的关系紧张。刑法立法公众参与的目的是

---

① ［意］蒂托·卢克雷奇奥·里佐：《法律的缘由》，李斌全译，浙江大学出版社2009年版，第99页。

② 夏学銮：《整合社会心理学》，河南人民出版社1998年版，第14、15页。

在民主立法基础上实现科学立法，要想取得预期立法效果，不同主体间真诚相待，信任彼此是最基本的要求。然而，不管是出于立法偏见还是感官直觉，长期以来，立法者中的一些立法工作人员对参与刑法立法的公众并没有抱着很高的立法参与能力的期待，在他们潜意识里，许多公众既欠缺基础法律知识的了解，也缺乏对立法程序的基本认知，有的公众甚至连基本的言语表达都存在问题，是故，关于刑法立法公众参与的情绪性、攻击性和不信任感的印象时常弥漫在立法者内心里，换言之，一方面，立法者既希望公众参与刑法立法增强立法民主性但又对公众参与刑法立法的能力心存疑虑；立法者即希望公众参与刑法立法来抵御部门立法的威胁，但又担心公众参与刑法立法损害刑法立法科学性。另一方面，公众对立法者开放刑法立法公众参与的态度也是将信将疑，一些公众并不相信立法者真的会倾听他们的立法意见和建议，他们也不相信自己的意见和建议真的能在刑法文本中有所体现，相反，他们认为立法者之所以倡导并推动公众参与刑法立法，实际上是利用公众参与的民主禀赋来不断强化刑法立法的合法性，作为客体地位的公众实际上不可能也无法真正参与到刑法立法中。毋庸讳言，一旦刑法立法公众参与过程中不同主体间彼此互相猜忌，互相提防，那么，刑法立法公众参与就会"有名无实"，也不可能取得真正成效，唯有彼此放下傲慢与偏见，以商谈为媒介，在充分的意见互动和观点交流中了解并确信对方的诚意，例如，立法者认识到公众虽然在法律知识上欠缺但在其他方面的经验刚好弥补不足，公众认识到立法者虽然在开放公众参与刑法立法的经验上不足但态度是认真的，如此一来，他们才能识别彼此意见交叉过程中的最低共识——民主立法，[1] 双方态度问题解决了，后面如何参与的技术问题就很好解决了，至少主体间不再关系紧张。

其次，商谈立法消解主体间的意见对立。社会转型是一种整体性发展，也是一种特殊的结构性变动，[2] 在急剧的社会结构变动中，包含贫富分化、失业、环境公害等社会问题显著增加，刑法要不要以及如何介入这些问题目前尚存在广泛争议，例如，有学者认为，社会热点事件，以最直观的方式展露出亟待规范的社会关系，折射出成文法的滞后，因此，立法

---

[1] 现在的问题是，公众在意自己的意见是否被倾听，立法机关在意能否最大限度地号召和发动公众参与，至于公民意识和公众参与能力是否相匹配，似乎都不为参与者所关注，如何消解这种"各行其是"，或许，商谈也是一剂良药。

[2] 李培林：《另一只看不见的手：社会结构转型》，《中国社会科学》1992年第5期。

者应适时调整和修订刑法并将这种调整作为建构和完善刑事法律体系的主要路径。① 但另有学者认为，刑法的大幅修正尤其是广设罪名，使得刑法完全戴上了运动式立法和草率修法的"帽子"，甚至有代表性观点认为，在不断出台的刑法修正案中"公众民意"或"社会舆论"已经有过度介入或影响刑法立法倾向的嫌疑，由此导致的非理性情绪化刑法立法频现，最终将危害司法权威，危及社会公正基石。② 面对这两种截然不同的观点如何在刑法立法公众参与中进行立场和意见的有效衔接和调处并不容易，实际上，他们中间任何一方的观点都很难用绝对的正确或错误与否来定义，因为当你说某种意见是正确的时候，实际上已经预示了某个唯一且正确的意见样貌，否则，人们凭什么来断言意见对错与否，而这个预设唯一并正确的意见样貌，究竟由谁来判断适合性呢？立法精英？抑或普通大众？其实都不对，因为意见无论如何包装、漂白，它终归只是个主观价值判断，说到底必须取决于包括立法技术官僚和公众在内的不同主体间持续对话方能消解这种"异见冲突"，刑法立法公众参与制度建构的依归恰是不同利益主体就刑法立法内容发表意见，通过主体间真诚、理性的对话进行充分的信息交换，寻求辩论的共识而不是知识的共识，使得刑法立法不再是多数人意见的简单整合，而是有质量的理性的决定，实现刑法的法益保护和人权保障的价值平衡。

再次，商谈立法促进主体间的意见承认。刑法立法公众参与中商谈的价值不仅仅体现在消解主体间的立法意见对立上，还在于促进主体间的立法意见承认上。其中，消解立法中意见对立是商谈的初始目标，促进立法中意见承认才是商谈的根本目标。无论是立法者主导下的刑法立法参与，还是公众垄断下的刑法立法公众参与，它们都试图在刑法立法过程中将己方的意志强行施加给其他主体，由此，各方立法意见很难达成妥协，即便是最后达成了妥协也不是因为意见合理而是源于权力的垄断。事实上，在一个主体价值多元的立法环境中，不同的主体在立法中会有不同的价值诉求，他们"倾向于关注他根据义务所代表的个人和群体的利益"，而要实现这些不同价值的平衡只能诉诸商谈。一方面，商谈意味着个人拥有某些必须受到尊重的利益、知识和权利规范，"我们不把任何人视为具有特

---

① 余枫霜：《社会热点事件回应型刑事法治现象反思》，《求索》2013年第3期。
② 刘宪权：《刑事立法应力戒情绪——以〈刑法修正案（九）〉为视角》，《法学评论》2016年第1期。

权，也不把任何答案看作是被预先得到支持"。所以，每一个人都能够"平等地包容其同伴的善，并因此而证明对他们及其努力的平等尊重"。① 正是因为，在商谈过程中所有人都需要寻求一种他们必须都能同意的答案，所以，理性的商谈往往会倾向于全体一致的结果。另一方面，商谈以"共识"为其理论的核心价值。他们主张："商谈的目的是达成一个动机理性的共识——从而发现对所有人（他们行动的根据是平等主体对各自选项自由理性评估的结果）都具有说服力的理由。"② 也正是基于以上两点，一般认为，在多元文化和利益交织的现代社会中，商谈可以促进不同文化和利益主体之间的有效交流和理解。③ 通过主体间平等真诚地立法商谈，不同的立法主张、意见建议、异议均在此过程中实现充分表达，刑法立法过程中各方意见因误解而招致分歧的概率就会明显减少，同时，通过主体间平等真诚地立法商谈，公众之间与公众和立法者之间的"理解关系"由于在心理上的感应而得以加强，刑法的行为规制机能因能更好地得到公众理解而在社会生活中更广泛的实现，由此刑事治理不仅走向了共生之治的模式，更为重要的是，当内生性规则演化为一般规范时，秩序已经水到渠成。④ 概言之，原子状孤立的意见不可靠，只有互动的民意方可行，通过主体间视域的交叉更好地发现公众见解上的差异并在此基础上寻求视域融合，这不仅提高了刑法立法主体间意见妥协、承认的可能性，更大大提升刑法之于公众的可接受性，最后形成大家都能接受的刑法立法结果。

最后，商谈立法提高刑法立法的质量。如前所述，刑法立法公众参与过程中，不管哪一方试图主导公众参与的进程和结果，都有可能将刑法立法公众参与的价值根基和制度建构置于危险的境地，也势必造成刑法立法质量的下降，例如，当立法者试图虚置或者利用公众参与，刑法立法就可能异化成立法者的法，所立刑法要么被搁置，要么适用起来造成司法成本极大浪费；当公众试图全面主导刑法立法，刑法立法就有可能演变为情

---

① David Gauthier. *Constituting Democracy*. David Copp（eds）. The Idea of Democracy: Cambridge University Press, 1995: 320.
② Joshua Cohen. *Deliberation and Democracy Legitimacy*. Hamlin and Pettit（eds）, The Good Policy, Blackwell Pub, 1991: 23.
③ 陈家刚：《协商民主：民主范式的复兴与超越》，载陈家刚选编《协商民主》，上海三联书店2004年版，第8—10页。
④ 利子平：《刑法社会化：转型社会中刑法发展的新命题》，《华东政法大学学报》2013年第1期。

绪化的立法，虽然满足了公众的道德正义感，但在实践中却很难落地或者同其他法律相抵牾，可以说，刑法立法如何在"尊重民意""迎合民意"乃至"屈从民意"中间找到一条清晰的界限，恐怕是一个永远值得探讨并思考的话题。笔者认为，现实且较为可取的做法就是在刑法立法过程中实施充分而持久的主体间的立法商谈，通过立法商谈消解主体各自的意见缺陷并不断提高刑法立法质量。众所周知，"讨论是消除有限理性影响的一种方式，因为我们的想象和计算能力是有限和易犯错误的。所以，面对复杂的问题，每个人都希望通过讨论而集中其有限能力，并增加做出最佳选择的概率"。①罗尔斯亦认为，跟别人沟通能够制约我们的偏执之心，开阔我们的视野。我们天生就是要从别人的角度看问题。这样，我们就看到了我们视野的种种局限性。……讨论带来的益处在于，具有代表性的立法人员的知识和推理的能力都是有限的。没有谁了解他人所知道的一切，或者能够作出他们所能一致作出的推理。辩论就是一种将信息跟扩大议论范围相结合的方法。②哈贝马斯进一步论证道："一个理性的政治意志（立法）形成过程的条件，不仅要在单个行动者之动机和决策的个人层面去寻找，而要在建制化的协商和决策过程的社会层面上寻找。"③可见，刑法立法过程中的商谈不仅是公众不同意见甚至是冲突观点沟通、交流、竞争、审议甚至质疑的过程，也是一次价值知识与事实知识、大众价值理性与专家技术理性交织融合的过程，主体间平等真诚的立法商谈有助于全面协调、整合多元的价值信息，它使刑法立法不至于在专制意见和舆论的氛围中被绑架，而是遵循刑法立法规律，回归开放性、公共性和建构性的刑法立法程序，同时在立法技术官僚的帮助下运用娴熟的立法技术助益刑法立法科学化，不断提升刑法立法的质量。

3. 商谈建构刑法立法合法性

"民意的反对是合法性最大的和最直接的敌人。"④如何从民意反对

---

① ［美］詹姆斯·D. 费伦：《作为讨论的协商》，王文玉译，载陈家刚选编《协商民主》，上海三联书店2004年版，第7页。
② ［美］约翰·罗尔斯：《正义论》，何怀宏等译，中国社会科学出版社2001年版，第347页。
③ ［德］哈贝马斯：《在事实与规范之间——关于法律和民主法治国的商谈理论》，童世骏译，生活·读书·新知三联书店2003年版，第424页。
④ 王海洲：《合法性的争夺——政治记忆的多重刻写》，江苏人民出版社2008年版，第10页。

到公众认同是建构国家立法尤其是刑法立法合法性问题的关键,对此,传统理论从不同角度进行反思,既有从实证主义维度的规范分析恶法亦法的问题,亦有从自然法哲学高度的理论阐释恶法非法的问题,等等。其中,实证主义恪守"休谟命题",坚持将事实与价值相区分,正如孔德对"实证"的四重解读:"实证与虚幻相对,是真实的;与模糊相对,是精确的;与犹豫相对,是肯定的;与无用相对,是有用的。"① 显然,虚幻、模糊、犹豫甚至是无用的道德并不足以为公众塑造立法认同感,换言之,立法公众认同感必须诉诸真实、精确、肯定以及有用的法规范,即立法的正当性源于立法的"合法律性",然而,"恶法亦法"的道德诘难又使"合法律性"的合法性论证备受质疑。相反,自然法学派则将刑法立法的合法性诉诸道德、公平、正义等宏大命题,正如自然法哲学的代表人物洛克曾说:"自然法也就是上帝的意志的一种宣告,并且,既然基本的自然法是为了保护人类,凡是与它相违背的人类的制裁都不会是正确的或有效的。"② 不过,过于倚重"道德""正义"来建构公众对立法合法性的支持,也存在忽视立法的正当程序及其道德正义自然法价值本身的阶级局限性的问题,尤其是不同的人对道德的理解也未必一致,是否存在一个永恒的道德命题本身无法证实,是故,道德哲学上的立法合法性也未必"合法"。正是看到实证主义和道德哲学在建构立法合法性的缺陷,哈贝马斯提出了商谈交往理论,以期为包括刑法立法在内的国家立法寻找新的合法性理论资源,该理论既没有将立法的合法性完全寄托于实证法规范那里,也不是简单地将立法看成是对道德正义的描摹,而是扎根于生活世界,将立法合法性寄托于主体间的立法商谈程序之中,即程序生产合法性,在更广阔的维度上克服系统以及由此产生的策略性行为对立法合法性可能造成的冲击,如此一来,就避免了恶法非法或者恶法亦法的无谓争辩,另辟蹊径地说明:人民所需服从的法律本身就是经过人民充分商谈,彼此允诺而制定的法律,人民是法律的承受者,同时也是法律的创制者,从而阐释立法之合法性的本质。③

首先,从立法合法性的理论溯源来看,现代民主国家中,政治行为的

---

① [法] 奥古斯特·孔德:《论实证精神》,黄建华译,商务印书馆1996年版,第29页。
② [英] 洛克:《政府论(下篇)》,瞿菊农、叶启芳译,商务印书馆1964年版,第84页。
③ 闫斌:《立法合法性研究:审视与建构——基于立法商谈理论的视角》,《甘肃行政学院学报》2014年第5期。

合法性取决于政治权力的合法性,只要权力来源是合法的,那么权力运作的结果也将被推定为合法的,但是立法权的情况有些特殊,正如有学者指出,立法权是基础性的权力,它为司法权和行政权提供合法性,但不能自证合法性,必须借助其他外在来源。[1] 人类历史上,宗教、习惯、神灵乃至特定个人的魅力都曾被当作是立法合法性的外在来源,晚近以来,伴随西方人民主权等启蒙思想的广泛传播,人们开始将立法合法性归因于经过人民的同意,只有经过人民同意的立法方有合法性,然而,谁是人民?人民如何同意?如何以及由谁来判断人民是否同意的诘问,又使得用人民的同意建构立法合法性面临方法论上的危机。依哈贝马斯之观点,立法合法性不是来源于共同体中所有成员的一致同意而成的"公意",而是来自一种成员间的"辩论的共识",它存在于人民的自由讨论过程之中,哈贝马斯将其称为话语的合法性,它虽然不是行动规范的源泉所在,但它是主体间相互承认的基础,也是有效性主张可能达成的关键。正如哈贝马斯所言:"基于单个主体的实践理性由于无法同特定的文化生活形式和政治生活秩序建立联系,因而只能是'独白式的理性',也就是说'交往理性不再以单个主体为中心,而是形成于主体之间的互动关系'。"[2] 这样一来,交往理性就超越了传统哲学的桎梏,不再囿于从客体出发单向探寻立法合法性,而是基于多元主体间的互动建构立法合法性,是普遍性和个性的统一,目的理性和价值理性的统一,概言之,彰显交往理性的商谈不仅化解权力结构的刚性特征,还在一定程度上促进立法者的"兼听则明",成为"生产"立法合法性的基本方式。

其次,从刑法立法的合法性来看,国家为何能用诸如限制自由甚至剥夺他人生命的手段来惩罚公民?美国法哲学家范伯格基于损害原则和冒犯原则回应了这一问题,他认为,刑法是针对一些更为基本的东西设立的,如杀人、殴打、强奸、窃取(对社会而言是恶,对另外一些人是生存,只是为了维护更多人的利益和形成健康的社会生活,我们大家把它约定为犯罪而已)等行为,这些犯罪就是所谓基本犯罪,也称自然犯罪。相比而言,还有另外一类行为,刑法只是"后备刑罚",如操纵证券市场行

---

[1] 易有禄:《正当立法程序研究——以立法权正当行使的程序控制为视角》,中国社会科学出版社2009年版,第114页。

[2] [德] 哈贝马斯:《在事实与规范之间——关于法律和民主法治国的商谈理论》,童世骏译,生活·读书·新知三联书店2003年版,第4页。

为、逃避兵役、非法捕捞、非法经营、非法持有未经登记的枪支等，都属于衍生犯罪或法定犯罪。① 问题在于：一个行为是否被犯罪化，是取决于该行为本身还是对该行为的评价者？用犯罪学的话来说，把何种行为定义为犯罪取决于犯罪定义的对象，还是归因于犯罪定义者自身主体性因素的影响？② 自然犯罪是一种典型犯罪，对其刑法立法的合法性基于损害原则可获得，但是在法定犯罪中，对其他犯罪化不可避免地要受到立法主体诸如情感喜恶等因素的影响，与"定制犯罪"意思相近，而一旦犯罪定义者可以主观决定犯罪与刑罚，基于"处罚情感"和"处罚需要"的定制之罪则势必在刑法立法中泛滥，显然，这是以可危及生存和自由的手段惩罚公众的刑法不可承受之重，刑法立法合法性面临严峻的正当性追问和挑战。如何化解这种来自刑法立法自身特质的这种合法性危机？迈向主体间立法商谈的刑法立法是诸多解决危机途径中最优方式，它以交往理性为核心，以商谈为基本言说方式，不仅将法律的制定者和承受者统一起来，将人大主导立法和公众有序有效参与立法统一起来，变公众单向参与立法为主体间多维商谈商谈，还将现代国家立法中的民主原则和商谈原则融入其中，在公共立法审议过程中通过公众参与赋予刑法立法合法性，在多个主体充分有效的商谈互动中实现刑法立法的合法性。

总而言之，国家立法涉及对不同社会组织和公民之间利益与价值的权威性分配，立法合法性不仅仅来自于最高立法机关基于宪法规范上赋予的立法正当性论证，还存在于国家立法过程中不同主体间意见商谈、竞争、博弈和承认的交往状态。社会公众表达利益诉求，政治精英发起或者接受立法动议、法律精英为法律草案文本提供专业化帮助，在建构刑法立法合法性过程中，商谈立法克服以往探讨立法合法性理论的不足，它不仅以参与性和合作性为基本内涵，共同党的十九大提出来"共建、共治、共享"原则一脉相承，无疑，这在对刑法立法合法性的阐释论证上具有更大的理论说服力。

行文至此，我们必须承认，刑法立法中经常面临的价值判断不可能如同科学一样精确无误计算但又实实在在面临抉择，只有商谈方能最大程度上消解价值判断和抉择中的"异见"；立法者可能被遮蔽和公众可能被误

---

① ［美］乔尔·范伯格：《刑法的道德界限（第一卷）：对他人的损害》，方泉译，商务印书馆2013年版，第1页。
② 白建军：《犯罪圈与刑法修正的结构控制》，《中国法学》2017年第5期。

导背后的主体间商谈观念阙如也再次确认了立法商谈的重要性，它不仅保证公众对刑法立法过程和结果的知情权，还有助于各方声音在刑法立法中充分展示并吸收。党的十八届三中全会亦指出要"构建程序合理、环节完整的协商民主体系"，即"深入开展立法协商、行政协商、民主协商、参政协商、社会协商"。[①] 立法协商在推进协商民主中居于首要地位，是推进国家治理体系和治理能力现代化改革中的具体措施，此外，新时代在国家立法中坚持和发展全过程人民民主，一个很重要方面就是要健全立法商谈机制，完善立法商谈程序，优化立法商谈制度，为此，要确立并发挥立法商谈在刑法立法公众参与中的基础性地位和关键性作用。

小结：文明绝对不是多数人的投票，而是在党的领导下，多数人对话和协商的结果。正如习近平总书记指出："一个国家民主不民主，关键在于是不是真正做到了人民当家作主，要看人民有没有投票权，更要看人民有没有广泛参与权。"[②] 刑法立法公众参与的本质是在刑法立法中引入更加多元的声音，确保刑法立法无偏私；引入更多的社情民意，确保刑法立法少漏洞，通过主体间充分的立法商谈听取、识别、吸收和确认民意，辅以党导交往理性的政治限定。即在党的领导下，刑法立法中各个主体通过各种途径，充分协商、博弈和妥协实现立法者和公众的视域融合。其中，"党导"确保刑法立法公众参与行走在正确的道路上，"商谈"建构刑法立法公众参与的有序性和有效性。刑法立法公众参与不是立法机关也不是公众来决定刑法的罪和刑，而是创设恰当机制让两者在博弈商谈中提升刑法立法的质量，最终形成党领导立法、全国人大及其常委会制定刑法、立法技术官僚草拟刑法和公众参与刑法各得其所而又相互协调的刑法立法局面。

二 方法论：程序中主体间有效商谈

党领导立法商谈理念建构了刑法立法公众参与的总体方略，但在公众如何有序有效参与刑法立法的方法论上展开尚不足。事实上，党领导主体间立法商谈要想取得实效，必须始终坚持有序、有效和商谈的程序商谈原则，不仅要有适格的程序商谈主体，而且还必须要有充分的程序商谈过

---

① 《中共中央关于全面深化改革若干重大问题的决定》，《人民日报》2013年11月16日第01版。

② 习近平：《在中央人大工作会议上的讲话》，《求是》2022年第5期。

程，如此一来，提升刑法立法公众参与的水平。

(一) 基本的程序商谈原则

1. 有序商谈。有序商谈是贯穿党领导立法商谈方略的核心原则，也是刑法立法公众参与的首要原则，它是指立法者和公众在党的领导下，在遵守法律和有关立法程序规定的基础上自觉、自愿、自律地就刑法立法相关议题充分协商、讨论并寻求重叠共识过程的状态。[①] 如前所述，刑法立法公众参与的实质就是主体间围绕刑法立法的价值博弈和利益再分配过程，来自不同社会阶层的民众或民众代表希望通过参与刑法立法来表达并反映其相关立法利益诉求，然而，民众抑或民众代表们的利益诉求在许多时候并不一致，它们之间经常有意见分歧甚至会发生激烈争吵，一旦局面失控，刑法立法公众参与就会陷入"无序化"参与的困境，"民意泡沫"抑或"民意真空"现象也会应运而生，这无疑损害了刑法立法公众参与的民主价值根基。鉴于此，围绕刑法立法公众参与的主体间的立法商谈原则必须秉持有序性之本质要求，恪守合法、理性、适度、自主的立法商谈要义，它至少应包含三种含义，一是立法有序表达，二是立法有序协商，三是立法有序集中。[②] 首先，立法有序表达是指主体间就刑法立法相关议题的讨论须遵守特定的规则和程序先后发声，而不是所有人在所有时候都在不停地说话，这样只会让许多高质量立法意见湮没在嘈杂喧闹的议论中，立法表达就会变得没有意义，因此，有序表达在刑法立法公众参与中非常重要，如果主体间连对方表达什么都没有听清楚，弄明白，那么又该如何回应，怎么反馈发声呢，所谓主体间围绕刑法立法的意见有序协商就会付诸东流？更遑论在此基础上对公众相关立法意见和建议的有序集中了。其次，立法有序协商，即主体间围绕刑法立法的协商必须按照一定规则进行，否则，立法协商就有可能陷入混乱甚至是失控的状况。立法有序协商要求刑法立法公众参与中的参与者不仅要提供充分理由说服其他参与者，还要对其他参与者提出的事实和理由作出恰当的回应；不仅是刑法立法中的普通公众主体间的逐一对话，还是公众和法律精英间围绕刑法立法必要性、可行性和具体内容的井然沟通；不仅是立法机关和普通公众的平

[①] 宋方青、宋尧玺：《论我国公众有序参与立法的模式与实现路径》，《法制与社会发展》2012年第6期。

[②] 张晓、岳盈盈：《打通立法与民意之间最后一公里——关于破解地方立法公众有序参与困局的实证研究》，《中国行政管理》2017年第2期。

和讨论，还是立法机关同拟立刑法的利害关系人的充分互动……唯有如此，立法主体间平等表达、容忍差异并充分博弈的有序协商精神才能贯穿刑法立法公众参与的全过程和各环节。最后，立法有序集中，立法商谈是多个主体不同价值观和利益诉求相互交织和博弈的立法活动，经过主体间有序表达和充分商谈之后，围绕刑法立法的各种观点和意见还必须在最后阶段有序集中，否则前面的立法商谈活动就会变得没有意义，它是立法者和公众在充分尊重并权衡对方立法意见，兼顾公共利益，基于对各种观点和理由权衡下理性的公共商谈结果。[①] 它不意味着少数意见的消亡，只是将彰显商谈共识的那部分公众意见集中，然后按照重要程度、争议程度和讨论热度等规则有序地呈现出来，避免因为意见集中的混乱而影响立法机关对意见的听取、理解和采纳，助推主体间立法商谈的效能最大化。

2. 有效商谈。有效商谈是决定刑法立法公众参与能否取得预期效果的核心原则。它直接指向主体间就刑法立法相关议题的讨论和互动要有显著的立法效果，强调刑法立法商谈不能是一种形式更不能是一场"仪式"，而必须是实实在在的具体立法商谈行动，无论是公众还是立法者围绕对方提出的刑法立法意见和建议必须高度重视并积极回应，在此过程中，刑法的制定就会凝聚更多人的智慧，彰显更多人的共识。具体而言，有效商谈包括以下几个方面：首先，社会成员具有积极准备参与的心态并呈现良好参与状态，尤其是受刑法立法影响的利害关系人要最大范围参与刑法立法，如果刑法立法过程中只有部分公众参与或者极少数人的参与，都不可避免地要把一些公众排除在立法商谈主体之外，这不仅限缩了刑法立法商谈的主体范围，也将直接影响刑法立法商谈的实际效果。其次，主体就刑法立法的商谈深度。一方面，在刑法立法的立项、起草、审议、论证、评估、表决、公布与备案审查等程序环节中，主体间围绕刑法条款及其内容的立法商谈应当贯穿全过程和各环节；另一方面，无论是现实还是潜在立法商谈参与者都能围绕刑法立法的相关议题拥有同等发声机会和论辩权利，并且所有人都能在任何时间依法发表任何倾向性的观点，也就是说他们可以对自己所提出的主张反复地进行解释和论证，也可以对其他立法商谈主体的疑问提出支持性或否决性意见；主体间还可就刑法立法商谈

---

① 侯孟君、马子云：《地方立法公众参与的若干问题及其应对》，《湖北警官学院学报》2014年第10期。

的时间、地点和范围充分沟通,并在此过程中达成意见一致。① 总之,主体间就刑法立法的深度商谈是双方围绕刑法立法中的重难点彼此反复交心和法情感深层互动的过程,即便是最后的商谈的结果暂时不理想,但也不妨碍他们继续立法商谈的可能以及为达成最后的刑法立法中的"重叠共识"而付出更多的努力。② 最后,主体就刑法立法商谈的实效。所谓实效直接指向主体间立法反复充分商谈所能达到的实际效果,是有效商谈原则的延伸和重要内容,但值得注意的是,主体间立法商谈的成果能最终反映在刑法文本中固然是刑法立法商谈的实效,但不能据此认为,凡是立法商谈结果没有转化为具体刑法文本的内容就没有取得立法商谈实效,从而也不是有效的主体间立法商谈,笔者认为,衡量主体间立法商谈是否取得实效的最大标准就是,商谈能否相互启发对方或者其他不特定第三人就刑法立法议题作更全面和更深层次的思考,如果商谈能够启发立法机关对刑法草案的思考并进一步完善,或者,商谈能够启发公众对刑法草案的思考或客观评价他人的立法意见,那么,这样的立法商谈就是有实效的,而不是非要说将主体间就刑法立法商谈意见写进刑法文本才是有实效,这是机械的立法商谈实效论,必须摒弃之。

3. 善意商谈。善意商谈是落实党领导立法商谈理念的底线原则,任何商谈程序和商谈制度都必须由具体的人去执行,如果执行制度的人不怀好意甚至处心积虑搞破坏,哪怕再好的立法商谈制度也很难取得好的商谈效果。例如,我国《立法法》第 39 条中规定"重大意见分歧""需要进行听证的"的弹性条款本来是为了帮助立法者能更好地"因事制宜"地决定立法工作中是否需要公众参与的问题,但如果这些规定被立法者中的一些立法工作人员滥用,需要进行听证的也认为不需要进行听证,那么,刑法立法中的公众参与价值和立法商谈制度设计初衷就会被事实上虚置,因此,主体间有效立法商谈就必须提及刑法立法参与各方的善意商谈原则,即在刑法立法前、中、后的各个阶段各个环节,主体间就刑法立法的规划、目标、内容、范围、程序、方法、结果披露、反馈协商以及刑法立法后的效果评估等诸多方面必须秉持平等、真诚、充分的商谈原则,真正树立人民群众是历史创造者的历史唯物主义立场,在刑法立法中切实做到

---

① 闫斌:《立法合法性研究:审视与建构——基于立法商谈理论的视角》,《甘肃行政学院学报》2014 年第 5 期。
② 孙潮、徐向华:《论我国立法程序的完善》,《中国法学》2003 年第 5 期。

问计于民、问需于民而不是主观唯心或者唯上是从,随意裁剪省略正常的民主立法程序,具体而言,立法善意商谈原则的基本内涵包括以下方面:一是平等。所有同拟立刑法立法内容具有利害关系的公众都有平等机会和权利来表达他们对刑法立法过程和内容的立场和观点,反映他们对刑法立法的多元利益诉求。二是真诚。立法商谈中各方都要有开放的胸襟和认真倾听别人意见的态度,并愿意在听取别人的意见后对个人不合理的意见偏好进行改变,接纳他人对刑法立法的合理意见和建议。三是公开。立法商谈中各方都要开诚布公地介绍自己情况和本人在立法前期准备工作的情况,尤其是要说明本人持什么样的刑法立法意见,并重点说明为什么有这样的意见、背后关注的利益群体以及立法偏好等情况。四是互惠。必须承认,刑法立法商谈中各方即便是在充分审议和反复商谈情况下也可能出现不能达成立法共识的结果,但善意的商谈并不否认现有立法商谈的价值,同时对未来刑法立法的后续讨论和审议保持开放态度。"在面对冲突时,相互尊重不仅有助于维系共同体的存在,也有助于冲突的调节;相互尊重为未来的不同的、更具有弹性的解决方案提供了可能性。"① 五是回应的责任。立法商谈各方除了知道并捍卫自己的立法偏好和关注利益以外,也要充分理解他人在刑法立法中的相关利益关切与价值立场,意识到要想制定一部真正富有生命力的刑法就必须兼顾各方利益,承认他人合理的利益关切,修正自身不切实际的立法利益,让刑法立法成为凝聚更多人的更多共识的智慧结晶,鉴于此,参与者在立法讨论中具有说服其他各方和对其他各方的关切进行回应的责任。②

恩格斯曾谈及:"原则不是研究的出发点,而是它的最终结果。"③ 刑法立法过程中主体间的立法商谈必须以有序、有效和善意原则为根本指引。其中,有序立法商谈是有效立法商谈的基础,有效立法商谈是有序立法商谈的目的,善意立法商谈贯穿整个刑法立法主体间商谈的全过程和各环节,作为基本的程度商谈的这三个子原则辩证统一,不可分割。如果我们尝试用这几个立法商谈子原则重新审视前述刑法立法公众参与困境的

---

① Amy Gutmann and Dennis Thompson: *Why Deliberative Democracy*, Princeton University Press, 2004, p. 80.
② [英]马修·费斯廷斯泰因:《协商、公民权与认同》,载[南非]毛里西奥·帕瑟林·登特里维斯主编《作为公共协商的民主——新的视角》,王英津等译,中央编译出版社2006年版,第43—48页。
③ 《马克思恩格斯全集》(第3卷),人民出版社1960年版,第74页。

话，我们发现，公众参与在程序上的混乱可归结为立法商谈的无序；公众参与在实体上的弊端可归结为立法商谈的无效，主体间平等真诚商谈观念的阙如可归结为立法善意商谈原则在刑法立法公众参与过程中的实质缺位。

(二) 适格的程序商谈主体

当我们在讨论作为方法论的程序中主体间有效商谈时，除了要关注一般的基本的程序商谈原则，还要将目光聚焦到立法商谈中相关程序商谈主体是否适格的问题，即商谈各方在面对刑法立法公众参与具体问题时，应当如何应对或者回应方能称得上是适格。因为，刑法立法科学化是刑法立法公众参与过程中包括立法者和公众在内各参与方的一致目标，如果立法程序中的商谈主体不适格，基本的程序商谈原则因为无人或者无合适的人执行将不得不"束之高阁"，同时具体的立法商谈程序也不可能真正落在实处，而适格的程序商谈主体，不仅要关注适格立法者应具备的品质还要关心适格公众应具有的态度，以及两者在商谈立法互动中这种品质和态度如何做到主体"适格"?

1. 适格立法者的应有品质

(1) 认真对待公众参与中的"情绪"

"刑事立法程序的民主性要求刑事立法摒弃神秘主义，让国民参与刑事立法过程。"[1] 立法机关在刑法立法过程中必须听取公众的意见和建议，刑法立法公众参与的过程某种程度上也是公众"情绪"汇聚、释放和共鸣的过程，认真对待这种"情绪"是立法者适格的重要判断标准。首先，刑法立法商谈中公众情绪未必就是对刑法立法无一用处。长期以来，公众参与中的"情绪"都是以一种负面的形象呈现在世人面前，好像只要是情绪化的东西都是不好的，就是要在刑法立法过程中多入罪和少出罪，其实不然，公众情绪化立法也间接反映了公众对现有刑法立法现状和犯罪治理的不满，提醒立法者要及时反思刑法立法并作出适当的改变，从而提升刑法对社会生活的适应性和匹配性，同时，参与情绪也未必都是犯罪化和重刑化，笼统地说公众情绪偏好何种类型刑法似乎并不妥当，还容易掩盖公众刑法立法情绪偏好背后的真正原因，有时这种背后的原因，才是刑法立法决策中需要真正考虑的因素；再从现实情况来看，对诸如贪污贿赂等

---

[1] 梁根林:《刑事政策：立场与范畴》，法律出版社 2005 年版，第 269 页。

身份犯的刑法立法公众情绪可能会比较激烈，但对法定犯的刑法立法公众情绪或许就会相对宽容，而对伦理犯刑法立法进程和结果公众情绪总体趋向一致，并不像人们想象中的那样，刑法立法中的公众参与情绪化就一律是重刑主义，根据不同犯罪类型的划分，公众参与的情绪样态和指数也经常会有不同程度的倾斜。其次，对立法商谈中的公众"情绪"必须仔细甄别。立法者应准确区分公众情绪究竟想表达的内容是什么？哪些情绪是缘于公众对有关情况的不了解，哪些情绪是出于公众真实的立法要求；哪些情绪是利益集团误导下的不合理的利益诉求，哪些情绪又是其合理并且需要加以解决的利益诉求？立法者只有准确识别潜伏在公众情绪背后的真实意图，才能在信息完备情况下理性地决定有无必要以及如何刑法立法。[①] 一般而言，刑法立法商谈中的公众情绪化立法诉求，要么是因为法益侵害行为本身具有严重社会危害性而刑法没有及时跟进，对这种公众"情绪"，立法者要认真反思并在今后的刑法中及时补正；要么是因为司法机关机械刑事司法行为引起的，例如，人们之所以产生对"见危不救"现象的刑法立法情绪，其实，这同我国刑事司法判决中对正当防卫认定过于严厉不无关系，[②] 对这种非刑法立法本身却是引发的公众对刑法立法"情绪"，立法者不宜被这种情绪所裹挟并仓促将所谓"见危不救"行为入刑，因为公众情绪化立法建议针对的对象是刑事司法行为，而不是刑法立法本身，盲目修改刑法实际上是立法者对公众"情绪"的误解。当然，还有些公众情绪仅是单纯道德溢出效应问题，例如，前述"见危不救"行为本质上只是社会道德规范失灵的问题，对这种公众"情绪"化的道德诉求，如果简单地以域外立法经验为参考将其纳入刑法规制范围，实际上就是把国家对道德治理的失败责任强行转嫁给刑法立法，而道德刑法化无疑将会对国家刑罚资源造成极大浪费，因为"刑罚是通过刑事定罪的污名效应来制止犯罪的，然而，污名是一种消散很快的稀缺资源。如果个

[①] 刑法立法商谈过程中的公众情绪必须甄别哪些属于刑法解释论的问题？哪些是刑法立法论的问题？哪些是公民守法的问题？哪些是行政机关执法不严的问题，不能把刑事司法实践中的所有问题都归因于刑法立法规范的供给不足，只有那些指向刑法立法本身的公众情绪，立法者才会考虑是否有必要着手刑法立法的修正。

[②] 2014年7月1日，大学生涂某红在制止他人不法侵害过程中造成不法侵害人轻伤，之后被深圳南山警方以正当防卫过当涉嫌故意伤害罪被刑事拘留，引起舆论一片哗然，显然，这种判决加大了社会公众见危不救的心理预期，换言之，改变见危不救现象的关键不是新的刑法立法而是司法机关司法能力的提升。参见王群《社会转型中的正当防卫界限》，《河南科技大学学报（社会科学版）》2014年第6期。

体实施的行为很少遭到人们的谴责,且大多数人都会实施这样的行为,那么国家就不能有效地使他们蒙上污名。而随着刑事责任适用范围的扩大,污名效应将被消耗殆尽,最终亦会导致威慑力被侵蚀"。① 刑尽则无刑,对公众以道德为名试图影响刑法立法中的"情绪"必须保持足够警惕。最后,立法商谈中的"情绪"必须科学引导。众所周知,公众情绪征表民众某种固有的刑法偏好,立法机关是否在刑法立法中响应这种情绪,一要看公众情绪是否有代表性,对仅是代表部分公众的情绪化刑法立法的诉求,立法者必须对此保持刑法立法的谨慎;二要看具有代表性的公众情绪是否达到非得要用刑法调整不可的地步,即便是公众情绪代表了大多数人的声音,但这也不意味着立法者就必须无条件地遵循这种"情绪",换言之,只有公众"情绪"所指向的社会越轨行为在穷尽了一切其他法律救济途径之后方能诉诸刑法立法,否则,刑法立法就是以顺应公众情绪的名义误解甚至是滥用公众立法心声,人们必须牢记:"刑法无法彻底消除社会不平等,但至少不要以民意的名义扩大社会不公。"② 三要看非用刑法调整不可的"情绪"是否符合刑法基本原理。刑法基本原理是对刑法立法和刑事司法内在规律的经验总结,在刑法立法何以科学化中发挥举足轻重作用,面对刑法立法公众参与中的"情绪",立法者不能无视这些刑法基本原理,制定"民众叫好"的刑法固然重要,制定"理论证实"的刑法也意义非凡,换言之,于"理"无据的公众情绪不宜轻率地视为"民意"而直接进入刑法立法程序,更不宜将其规定为刑法条文的一部分。除此之外,立法商谈中的公众"情绪"还必须充分考虑国际刑法发展的客观趋势和人类法治文明的一般规律。对于已经被其他国家的刑法修正实践证明是正确的并符合人类刑事法治文明发展客观规律的刑法立法方向,即便是国内公众的情绪对此有所反对或保留,我们仍然应当超越公众情绪并按照科学的发展方向进行刑法立法的修正,例如,逐步废除死刑的世界刑法立法趋势,我国断不能因为公众情绪化的死刑执念而在此裹步不前甚至还进一步扩大死刑立法的范围。总而言之,"人皆有与生俱来的法感,一种品评是非的天赋,一种对于人间美善秩序的憧憬,后天的教育得以让

---

① [美]道格拉斯·胡萨克:《过罪化及刑法的限制》,姜敏译,中国法制出版社 2015 年版,第 15—16 页。
② 白建军:《中国民众刑法偏好研究》,《中国社会科学》2017 年第 1 期。

这个法感更加精微"。① 当立法商谈中立法者对公众参与中的"情绪"运用进退失据，屈从、妥协甚至迁就公众"情绪"就极易造成刑法立法的短视性、随意性和象征性。对此，菲利早就预警到，立法者非常容易罹患立法癖，以至于每出现一个新的社会现象都马上需要与之相对地制定出一部专门的法律、规则或者刑法条文。② 综上所述，全国人大及其常委会必须认真对待刑法立法商谈中的公众"情绪"，"情绪"并不一定就是重刑，更不一定就是当然的消极立法现象，人们应考虑健全和完善刑法立法的相关情绪和民意的信息收集反馈机制，进而能更好地对刑法立法中公众"情绪"加以辨认、比对和印证，从而理性并科学地获得对刑法是否应当以及如何调整的准确判断。一种较为可行的策略是，是将立法商谈中的公众情绪仅视为启动某项刑法立法的动议或引子，而不是刑法立法内容本身，在之后的刑法立法各方商谈过程中，对其中合理的公众"情绪"予以承认，对其中不合理的公众"情绪"予以精准引导，改变能够改变的，对非理性甚至是虚假的公众"情绪"过滤之，唯有如此，立法商谈才能让"情绪"从感性认知迈向理性认识，准确区分刑法立法公众参与中的"众意"和"公意"，推动刑法立法始于"民意"，合于"众意"，终于"公意"，彰显刑法的社会保护和人权保障的双面机能。

（2）坚持刑法立法公众差别化的参与

刑法立法公众参与中的主体间立法商谈不仅是多元主体的意见互动过程，还牵扯到社会生活的方方面面，毫不夸张地说，立法商谈是一个系统性社会活动。虽然立法者在商谈过程中，对于什么样的情况应当、可以接受或者拒绝公众意见具有稳定的心理预期，但仍然不可忽略立法商谈中公众参与的某些特殊方面要求，概言之，刑法立法公众参与并非千篇一律，许多时候公众差别化参与刑法立法更有助于立法商谈的推进，适格的立法者应当注意这个问题，正所谓矛盾普遍性与特殊性的辩证统一。下就这个问题分别展开讨论：首先，根据不同犯罪类型的公众差别化参与，无论是法定犯还是伦理犯的刑法立法都有公众参与的必要性，但不同的犯罪类型对公众参与要求的广度和强度不尽一致，例如，针对法定犯的刑法立法公众参与的必要性和现实性就远远大于伦理犯，因为对于绝大多数的伦理

---

① 王强军：《刑法修正之于社会舆论：尊重更应超越》，《政法论丛》2014年第3期。
② ［意］恩里科·菲利：《犯罪社会学》，郭建安译，中国人民公安大学出版社2004年版，第100页。

犯，刑法惩治立场公众意见具有天然的趋同性，而法定犯则刚好相反，如果不区分伦理犯和法定犯搞无差别的公众参与，刑法立法中的主体间立法商谈的效果就会显著降低。其次，根据不同犯罪客体的公众差别化参与，所谓犯罪客体是指刑法法律所保护而为犯罪行为所侵害的社会关系。[①] 我国刑法根据犯罪客体不同将犯罪分为十大类型，不同犯罪客体的刑法立法，对公众参与能力的要求是不同的，如果让从事农业生产的公众参与知识产权犯罪方面的刑法立法就可能很难实现预期的主体间立法商谈效果，因此，针对不同犯罪客体，差别化鼓励适合的公众参与立法商谈是必要的，适格立法者对此应当乐见其成。再次，根据刑法总分则内容的公众差别化参与。一般来说。刑法总则条文比较抽象，牵涉的刑法立法原理和立法技术比较多，比如数罪并罚、追诉时效的相关规定可能更需要的立法精英们的专业智慧，而刑法分则立法更多的是刑法具体罪名中的构罪与量刑的具体规定，相对来说没有那么多高深的刑法原理，公众相对熟悉有能力也有意愿就其发表针对性的意见和建议，换言之，刑法立法中的主体间立法商谈对刑法总则和分则内容可考虑公众差别化参与，对刑法分则条文的刑法修正可考虑吸纳更多普通公众参与其中，对刑法总则条文的刑法修正可考虑更多具有专业知识的公众参与其中，值得注意的是，这种区分是相对的，这并不涉及对公众本身的歧视，目的都是为了让公众更好地发挥自己的优势，提升主体间的立法商谈效果。从次，根据同拟立刑法利害关系程度的公众差别化参与。刑法立法是主体间围绕刑法立法的价值博弈和利益再分配过程，对所在国的全体公众利益都会产生影响，但这种影响对不同公众而言还是有差异的，笔者拟将其分为最核心的利害关系人、中间的利害关系人以及边缘的利害关系人，依其同刑法立法的密切程度优先进行立法商谈，即对于最核心的利害关系人，立法者应当优先征求其意见并与其充分商谈，以此类推，如果拟立刑法同绝大多数公众都有利害关系，就应该有针对性地扩大公众参与刑法立法的人数规模，例如，对诸如从业禁止、公职人员终身监禁和死刑存废等类似刑法立法的修正就是适例，更多的公众参与到立法商谈有助于增强刑法立法的正当性。最后，根据我国人口和地区发展的国情的公众差别化参与。考虑到我国人口众多、地区发展差异较大的实际，刑法立法公众不可能在所有地区以无差别的方式进行都

[①] 陈忠林主编：《刑法总论》，高等教育出版社2007年版，第82页。

无差别的参与。在大城市，由于人口相对集中、地区发展总体差异不大且都处于发达地区，无论是立法商谈主体的素质还是相应的网络硬件设施都比较先进，刑法立法中的主体间立法商谈整体推进速度就会相应快许多，反之，对那些身处贫困山区的公众，刑法立法商谈就要求立法者必须充分考虑当地的实际情况并帮助他们解决在立法商谈中遇到的实际困难，刑法立法中的主体间立法商谈需要有更多的耐心。除此之外，适格立法者还应考虑公众规模对立法商谈结果的影响，较之公众以个体身份，公众以诸如妇联这样的集体身份出现在同立法者的立法商谈中往往作用更大。毋庸讳言，本部分仅是结合常见情形对立法商谈中公众差别化参与的初步分类，本身并不完备，它的意义在于提醒一个适格的立法者在立法商谈过程中必须根据具体的公众参与情况灵活应对，而不是胡子眉毛一把抓，在低效率的商谈中浪费彼此时间和精力。

（3）坚持刑法立法的合宪性审查

诚然，主体间充分的立法商谈能最大程度消解意见对立，建构刑法立法的合法性，但我们也不能排除在极端情况下立法商谈也可能出现异化，例如，强大民意立法压力可能让立法者为了迎合民意情绪而径直快速推出相关刑法立法，使得刑法立法中主体间本该充分进行的立法商谈不充分、不完备，从而损害立法商谈价值。刑法立法中主体间立法商谈既是有底线的商谈，更是有共识的商谈。其中，承认宪法的最高法律效力应该是立法商谈各方进行商谈的最大共识和共同基础，因为宪法是根本法，在整个法律体系中处于最高的地位，刑法立法首先是在宪法精神和内容规范指引下的部门立法。鉴于此，注重对刑法立法合宪性审查和把握就成为适格立法者应当具备的基本素养。① 众所周知，刑法立法合宪性控制的核心在于审查立法商谈过程中国家刑权力对公民基本权利是否存在限制以及这种限制是否适当，即"根据宪法的原则和精神……正确处理人民群众依法行使权利和国家机关依法管理的关系……注意防止不适当地扩大部门的权力和利益或损害公民的合法权益"。② 具体来说，对刑法立法合宪性审查可分为两步：第一步，判断"要不要"，即在刑法立法中主体间立法商谈中围

---

① 日本学者大石真认为："从法律草案的起草、提出到审议，再到法律实施之后的各个阶段中，违宪审查均发挥其机能。"参见 [日] 大石真《违宪审查机能的分散与统合》，潘迪、穆文秀译，《浙江社会科学》2010 年第 5 期。

② 田纪云：《全国人民代表大会常务委员会工作报告》，《中华人民共和国全国人民代表大会常务委员会公报》1998 年第 1 期。

绕立法可能介入公民宪法权利的刑法立法内容是否有存在和保留的必要，如果答案是否定的，则将这些内容从立法商谈的记录中删除之，从制度程序上阻却违宪的立法商谈内容进入刑法立法文本的任何可能性。第二步，判断"改不改"。在确认限制公民宪法权利的刑法立法商谈内容本身有存在讨论的必要后，还需要进一步审查这种限制在适用的对象、情形、程序是否妥当，是否存在滥用的可能，如果存在这种可能则需要对立法商谈中的刑法立法内容做进一步修改，以确保任何可能对公民基本权利的刑法立法限制都必须置于现行宪法精神和条文规范的框架之内。需要说明的是，围绕刑法立法商谈过程中对刑法立法合宪性审查必须要由某个机构来具体承担，一般认为全国人大宪法和法律委员会是比较适宜的，同时全国人大法工委可发挥协助审查之功能。首先，从全国人大宪法和法律委员会的职能来看，宪法和法律委员会统一审议所有的法律草案（包括有关刑法问题的立法草案和全国人大及其常委会议事规则的草案），有权提出独立的立法修改意见和建议，并向全国人大常委会或全国人大主席团提出审议报告；根据《立法法》规定的立法程序，宪法和法律委员会可根据全国人大各代表团审议意见，或全国人大常委会分组、联组、全体会议审议意见，提出刑法立法草案的修改稿和表决稿，在这一过程中宪法和法律委员会有权对各方面意见进行比对筛选并决定是否纳入刑法立法草案文本；[①]尤其是面对刑法草案立法审议过程中出现的重大分歧，宪法和法律委员会经研究后可以提出相关意见，这些意见建议虽然不具备法律上的拘束力，但由于法律草案的表决稿由宪法和法律委员会提出，所以在某种意义上它还是奠定了刑法草案表决稿的基本面貌，综上所述，全国人大宪法和法律委员会在协调刑法立法的内容争议、统筹刑法立法的程序运转、凝聚刑法立法共识方面发挥着不可替代的作用。[②] 其次，全国人大宪法和法律委员会组成人员相对专业化和精英化的优势也使其有一定的能力对在进行立法

[①] 2015年修改的《立法法》增加规定："法律委员会和有关的专门委员会审议法律草案时，认为有需要修改或者废止其他法律相关规定的，应当提出处理意见。"

[②] 立法审议实践中，全国人大代表、常委会组成人员和其他单位在立法审议过程中虽然也能改变甚至完全推翻宪法和法律委员会先前的立法修改意见，但这种变更也必须经宪法和法律委员会研究后，由宪法和法律委员会在法律草案审议报告或修改情况的汇报中再次以修改建议的方式提出。因此，在某种意义上，所有立法审议主体和相关单位对法律草案内容的修改在形式上都必须借助宪法和法律委员会的工作程序才能完成。参见蒋劲松《代议法导论：基于中国人大制民主法治化》，法律出版社2016年版，第532页。

商谈的刑法草案内容进行合宪性审查和整体把握，确保合宪性审查经得起专业推敲和实践检验。由此可见，对刑法立法内容的合宪性审查既有必要也有可能，它能最大限度地防范立法商谈中对刑法立法的可能异化，因此，应当将其作为立法程序中主体间有效立法商谈之适格立法者应当坚持的底线之一。[①] 需要指出的是，立法商谈对刑法立法的合宪性审查是将宪法精神和规范贯穿到刑法立法中主体间立法商谈的全过程和各环节，最大限度发挥宪法在主体间立法商谈中的规范、引领、推动、保障作用，让宪法成为刑法立法商谈各方主体内心深处的最高信仰和共同操守，确保刑法立法主体间立法商谈在宪法的轨道上更加行稳致远。

（4）恪守刑法立法谦抑性原理

科学的刑法立法是精英理性和公众经验取长补短的结果，在立法者和公众的充分商谈中实现立法科学化，然而，偏重于感觉判断的公众大多缺乏专门的刑法知识和立法技艺，因此，如何保证立法商谈过程中刑法立法遵循至少不违反刑法基本原理就不可逆地主要落在了立法者身上，恪守刑法立法谦抑性原理是适格立法者最为重要的立法商谈准则之一。只有恪守刑法立法谦抑性，才能降低立法商谈异化成公众情绪决定刑法的风险；只有恪守刑法立法谦抑性，才能保证立法商谈沿着有序、有效和善意的方向进行。首先，通过程序守住刑法谦抑性底线。既要注重刑法立法制定前的风险评估程序，也要关注刑法立法过程中的立法程序完善。刑法立法制定前的风险评估程序可借助经济学中的 SWOT 模型辅助决策之，[②] 即先由立法者对商谈过程中拟立刑法立法草案中可能存在的优势、劣势以及风险和机会进行综合权衡并在此基础上确定该刑法立法是否紧迫和必要，如无紧迫和必要，该刑法立法的启动就涉嫌违反刑法谦抑性而没有继续立法商谈讨论的必要；刑法立法过程中的程序完善主要是针对现阶段全国人大及其常委会在立法审议程序中出现的精细性不够、泛议化凸显以及立法辩论和

[①] 党的十九大报告中执政党再次向世界宣告要坚定不移地："推进合宪性审查工作。"参见习近平《决胜全面建成小康社会 夺取新时代中国特色社会主义伟大胜利——在中国共产党第十九次全国代表大会上的报告》，《人民日报》2017 年 10 月 28 日第 01 版。

[②] SWOT 理论模型又称为态势分析战略，该模型侧重于就评价对象的 Strengths（优势）、Weaken（劣势）、Opportunity（机会）、Threaten（威胁）等影响因子进行全方位的诊断，启发人们更加客观地分析和研究系统的现实情况，进而理性决策。参见 Houben G., Lenie K., Vanhoof K.: *A Knowledge Based SWOT-analysis System as an Instrument for Strategic Planning in Small and Medium Sized Enterprises*. Decision Support Systems, 1999, 26 (2): 125-135。

质询机制不健全等问题提出来的立法商谈改进措施，通过对刑法立法过程的程序完善消解立法商谈过程中非谦抑性因素的膨胀。① 其次，通过实体守住刑法谦抑性的底线。即从刑法立法主体、客体、主观方面和客观方面四个维度立体建构我国刑法立法谦抑性的实体标准，具体言之，刑法立法是国家基本法律的制定，根据《立法法》第 10 条和第 11 条对全国人大及其常委会立法权限的划分，涉及刑法大范围修正的立法主体应当以目前全国人大常委会为主逐步转变成以全国人大为主。刑法立法客体是指在广泛而错综复杂的社会关系中值得被纳入刑法规制范畴的社会关系，立法商谈过程中立者要实现刑法立法谦抑性就必须牢记只有那些遭到犯罪严重侵害而其他法律尚不能实现有效规制的社会关系才有纳入刑法调整的必要，行为具有严重社会危害性和法益侵害性是犯罪化的实质标准。对刑法立法主观方面的判断，简单来说就是，"倘无迫切需要，不应立法"，即刑法的最后手段性。换言之，某种法益侵害行为如果用道德可以实现矫正，就不需要用法律；如果用其他法律可以解决的，也不需要诉诸刑法，尤其是要注意发挥刑法解释在社会越轨行为治理中的作用，对某些偶发或者新型的社会越轨行为的惩治，如果通过刑法的实质解释（以不违反罪刑法定原则为前提）能达到目的的，那么，另行制定新的刑法立法规范来实现风险控制就实属多余。刑法立法客观可行，即拟制定的刑法立法必须能够在司法实践层面实际施行，否则就会沦为"纸张上的刑法"，正如萨维尼所言："如果是在一个并未达臻此一艺境②的时刻编纂法典，则下列弊病势无可免：司法表面上似由法典规定，而实际则由法典之外，充任真正的绝对权威的其他什么所调控，不管怎样，这一假象导致了最具灾难性的后果。"③ 其一，在规范层面，刑法立法要考虑到刑法规范内部以及同其他法律规范之间的体系性和协调性，至少保证不能出现法律规范内部之间的抵牾和冲突；其二，在文化层面，刑事立法要充分尊重考虑本国本民族的历史文化传统、风俗习惯等内容，洞察世道人心；其三，在制度层面，刑法立法特别是犯罪圈的扩充，要充分考虑所在国家刑罚资源现状和

---

① 王群：《当下中国刑事立法何以谦抑化》，《北京理工大学学报（社会科学版）》2017年第 1 期。
② 艺境指存在或已确立能够推导出存在于一切法律概念和规则间的内在联系及其确切的亲和程度的公理。参见何珊君《科学立法的重要条件及其考察》，《学术界》2013 年第 12 期。
③ ［德］弗里德里希·卡尔·冯·萨维尼：《论立法与法学的当代使命》，许章润译，中国法制出版社 2001 年版，第 18 页。

实际司法资源的承载能力，如果国家所占有的司法资源没有充分准备好迎接某类行为入罪并有效惩处，那么，就应当对该刑事立法持谨慎态度；①其四，在实践层面，刑法立法还必须充分虑及其在司法实践中的可观察性，即刑法罪状描述的事实在实践中能够通过证据重现并证明。福柯曾指出："判决的最终基础仍然是一些由证据和相关信息构建起来的有关案件的事实。没有这些证据和事实，法官就没有根据裁断，司法机器的实践话语就会卡壳。"② 总而言之，立法商谈中适格立法者必须牢记刑法制定不应仅是来源于所谓的"现实需要"，还必须守住刑法立法谦抑性的底线，唯有如此，通过主体间有效商谈才能最大限度推动刑法立法的科学性和实效性。

立法者不仅是参与刑法立法商谈中的主要当事方，也是刑法立法商谈的重要见证者。高质量的刑法立法商谈不仅是立法者就刑法立法问题同公众密切磋商，畅所欲言，还要求立法者在立法商谈过程中守住商谈底线，换言之，商谈不是无原则的退让，更不是无底线的妥协，如果是这样，刑法立法公众参与势将重回某一方控制另一方的假参与时代。当然，除上文提及的底线之外，立法者还必须遵循罪行均衡、刑法面前人人平等、责任主义等构成现代刑法基石的基本理念。只有这样，主体间有序有效立法商谈方有可能，只有这样，刑法立法才能从一般公众那里获得普遍遵守的力量。

2. 适格公众的应有态度

适格的立法者只是刑法立法中主体间有效立法商谈的一个方面，正所谓"单音不成曲""一花不成春"，刑法立法主体间有效商谈亦离不开公众主体积极的、有态度的高质量参与，同立法者一样，我们无法罗列立法商谈中公众所有的行为，更无法全部一一判断公众何种具体立法商谈行为归于恰当，但表明作为适格公众参与者在此过程中应有的底线——从态度到行为无疑是可能也是现实的。

（1）感官正义不等于刑法正义

卢梭曾言："立法是对人民意志的记录，是人民自己为自己作出的规定。"③ 对任何法治国家而言，立法表达并反映人民的意志从来都是天经地义的事情，我国亦是如此，新时代在立法过程中践行全过程人民民主理

---

① 王群：《刑事立法谦抑化的路径选择》，《内蒙古社会科学（汉文版）》2016年第6期。
② ［法］米歇尔·福柯：《法律精神病学中"危险个人"概念的演变》，苏力译，《北大法律评论（第2卷·第2辑）》，法律出版社2000年版，第494—495页。
③ ［法］卢梭：《社会契约论》，何兆武译，商务印书馆2003年版，第75—76页。

念，推动刑法立法有序有效公众参与正是增强我国刑法人民性的实践探索。据此，一些公众就容易在刑法立法商谈中固执地认为，凡是公众提出的刑法立法意见，立法者就该无条件地接受，不然，立法商谈就是立法者蒙骗公众的"作秀"之举。这种认识无疑是错误的，它实质上是将公众的感官正义完全等同于刑法立法正义，这不仅是一种形而上学的参与论和正义论，还会给刑法立法中主体间有效的立法商谈带来消极影响。实际上，感官正义不等于刑法正义，正是一个适格公众参与者应该秉持的基本立法商谈态度。所谓公众感官正义，是公众基于自身的利益需要、感受和体验而形成的对刑法立法主观的感觉、情绪、愿望和要求，是一种处于感性阶段的原始刑法立法的主观道德诉求，诸如"杀人者必须偿命"的公众价值认知就是适例。[①] 刑法立法正义根源于公众感官正义但又与其有着许多不同，它更凸显为一种理性的刑法立法技艺，它不仅要求拟立刑法内容契合公众的感官正义，还强调刑法立法还必须契合至少不能背离包括刑法立法原理和技术在内的一系列立法技艺，甚至还要考虑复杂的刑事司法实践情况。众所周知，刑罚的威慑效率是由惩处概率和惩罚严厉程度两个变量决定的，如果惩处概率非常低，无论刑法规定的刑罚惩罚如何严厉，也不可能对规制对象产生应有的威慑——毕竟只有很小的可能性变成现实。[②] 现实中，公众的感官正义往往表现为，社会上某类法益侵害行为经媒体曝光后，公众发现现有刑法难以或者没有对其进行立法规制，出于朴素公众正义感就积极推动该法益侵害行为入刑，而丝毫没有理会法益侵害行为入刑是否是唯一且效率。而在刑法立法主体间立法商谈过程中，一旦公众将这种公众感官正义同刑法实质正义混同，就会演变为非规范性评价的公众感官经验对规范性评价的刑法的强行渗透并进入，公众寄希望通过刑法立法来惩恶扬善，而其中的犯罪要素、情节及其事实及相关刑法惩治行为的合理性评价反倒被选择性忽略，如此一来，公众的刑法偏好实际上距离真实社会实践存在理解的偏差，相关刑法立法意见被扭曲反映，因为公众如果单凭依靠刑法解决社会问题，与其说是社会问题刑法化，倒不如说是刑法的过度社会化。其结果，当社会默许刑法功能的这种扭曲时，便会有更多的刑法以外的力量介入刑法的修订、解释和适用。于是，扭曲的

---

① 孙毅：《公众刑事法律心理的错位及矫治》，《学术界》2012年第3期。
② 吴元元：《传播时代的立法泛化及其法律规制》，《中国地质大学学报（社会科学版）》2016年第3期。

事实将会被更加扭曲，而规则本身的逻辑却被淡化。① 正因为如此，刑法立法商谈过程中适格的公众参与者必须承认并接受社会正义与立法正义，感官正义和刑法正义错位的实践逻辑，绝不能将这两种正义观在刑法立法主体间立法商谈中等同视之或者混为一谈，否则必将给社会的规则之治带来沉重的治理代价，刑法立法也不例外，换句话说，这也是法律理性与道义理性的二歧鸿沟的使然，公众对刑法立法期待与最后刑法立法的回应之间总是存在张力，而正是这种张力反过来也成为促进刑法立法日益完善的不竭动力。

(2) 遵循刑法立法主体间商谈的程序规定

正所谓"无规矩不成方圆"，无论是在非建制化刑法立法公众参与阶段，还是在建制化刑法立法公众参与阶段；无论是对于立法者而言，还是对于公众参与者来说，刑法立法中主体间的立法商谈都必须遵循一定的程序规则。例如，公众参与者必须遵循刑法立法听证会的程序规则；公众参与者必须在规定时间以规定方式提出对刑法草案征求意见稿的意见和建议；等等。即便是在非建制化阶段的公共协商领域也必须遵循相关程序规定，例如，公众参与者借助互联网等媒介就刑法立法问题同其他公众进行立法商谈时，公众参与者不能在此过程中故意散布虚假或具有明显误导性的刑法立法的消息，或者故意泄露国家秘密，影响他人正常立法判断和决策，换言之，商谈必须在现有法律和规则的框架内有序进行，遵守立法商谈的相关程序规定是适格立法者应当具备的基本素养，如果公众参与者不能按照事先确定好的程序制度参与刑法立法商谈，整个立法商谈就会成为各说各话的"嘈杂场"，公众参与者说什么？立法者听不到或者听错了意；立法者说什么，公众听不到或者听不清，甚至还由此怀疑立法者参与立法商谈的动机，商谈就会陷入无序、无效的状态，立法商谈带来的好处也将会被这种不按程序办事的立法参与行为消耗殆尽，公众参与者最终也不可能在这个过程中获得任何好处。

(3) 最好的社会政策才是最好的刑法政策

必须承认，刑法万能主义论在当前我国部分公众群体中还是颇有"市场"，这些公众总是习惯性认为，只有刑法才是"法"，只有人被关进去了才叫"犯法"。尤其是随着风险社会的到来，诸如新型网络空间犯

---

① 白建军：《中国民众刑法偏好研究》，《中国社会科学》2017年第1期。

罪、生物安全犯罪和恐怖主义等犯罪层出不穷，公众更是热衷刑法立法"高歌猛进"，在社会管理上他们喜欢先刑法后他法、重刑法轻他法，以期唤起刑法对社会生活全方位和各环节保障，这并非笔者主观臆断，从每年全国人大代表源源不断增设罪名或者提高刑罚的提案中即可窥一斑而知全豹，即便是在深谙刑法谦抑性原理的刑法学界，还是会经常看到，一些专家学者只要看到新型社会越轨行为就会动辄某某问题刑法规制研究的冲动，为此，笔者以"刑法规制"为主题关键词对中国知网上近 3 年发表的文章进行检索，发现 2019 年、2020 年和 2021 年分别以该主题创作的文章数量多达 884 篇、738 篇和 632 篇，刑法规制可谓是近年来刑法学研究中的又一个"显学"了，然后，一旦包括专家学者在内的公众的这种刑法规制观映射到刑法立法主体间立法商谈中，就集中表现为公众参与者在刑法立法中普遍的重刑主义倾向，他们总是偏执地以为刑法立法资源是取之不尽，用之不竭，刑法最具有强制性的立法形象能给社会越轨行为足够威慑进而社会治理刑法依赖化，以为有了刑法介入就能一劳永逸地包治社会百病。实际上，最好的社会政策才是最好的刑法政策，一味地让刑法在社会治理中"冲锋在前"，这将从根本上破坏现代文明国家包括道德、宗教、民事、行政以及刑法的多元社会治理体系，带来严重的刑法立法后果。大多数时候，公众在"善良""公平""正义"口号下鼓吹的刑法立法，自以为很有立法的正义感和成就感，实际上并没有充分考虑刑法能否实施、刑法体系化和刑法谦抑性等因素，最后在狂热的"公众"情绪指引下的刑法立法往往也是昂贵而无效、苛刻且危险，而囿于高昂刑事司法成本，这些象征型刑法立法在实践中往往很快流于形式，难以真正实施落地，最后，太多的刑法禁令，却太少的刑法正义。因此，适格公众参与者必须铭记，真正与你我生活相关的是那些与你我一样的普通人，芸芸众生中的平庸之恶才更容易把我们置于危险的境地，比平庸之恶更危险的是刑法立法公众参与中集体狂欢里无意识的罪与罚，我们必须承认人性的不完善，承认社会关系调整中的道德、社会政策等方面的领地，道德、社会政策等方面的领地范围越大，这个社会就越健康，文明程度也就越高，社会运行的成本更会相应降低。公众断不能因为某一或者零星事件的行为突发且极端就急忙将之规定为犯罪或者提高法定刑，要知道，在犯罪化和重刑化这种带有背水一战性质的犯罪对策实施之后，如果其抑制犯罪效果仍不明显的话，下一步公众还能有什么样的犯罪治理对策呢?[①] 民不惧刑，何以刑惧之，公众参与者委以刑法进行社会常态化管理，并希望借此提升人们对刑事法律的"忠诚"度，虽不言缘木求鱼，但终将得不偿失，中国社会将比以往更加不得不依赖刑罚，而这实非国家刑事治理能力和体系现代化的应有之义。

(4) 理性看待刑法立法主体间商谈的效果

实践中，经常有一种错误的观点认为，公众参与者只要参与了刑法立法商谈，刑法立法就一定会有立竿见影的立法效果：从近地说，就是立法者接受公众的立法意见和建议；往远的说，就是通过公众参与而制定的刑法能在现实生活中起到相当程度的积极的作用。对此，公众参与者必须理性辩证看待刑法立法中主体间立法商谈的效果。首先，立法商谈必须有结果，但结果不一定就是要刑法立法接受公众的刑法立法意见和建议。刑法立法商谈本身就是公众同立法者等利益方就刑法立法问题"讨价还价"的意见博弈过程，不存在只要公众参与了立法商谈，立法者就必须采纳公众意见的问题，因为立法者能否以及在多大程度上接受立法商谈过程中公众参与者的意见和建议是由很多因素决定的，某种意义上，我们最后能看到的刑法立法条文都只是带有各参与方"商谈"痕迹的刑法产品而已，而不是也不可能是只有公众单个主体因素单独发挥立法作用的结果，当然，主体间各自在刑法立法商谈的程度和贡献上可能会略有差别，因此，人们不宜将"接受公众的刑法立法意见和建议"作为衡量刑法立法主体间立法商谈是否有效果的标准。其次，公众参与者参与刑法立法商谈，即便立法者最后接受了公众参与者提出的刑法立法意见，但也不能据此就断言，作为立法商谈的最终结果之刑法立法就一定要是科学的，就一定会对犯罪起到惩罚和预防的作用。要知道，刑法立法是否科学的判断不仅取决于刑法立法规范是否体系完备、立法效果的有无及其大小，还同一定社会物质条件和司法体制机制运行密切相关，哪怕本身科学的刑法立法也可能因为司法体制机制运行的不健全或者社会物质条件的不具备而遮蔽其科学的"光芒"，更不用说仅凭接受了公众刑法立法意见和建议就来据此认定刑法立法是科学的判断标准了，这种判断标准无疑是站不住脚的，再加上社会公众对刑法立法

---

① 黎宏：《日本近年来的刑事实体立法动向及其评价》，《中国刑事法杂志》2006年第6期。

效果的体认本身还有个时间过程，即便所制定刑法是科学的，它也不可能在短时间内就全部显现出来并为公众所感知，它要伴随经济社会不断发展方能被时代所承认，换言之，公众只有在岁月的历久弥坚中方能体验并检验所制定刑法的良善与否，管用与否。因此，适格的公众参与者必须理性看待刑法立法主体间立法商谈的效果，不宜以是否接受公众对刑法立法意见和建议作为主体间立法商谈效果的判断标准，只有将视野放远，时间放长，空间放大才能真正客观公允地对刑法立法中主体间立法商谈效果作出准确判断，也只有这样的一种有纵深的商谈效果判断观，才能最大限度消解公众因立法商谈短期得失而产生的焦虑，才能最大限度避免公众因立法商谈中意见不或很少被接受而自怨自艾，站在全过程人民民主的高度，统筹过程民主和成果民主，协同程序民主和实质民主，提升主体间围绕刑法立法商谈的质效。

程序中主体间有效立法商谈需要有适格的程序商谈主体，适格的程序商谈主体是立法商谈有序有效的基础和关键，但当我们具体界定并阐释什么是"适格"立法商谈主体的时候常常深感迷惑，从"底线"逻辑出发探微立法商谈主体之所以"适格"的基本内涵是一种重要而敏捷的思考进路，如前所述，我们无法罗列主体间有效立法商谈的全部环节和内容，但我们可以通过"底线"标准的呈现为程序商谈主体"适格"确定语义空间和划定话语边界，只要刑法立法中的程序商谈主体不触碰或超过各自"底线"，立法者和公众等不同主体可就刑法立法内容充分商谈、博弈、妥协和承认，"底线"既是立法商谈的边界也是商谈的方式，同就适格程序商谈主体的正面窗口指导相比，"底线"论极大地扩大了刑法立法商谈的空间，同时，立法者和公众参与者各自商谈底线在本质上亦趋向一致，例如，公众参与者之"最好的社会政策才是最好的刑法政策"同立法者之"恪守刑法立法谦抑性原理"的商谈底线并无原则分歧，即商谈可以达成最后共识，即便是在立法商谈中主体间存在重大原则分歧的情况下，通过党的领导亦可消解之。

(三) 充分的程序商谈过程

通过"底线"的立法商谈论建构起来的适格的程序商谈主体仅是从静态的主体角度规定了程序中主体间有效商谈的条件，没有进一步探讨主体间有效商谈应当如何具体进行。这就好比研究水资源而不研究水资源如何利用一样，撇开关键的主体间立法商谈应当如何具体进行而空谈适格的程序商谈主体意义并不大。那么，主体间立法商谈应当如何具体进行呢？笔者认为，要以充分的程序商谈过程为核心，不同于前述适格的程序商谈主体，它是动态化的立法商谈过程，不仅是民意由公众向立法者的单方面反馈过程，更重要的是，它还是公众——公众、公众——立法者不同主体间围绕刑法立法意见和建议双向沟通、协商、质证、论辩，最后达致"重叠共识"的互动过程。[①] 鉴于前文将立法商谈划分为两个相对独立的时空阶段，即公共领域的非建制化商谈阶段和政治领域的建制化商谈阶段，因此，充分的程序商谈过程也应当按照建制化阶段的立法主体间商谈、建制化阶段的立法主体间商谈，建制化和非建制化阶段之间的立法主体商谈分别展开。

1. 建制化阶段主体间的立法商谈。不同主体间立法商谈的重要目的之一是为拟制定的刑法立法的完善凝聚更多人的更多智慧并在此过程中建构立法合法性。建制化阶段主体间的立法商谈即存在于刑法立法起草、审议、论证、评估和表决的过程中，还表现在刑法立法的创设、修改、废除和解释的环节里。刑法立法中主体间的立法商谈既要做到不同主体间普遍化的立法意见沟通，还要聚焦同特定人群立法观点的交流碰撞，尤其是要关注立法机关就刑法立法同特定公众的意见交流，例如，最高立法机关同律师和刑事司法机关这些特定"公众"围绕刑法立法完善的意见对话，做到兼听则明。具体来说，建制化阶段主体间的立法商谈要做到以下几方面：一是立法商谈宜更多采取公开辩论的形式。提出刑法立法建议的一方和质疑该建议的一方在公共理性的立法程序中实现立法理由的充分交换和陈述，每个人都有平等的机会去倾听以及被他人倾听、提出或听取新的立法争议议题、提出或听取立法建议和批评的权利，通过不断增强建制化阶段主体间立法商谈的开放性和对抗性，从而全方位呈现在此过程中主体间立法商谈的过程和成果。二是立法商谈内容宜包容并公开。建制化阶段刑法立法中主体间立法商谈，原则上要求所有同拟制定的刑法立法有影响的公众均拥有同等直接或间接参与立法讨论的机会，非因法定原因，任何公众都不宜排除在主体间立法商谈之外。三是立法商谈免于外在强制。对刑

[①] 哈贝马斯的"沟通理性"的图景基于不同的阶层归属、角色认同和利益心理，各方主体在免于各色强制、平等对话、自由论辩的氛围中信息多向流动、观点彼此交锋。参见［德］尤尔根·哈贝马斯《在事实与规范之间——关于法律和民主法治国的商谈理论》，童世骏译，生活·读书·新知三联书店2003年版，第95—99页。

法立法中主体间立法商谈行为的约束仅仅只能限于立法商谈本身预设的程序规则，除此之外，不应有额外、附加的其他限制主体立法商谈行为的不当干扰，不论这种干扰方式是明显还是潜在的存在。四是立法商谈应尽可能地换位思考。立法商谈不是固执己见的意见"偏执"，而是要在刑法立法的主体间立法商谈过程中不断保持刑法立法意见和建议的公共性和开放性，对立法意见或建议的不预设"前提"，同时对另一方提出的刑法立法意见应秉持沟通的态度，要有即能"商"的胸襟也要有可以"谈"的情怀。①

2. 非建制化阶段的主体间商谈。非建制化阶段的主体间立法商谈主要是公民基于我国《宪法》第 2 条政体条款和第 41 条公民监督权条款展开的刑法立法公众参与实践形式。公众在公共生活领域中对刑法立法问题展开舆论监督，他们围绕刑法立法的利弊得失进行广泛讨论和充分商谈，商谈的结果往往是形成非正式性的立法意见建议。在这个阶段，公众参与者同立法者直接面对面的立法商谈机会相对较少，同时，主体间立法商谈过程和结果对正式刑法立法程序和内容的约束力相对较弱。因此，我们要提高非建制化阶段的主体间充分立法商谈的效果，就必须结合非建制化阶段主体间立法商谈的基本特征、方式、内容和规律来针对性地开展工作。一方面，我们必须意识到立法商谈效果总是和主体的立法商谈思维和能力紧密相关。非建制化阶段，主体间就刑法立法问题的商谈必须要视野开阔，公众参与者既要有出罪轻刑的立法意见也有入罪重刑的立法建议，既要有对新的法益侵害行为入刑的意见也要有对跟不上时代的原有刑法条文进行解释或者废除的建议；视野开阔于立法者主体而言，刑法立法不能仅仅以保护本国国民感情为理由，还应当关照国际刑法的发展趋势进行前瞻性的立法；刑法立法不仅要尊重民意还应适当引领民意而不是在民意后面亦步亦趋，两者间必须保持一种健康的张力。就立法商谈能力而言，立法商谈的效果和主体是否具备相关专业知识、立法技艺和商谈技巧密切相关，刑法立法中主体间立法商谈不能一味空谈发言平等，平等仅仅是说主体的商谈资格平等，但鉴于不同个体的立法商谈能力确实存在差异，如果具有专业优势和立法技艺的公众主体能够也愿意在刑法立法中对相关难热点问题进行意见发声的话，那么我们就应该给予它创造更多的发声机会、

---

① 马奔：《协商民主对我国公民参与立法的启示》，《法学论坛》2014 年第 5 期。

更多的发声场合，让他的声音被更多的商谈主体听到，被更多的商谈主体所了解，或支持或异议，提升非建制化阶段主体间立法商谈的效果。另一方面，非建制化阶段主体间立法商谈还必妥善处理好与新闻传媒的关系。如前所述，当前非建制化阶段主体间立法商谈成果要实现更大范围，更高效率的传播，离不开新闻传媒的高质量"赋能"，这是非建制化阶段主体间立法商谈能否取得理想效果的关键。如果新闻传媒能够对非建制化阶段的主体间立法商谈有序引导并全面准确的报道，立法者就能更容易地感知公众真实而稳定的刑法立法诉求并将此诉求在后续的立法商谈过程中进一步讨论，公众主体也能更加理解立法者推进刑法立法的目的、重难点和可能的问题和不足，尤其是新闻传媒对刑法立法相关背景、素材、主要争议点和难题的精准报道将极大提升公众对相关信息掌握的能力，反之，传媒不当报道就会给主体间立法商谈带来负面的效果。具体说来，新闻传媒要对非建制化阶段主体间立法商谈中的某些集中问题和争议问题按照新闻传播规律科学报道，对无关紧要的问题或者是公众某些个别激进的话语不宜为了追求所谓"眼球"效应予以特别报道，要知道不恰当、不正确的新闻报道方式不仅会转移公众对正在进行的立法商谈的话题兴趣点，还容易加剧包括立法者在内的相关主体对非建制化阶段立法商谈程序过程和成果的方案。总而言之，非建制化阶段的主体间立法商谈，既要聚焦主体的立法商谈思维和能力这些内在性要素，也要妥善关注其与新闻传媒互动这些外在性要素，只有内外合力，才能最大限度地提升整个非建制化阶段主体间的整体立法商谈效果。[①]

3. 建制化和非建制化阶段之间的主体立法商谈。从公共领域商谈的公众非正式性立法意见建议到正式立法领域的刑法立法草案的文本切换，离不开建制化和非建制化阶段之间主体间卓有成效的立法充分商谈。一般而言，非建制化阶段的主体间立法商谈大多遵循的是普通人的立法思维方式，立法商谈主体根据内心最原始的道德标准来衡量刑法立法的得失利弊进而提出相关意见和建议，日常思维模式以及由此征表的生活理性贯穿立法商谈全部过程；而建制化阶段的主体间立法商谈由于涉及对刑法立法必要性、可行性研判和评估等专业立法商谈的内容，要求立法商谈在规定的刑法立法程序中遵循，至少是不能违背刑法立法基本原理和基础立法技术

[①] 陈伟、霍俊阁：《媒体导向下刑法修正的异化与回归》，《当代传播》2017年第2期。

等总体要求，可以说，法律逻辑与法律理性建构了建制化阶段主体间立法商谈的整体风格。由此可见，建制化阶段和非建制化阶段的主体间立法商谈虽然存在商谈形式和思维上的相似之处，但在商谈的内容和结果却有较大区别。因此，充分的程序商谈过程必然要论及建制化和非建制化这两个阶段立法商谈之间如何互动、协商、妥协、承认和衔接的问题，以期在法律理性和生活理性的意见竞争基础上实现刑法立法科学化。具体来说，无论是普通公众主体还是专门的立法者主体都可以率先就某个刑法问题向对方或其他不特定他人发起刑法立法商谈的意见动议，例如，非建制化阶段非正式的刑法立法意见进入建制化阶段立法商谈过程后，立法者就会对该非正式的刑法立法意见予以审议并提出接受、拒绝或者有待进一步商谈的意见，这些意见将再次返回到非建制化阶段公众中间以供后者决定是否有必要启动新一轮的立法商谈，如此循环往复，在交往理性的关照下达成最终的刑法立法意见的共识，立法商谈中如涉及立法重大问题分歧的，经过反复商谈仍无法解决的，要发挥执政党在的关键阶段、关键领域之关键价值决断之作用。概言之，建制化和非建制化阶段之间的主体立法商谈补缺了单一建制化阶段立法商谈或者非建制化阶段立法商谈的不足，它将刑法立法公众参与的两个阶段顺利勾连，紧密联系在一起，使得立法商谈最大范围地凝聚来自生活理性和刑法理性的智慧，消解刑法立法可能或是已经产生的立法缺陷，进而修正不合时宜的刑法，不断保持刑法立法对社会生活的适应性和创造性。

正所谓，专家立法技艺是刑法外在之美，公众立法诉求才是刑法灵魂之德。无论是专家立法技艺还是公众立法诉求都不宜单独垄断刑法立法商谈的进程和机构，否则，立法商谈或陷入理性专制或迷失于激情民意，充分的程序商谈过程是对这一难题的试解，它将目光投向并诉诸程序中经过反复讨论、博弈和承认的立法商谈过程，立法商谈广泛分布于建制化刑法立法公众参与阶段和非建制化刑法立法公众参与阶段，既有立法者主体也有公众参与者主体，多主体和广层次的不同阶段和过程的立法商谈不仅有助于在"求同存异"的立法商谈过程中达成主体间围绕刑法立法的"重叠性合意"，还使通过底线立法商谈论建构起来的"适格"程序商谈主体真正有了进行立法商谈的施展空间。[1] 当然，也有人或许会质疑：充分的

---

[1] 利子平：《刑法社会化：转型社会中刑法发展的新命题》，《华东政法大学学报》2013年第1期。

程序商谈过程，既涵摄了建制化阶段和非建制阶段主体间立法商谈，还包括建制化阶段和非建制阶段之间的主体立法商谈，需要投入大量时间和精力是否值得？答案是肯定的，立法尤其是刑法特殊性要求我们这样去做，某种意义上刑法立法是刑法司法、公众守法和国家普法的前置"端口"，一旦刑法立法不当，国家刑事司法和公民守法成本将极大地抬高，社会将被迫承受由此带来的沉重负担，换言之，只要充分的程序商谈过程能够助益刑法立法的科学性，那么，一切就都是值得的。

小结：习近平总书记在中央人大工作会议上明确指出："健全民主制度，丰富民主形式，拓宽民主渠道，保证人民平等参与、平等发展权利，发展更加广泛、更加充分、更加健全的全过程人民民主。"[①] 从基本的程序商谈原则到"适格"的程序商谈主体，再到充分的程序商谈过程，它们建构了程序中主体间有效商谈的完整"链条"，也让程序中主体间有效商谈免于抽象的"论调"，让主体间通过程序的立法商谈更加富有操作性和针对性。刑法立法公众参与不仅是刑法立法民主化的具体表现，也是促进刑法立法科学化的重要途径，实际上，立法是主观价值判断而不是客观科学演算，当我们论及科学立法的时候，我们未必明白什么才是真正的科学，"科学"在某种程度上是也是个极容易被人们所滥用的词汇，长期以来，似乎只有经过多数公众认可的刑法立法才能说是"科学"。实际上，这是立法中民主和科学两种逻辑混用的结果，前者是价值理性，后者是技术理性。通过公众参与这种民主的方式来实现科学立法目的的刑法立法，就要求我们不能简单地套用"参与"的民主逻辑和价值理性，而应该将"参与"放置于整个"商谈"的理论视野下进行破局，同时，为了保证主体间立法商谈的顺利进行，商谈还必须是在党领导下的主体间立法商谈，但我们同时也深知，刑法立法公众参与制度的美好图景并非一蹴而就，正如罗马不是一天建成的一样，必须一步一个脚印，持久用力，久久为功，方能成就新时代刑法立法的公众有序有效参与制度之美，实践之善。

[①] 习近平：《在中央人大工作会议上的讲话》，《求是》2022年第5期。

第五章

刑法立法公众参与的制度建构

习近平总书记指出:"一个国家民主不民主,关键在于是不是真正做到了人民当家作主……要看制度和法律规定了什么样的政治程序和政治规则,更要看这些制度和法律是不是真正得到了执行。"[1] 世界各国对刑法立法民主落实的程度差别不在于是否承认刑法立法权属于人民、是否规定了公众参与刑法立法的权利等内容,而是在具体落实公众参与刑法立法权力的制度设计和保障方面。无论是党领导下的立法商谈方略还是程序中主体间有效商谈都必须借助一系列的制度系统性的建构方能真正落在实处,进而保障刑法立法公众参与免受公众抑或立法者的一时偏见和意气用事的不当侵扰。鉴于本文将刑法立法公众参与区分为非建制化阶段的刑法立法公众参与和建制化阶段的刑法立法公众参与,因此,对刑法立法公众参与的制度建构,笔者也将围绕这两个方面分别展开,即通过创设新制度和完善旧制度来助益我国刑法立法公众有序、有效和依法参与。

第一节 非建制化阶段的刑法立法公众参与制度体系

公众和各种社会组织在公共领域的社会热点等事件中挖掘同自身有切实利益关联的刑法立法问题,继而发起立法协商议题,然后提出围绕刑法立法的公共性意见和建议,并且不断地促进社会各方就该问题进行充分的立法协商,最终试图影响立法机关正式的刑法立法判断和决策。[2] 平等是公共领域社会交往活动的重要原则,公众通过适当途径和方式平等地参与

---

[1] 习近平:《在中央人大工作会议上的讲话》,《求是》2022 年第 5 期。
[2] 闫斌:《立法合法性研究:审视与建构——基于立法商谈理论的视角》,《甘肃行政学院学报》2014 年第 5 期。

刑法立法是非建制化阶段刑法立法公众参与制度建构的价值基础，正如柏克所言：平等的含义是，"人人享有平等的权利，而不是平等的东西"。[①]而公众要拥有平等的立法商谈权利离不开完善体系性的制度设计，这里面包括刑法立法民意调查制度、通过社团组织参与刑法立法制度和基层立法联系点制度。举例说明之，科学的刑法立法民意调查制度对最高立法机关及时准确地了解立法中的社情民意具有极端重要的作用，它有利于减少诸如前述公众参与过度依赖传媒发声的参与弊端；通过社团组织参与刑法立法的制度设计，其间接提高了公众平等的立法商谈能力，因为，较个别的公众而言，社团组织参与刑法立法无疑具有更强的立法商谈能力，同时还在一定程度上助益消解立法商谈中立法者的较为强势的主体形象，最大限度弥补非建制化阶段公众主体在刑法立法商谈中的话语弱势地位。基层立法联系点制度将听取公众立法意见和建议的触角直接延伸到基层，人民群众可以把自己的立法诉求直接反映到最高国家立法机关，极大地拓宽了社会各方有序参与刑法立法的途径和方式，它不仅是非建制化阶段刑法立法公众参与的重要内容和实现方式，更是刑法立法践行全过程人民民主的生动实践。需要指出的是，无论是刑法立法民意调查制度、通过社团组织参与刑法立法制度还是基层立法联系点制度，它们仅仅只是非建制化阶段刑法立法公众参与的制度体系的一部分，虽然它们都很重要，但刑法立法中主体间立法商谈效果的充分实现，不仅需要这三种不同而又各有特色的刑法立法公众参与制度协同发力，更需要它们同其他刑法立法公众参与制度衔接发力，共同建构非建制化阶段刑法立法公众参与制度体系。

一 刑法立法民意调查制度

针对立法的民意调查于 21 世纪初在我国悄然兴起，它实质是在立法中充分运用专业统计调查分析手段将喧嚣的、不易识别的公众"声音"搜集整理并提炼为专门且相对一致的专家意见，其主要优势是调查方法专业规范，注重立法过程中民意评估的定量分析，能够保证参与立法调查公众的代表性、广泛性及调查结果的客观性、真实性和稳定性，不仅有助于全面客观地了解、反映和把握刑法立法过程中主流民意，还可以在刑法立法热闹的舆情泡沫中识别主流民意，过滤漂浮民意，摒除虚假民意，沉淀

[①] 刘军宁：《保守主义》，中国社会科学出版社 1998 年版，第 151 页。

基础民意，在民意可认知的基础上形成对非建制化阶段刑法立法公众参与的一般认识，在民意可调查的基础上形成对非建制化阶段刑法立法公众参与的基本规律，最后制作的刑法立法民意调查意见书更是集中立法民智、凝聚社会共识的产物，为之后刑法立法决策提供指引。

首先，关键公众人物的接触。刑法立法民意调查固然要考虑接受调查对象分布的广泛性、区域性和多元性，但更要注重接受刑法立法民意调查对象身份上的特定性，否则，刑法立法民意调查就容易陷入"胡子眉毛一把抓"的偏颇，很难有满意的结果。实践中，刑法立法民意调查大多偏向对普通公众无差别的民意调查，对关键公众人物的关键意见和建议重视不够。诚然，无差别的刑法立法民意调查确实可以从整体上传递公众对某项刑法立法的基本态度和主流认知，但这种调查方式也有显而易见的弊端，例如，它极其容易受公众从众心理以及立法者的不当说明的潜在影响，立法民意调查深陷"泛泛而谈"的尴尬，尤其在特定的刑法立法专业问题上，无差别的刑法立法民意调查表面上是对所有公众的意见一视同仁，但其实是让那些虽然是少数但属于真知灼见的声音淹没在大众意见"洪流"之中，这不仅弱化了刑法立法民意调查结论的准确性，还可能使民意调查结果偏离真正的公众民意本身。鉴于此，科学的刑法立法民意调查制度一定要注重同关键公众人物的接触，它在弥补无差别刑法立法民意调查某些不足的同时，还极大地提高了刑法立法民意调查的针对性和有效性，是刑法立法民意调查中真正的"关键少数"。例如，刑事司法机关肩负国家刑事法律适用之职责，对刑法立法的实施现状、问题与可能改善的进路均十分的熟悉，在这里，刑事司法机关就属于刑法立法民意调查过程中的关键"公众"人物的接触，有关部门与其"撒网式"地向所有公众或者过度依赖传媒了解刑法立法的需求、意见和建议，还不如聚焦刑事司法机关这个关键的"公众"人物，专门调查了解他们关于刑法立法相关议题的意见建议，并将在此调查获得的对刑法立法"民意"的结果同通过其他渠道掌握的民意相互印证，以甄别哪些是真正的民意，哪些是不可靠的民意，从而形成科学的立法民意的判断。具体来说，最高立法机关既可以通过刑事司法机关了解刑法实施后某类刑事案件的最新起诉数量、案件受理数量、当事人、公诉机关的证据成本变化、审理结案的数量、调解结案的数量以及启动二审、再审等程序的案件数量的变化，进而判断已经制定的刑法有无修法或者释法的必要，还可以通过对刑事司法机关的民意调查，了解刑事司法实践中哪些情况存在刑法打击的缺位、错位、越位以及打击过重的情况，进而判断有无必要制定新的刑法或者新的刑法解释。概言之，刑法立法民意调查只有将无差别公众人物调查和关键公众人物接触相结合，在民意调查的"两点论"中认识"重点论"，在民意调查的"重点论"中把握"两点论"中方能对非建制化阶段刑法立法公众参与的民意有更深入的理解和把握。

其次，改进刑法立法民意调查的方法。传统的刑法立法民意调查制度，一般侧重"扁平式"的问卷提问方式来获取公众对所立刑法立法所持意见的相关信息，这种调查方式，表面上看确实是从公众那里获取了相关刑法立法的民意数据和信息，只是，这种调查问卷所采集的信息未必真实可靠，一个最大的质疑就是，接受访谈的公众在回答问卷问题时极其容易受到一时感官情绪的影响，他可能今天选择这个选项，明天就改变了想法，尤其是在某些模棱两可的选项进行选择时，问卷调查获取信息的真实性问题更是突出，换言之，受访者选择某个选项很多时候并不是源于理性的权衡而是基于感官善变的情绪。笔者认为，立法机关在对刑法立法的民意调查过程中，对公众的立法意见和建议宜采取结构化的信息收集方式，通过频繁设置递进式或交互印证式的问卷问题，引导立法民意调查对象审慎思考并尽可能真实回答问卷，最大限度减少问卷过程中公众地从众式回答、配合式回答的无效问卷干扰，在此基础上，全面充分快速地了解公众围绕刑法立法的真实可靠且稳定的意见和建议，然后，根据关键词将公众意见和建议进行初步分类和研判，从纵向和横向两个维度进行深层次的立法民意比较分析中提取出若干关键信息点，将这些关键信息点同非建制化阶段刑法立法公众参与过程中获取的其他信息相互印证，进而识别并发现非建制化阶段刑法立法公众参与的真正民意。

最后，强化刑法立法民意调查的保障机制。一方面，应加强立法民意调查实施流程和方法的内部培训，培养一支专业能力强而又经验丰富的刑法立法民意调查队伍，同时，充分利用大数据和人工智能等现代科技成果，除了传统人工问卷调查的立法民意调查方式之外，积极开发打造先进的立法民意调研软件平台和网络民意互动平台，建立起强大的立法网络民意舆情来源和处置信息库，以便更高效、便捷地研判、处置刑法立法过程中涌现的民意信息，增强民意对刑法立法的"决策智库"型的作用。另一方面，宽松的舆情监测环境也是刑法立法民意调查保障机制不可或缺的一部分。刑法立法中的民意表达和形成应当拥有免于强制的自由，国家不能为了追求所谓"团结一致"的刑法立法氛围，动辄对刑法立法中涌现的不一样甚至是反对的声音予以"息声"管控，甚至把老百姓对刑法立法正当质疑的声音当作是政治问题予以舆情管控，非法强令网信部门、互联网企业和有关单位对公众在网络上的发声予以删帖和噤声。这样做的结果，最后的立法民意虽然是高度一致，但也是极为脆弱，失去了刑法立法公众参与的制度设计初衷，更不符合立法践行全过程人民民主的应有之义。所谓刑法立法的民意调查也不过是论证刑法立法合理性的舆情工具，民主立法意蕴早已丧失殆尽。概言之，科学合理的刑法立法民意调查的保障机制不仅依赖技术和人力资源这类"硬件"，更离不开国家对公民言论自由的宪法权利保障的"软件"，只有将两者有机结合起来，才能最大限度地释放刑法立法民意调查的制度红利。当然，全面监测刑法立法民意调查中各种可能谣言的发布与传播，加大对"民意造谣者"的追责与惩罚力度是必要的，只是要正确区分"谣言"和"言论自由"的界限，而这对刑法立法民意调查制度的有序推进意义不可谓不重大。

二 通过社团组织参与刑法立法制度

众所周知，非建制化阶段的刑法立法公众参与由于缺乏正式的立法商谈规则和程序，因此，分散的公众个体只能围绕刑法立法问题进行一种非正式意见的商谈，在此过程中，立法商谈不仅容易被某些偶然社会热点事件中断或者改变讨论方向，而且通过立法商谈达成的刑法立法意见对最高立法机关也没有刚性约束力。我们必须充分认识到，非建制化阶段如果仅是单凭公众个人力量参与刑法立法，那么个体公众在立法商谈中的"声音"其实是非常微弱的，不仅在立法商谈中存在公众不知道说什么，不知道能说什么的问题，而且还存在其他主体对其所说听不到，听不清的问题，刑法立法中主体间立法商谈功能被大大减弱，直接影响到刑法立法公众参与制度实施。鉴于此，通过社团组织的参与刑法立法的制度建构就很有必要。一方面，社团组织参与相比于个体参与，更具有专业性、代表性和组织性，它不仅可以放大个体在主体间立法商谈中被淹没的立法意见和建议，还使相关立法诉求得到立法者或者其他公众主体更好地倾听和回应，还可以最大限度防止并避免现实中公众在刑法立法公众参与中普遍存在的立法"搭便车"的想法和行为，更为重要的是，社团组织一般掌握着比个体公众更为丰富的物质、信息、人力、智力等立法参与资源，也深谙刑法立法程序规定和公众拥有哪些立法权力以及如何更好地行使这些权利，它能够使分散的公众迅速而有效地组织起来并现实地参与到刑法立法中的主体间立法商谈程序中来，帮助公众主体更为理性而集中地表达其刑法立法诉求，并对立法者最后的刑法立法决策施加影响。正如有学者指出："分散的个体利益通过组织化的方式参与行政过程，不仅可以矫正参与中利益代表的不平衡结构，而且也将获得更强的参与能力。"① 另一方面，通过特定社团组织同国家立法机关就刑法立法问题的商谈与沟通，尽管普通公众与立法机关之间围绕刑法立法内容合理性的理解仍然是"间接式的理解"，但却能够有效消解包括立法者在内的参与主体刑法立法的情绪化表达的缺陷，此外，公众如果仅以个体身份参与刑法立法，其到底代表的是哪个特定群体利益也存在一定模糊性。正因为如此，公众参与立法在世界许多国家都是以通过社团组织的方式进行的，例如，美国民众中仅有25%的成人曾为政党或候选人工作过，只有10%的人曾是政党组织成员，而60%的公众是各种利益集团的成员；② 日本立法中的咨询程序指的正是征求代表某一社会群体的利益或特定公益的咨议机关的意见，例如，征询私立学校审议会、自然环境保护审议会和最低工资审议会等组织的立法意见。毋庸讳言，社团组织在非建制化阶段刑法立法公众参与中起到比公众个体参与更为独特而重要的作用，中国公民结社自由作为宪法赋予的公民基本权利更是为公众通过社团组织形式参与刑法立法商谈提供了规范依据，正如党的十七大报告指出："支持工会、共青团、妇联等人民团体依照法律和各自章程开展工作，参与社会管理和公共服务，维护群众合法权益。"③ 是故，我国应当在继续强调以个体公众身份参与刑法立法的同时，更加重视通过社团组织的方式参与到刑法立法中，④ 不断提升刑法立法公众组织化和结构化参与

---

① 王锡锌：《公众参与和行政过程——一个理念与制度分析的框架》，中国民主法制出版社2007年版，第83页。
② 王爱民：《部门保护主义对地方立法的负面影响及法律对策》，《当代法学》2001年第4期，第37页。
③ 胡锦涛：《高举中国特色社会主义伟大旗帜，为夺取全面建设小康社会新胜利而奋斗——在中国共产党第十七次全国代表大会上的报告》，《人民日报》2007年10月25日第1版。
④ 社团组织又可区分为部门团体和目标团体，前者是内部团体，享有接触政府的权力；后者试图影响国家对资源的分配，自己本身并不以承担政府责任为目的的团体。参见蔡定剑《国外公众参与立法》，法律出版社2005年版，第185—187页。

的水平。具体而言，刑法立法中立法商谈主体既可以考虑通过向专业的行业协会组织反映相关的刑法立法的意见和建议，也可以向民间各种诸如环境保护、特殊群体犯罪预防和权利保护这类公益社会组织递交相关刑法立法的意见和建议，再由这些社团组织组织将公众意见分类整理后集中反映给立法机关，立法机关在收到社团组织的意见后须认真评估所提意见和建议的必要性和可行性，做出或采纳或拒绝或要求进一步补充论证的意见结论并及时反馈给相关社团组织，再由社团组织反馈给具体公众，循环往复，最终在主体间充分的立法商谈过程中达成刑法立法意见的"重叠共识"，提升刑法立法公众参与的效果。需要指出的是，通过社团组织参与刑法立法也可能存在相关风险，例如，社团组织没有准确领会公众的意见和建议，向立法机关递交了偏离公众本意的刑法立法意见和建议，或者是社团组织在利益偏私的影响下故意曲解公众的意见和建议，不提交或者以相关公众名义向立法机关递交根本不符合公众本意的刑法立法意见和建议。对于前者，社团组织和公众要就相关刑法立法的意见和建议充分商谈，以保证参与主体间能准确识别彼此真实的立法意图和意思；对于后者，除了强调对社团组织的行业自律和内部监督[①]以外，还可考虑将社团组织违法不当行为纳入在法治轨道上进行规范调整，接受来自立法、司法、行政、舆论等不同角度的外部监督，督促社团组织在刑法立法主体间立法商谈过程中能够真正反映其所代表公众群体的利益和立法诉求，切实防范社团组织在刑法立法公众参与制度实践过程中可能的"异化"和变质，使通过社团组织参与刑法立法的制度设计始终在正确的轨道上运行，提升刑法立法中主体间立法商谈的质效。

三 完善基层立法联系点制度

基层立法联系点是最高立法机关延伸在基层社会的立法信息触角，通过听取普通公众的立法意见和建议，了解普通公众内心真实稳定的立法诉求，并在此过程中识别民意的共性和个性问题，为立法机关挖掘和把握真实立法民意提供经验支撑，防范非建制化阶段刑法立法公众参与

---

① 例如，建立分权制衡的社团组织内部机构，如社团会员代表大会、理事会、监事会等必要机构，并在各机构之间形成相互的监督和制约机制；规范社团组织的决策程序，包括社团组织内部权力机构的议事规则、会议制度和程序公开制度；等等。参见黎军《论通过行业协会实现公众参与》，《政治与法律》2006年第4期。

过度依赖传媒风险。可以说，基层立法联系点建设是立法领域贯彻落实全过程人民民主的生动实践，是推动非建制化阶段刑法立法公众有序有效参与的重要抓手，必须在实践中落实好、发展好。早在党的十八届四中全会通过的《中共中央关于全面推进依法治国若干重大问题的决定》就明确提出："建立基层立法联系点制度，推进立法精细化。"① 近年来，我国基层立法联系点建设取得了巨大的成就，截至2021年7月，全国人大常委会法工委基层立法联系扩大到22个，涉及21个省（区、市），覆盖全国2/3省份，此外，各省、设区的市立法联系点也快速地发展起来了，极大地推动了基层群众参与国家立法的深度和广度。截至2022年1月，全国人大常委会基层立法联系点先后就132部法律草案、年度立法计划等征求基层群众意见，获得建议11360余条，国家立法机关高度重视这些意见建议并进行专门的认真研究，其中2300余条意见建议被不同程度采纳吸收。与此同时，还进一步加强基层立法联系点的制度规范建设，制定了全国人大常委会法工委基层立法联系点工作规则。然而，目前我国基层立法联系点总体数量上还不够，尤其是覆盖范围有限、代表性不足、类型比较单一，特色不够鲜明。完善我国基层立法联系点制度，充分发挥其在非建制化阶段赋能主体间刑法立法商谈的制度功效。一是基层立法联系点区域和层级分布上还可进一步优化，适当增加边疆和东北地区的基层立法联系点的布局，增加在乡镇级基层立法联系点的数量。二是基层立法联系点的覆盖范围还可进一步拓展，适当增加体制外的社情民意调研机构、新闻媒体单位和社会智库等社会团体组织为基层立法联系点。三是基层立法联系点的民意征询机制还可进一步优化。立法工作涉很多专业领域的问题，因此，基层立法联系点不仅是面向普通公众的立法意见征询，还要有针对性地面向法律专家人才征询立法意见，做到专群结合，既全面覆盖又重点。此外，创新基层立法联系点征询立法意见的方式手段，包括而不限于立法询问、函证、座谈、咨询会、电话沟通、视频连线等方式；完善基层立法联系点的制度建设，对基层立法联系点征询公众立法意见表达的方式、时间、角色分工、反馈时间、方式、途径、责任以及激励等内容作出详细规定，不断增强制度预期。例如，基层立法联系点立法征询工作要同现有人大代表

---

① 《中共中央关于全面推进依法治国若干重大问题的决定》，《人民日报》2014年10月29日第01版。

之家、代表联络站等社情民意表达平台和载体相结合，要与现有地方党群服务阵地建设和新时代文明实践中心运行实践相结合，要与现有社区网格员、小区物业管理人员群众动员和管理机制相结合，不断延伸并夯实基层立法联系点运行的社情民意基础。四是基层立法联系点的功能还可以进一步拓展，基层立法联系点征询立法民意不能局限于刑法立法草案征询意见，尤其是在非建制化阶段完善刑法立法公众参与制度，就是要强化基层立法联系点在立法机关制定立法规划、年度立法计划时的民意征询和反馈力度。此外不断拓展基层立法联系点在刑法立法、执法、司法、普法、守法等多方面的功能。五是基层立法联系点实践运行的内部协同机制还可进一步优化。[①] 例如，伴随各级人大及其常委会设立基层立法联系点，各级政府设立的基层立法联系点也雨后春笋般发展起来了，这些不同层次、类别的基层立法联系点在立法民意征询信息渠道上还不畅通，在立法民意信息搜集和汇聚上还有壁垒，往往会造成立法民意搜集过程中的重复调研、多头联系、缺乏整合等弊端，不仅加重了基层立法联系点的工作负担，还极大影响了工作效率和立法民意信息征询工作的严肃性，为此，须进一步增强人大基层立法联系点和政府基层立法联系的制度衔接和实践协同。总而言之，基层立法联系点不仅是建制化阶段刑法立法公众参与的民意汇聚、竞争和表达的正式平台，也是非建制化阶段刑法立法公众参与的正式载体，尤其对兴起于公共领域的刑法立法主体间立法商谈来说，它没有正式的立法商谈程序也无法形成对立法者强制性的立法商谈拘束性结果，要想最大限度发挥非建制化阶段刑法立法公众参与的效能，就必须发挥好不同层级的基层立法联系点的作用和功能，要精准聚焦民主立法实践中我国基层立法联系点的现实问题，找到产生这些问题的原因并在此基础上探究破解基层立法联系点的制度进路，如此一来，真正地让我国基层立法联系点在刑法立法公众参与制度实践中不仅"好听"，还能真正"管用"，帮助最高立法机关掌握更多更全面地掌握围绕刑法立法的第一手的社情民意，最大程度上降低非建制化阶段刑法立法公众参与中的主体间立法商谈中的情绪失控、意见失真的风险，也为之后建制化阶段的刑法科学立法提供有益参考和借鉴。

[①] 王群：《公众参与立法：全过程人民民主的生动实践》，《学习时报》2021年11月10日第02版。

第二节　建制化阶段的刑法立法公众参与制度体系

建制化阶段的刑法立法公众参与体系必须紧紧围绕刑法立法的起草、审议、论证、咨询、评估、监督和宣传等方面全链条、全方位的展开，充分发挥刑法立法在呈现、表达、平衡、调整和重塑社会利益和法律价值方面的重要作用，要做到这一点，正如前文所述，通过程序的主体间有效立法商谈尤为关键，它首先依赖刑法立法信息公开，没有信息公开的任何主体间的立法商谈无外乎是"掩人耳目"，均是以立法商谈之名行立法专制之实，同时，增设公众动议刑法立法草案的制度，这有助于改变长期以来只有立法机关才有权提出刑法立法草案进行立法审议的制度实践，公众不再只能被动地商谈由其他立法主体提出的刑法草案，还能为其他主体商谈自己提出的刑法草案提供制度空间，不断强化不同刑法立法草案之间的质量竞争，彰显刑法立法主体间立法商谈的平等地位，而这必将大大激发刑法立法中主体间开展立法商谈的热情和能力，提升刑法立法质量。当然，完善的刑法立法公众参与程序更是建制化阶段主体间立法商谈的关键和核心内容，进一步优化刑法立法座谈会、论证会和听证会的制度设计，完善刑法立法公众意见反馈制度，从而不断健全全过程人民民主理念在刑法立法公众参与中的实现机制。

一　优化刑法立法信息公开制度运行

长期以来，"法不可知，则威不可测"[①] 的传统观念在我国法治文化中根深蒂固，对后世影响深远。然而，随着知情权作为公民一项基本人权的重要内容被宪法所确认，公众对立法信息尤其是刑法立法信息公开的呼声日渐高涨，这直接推动了我国包括刑法在内的立法信息公开制度体系建构与广泛实践。虽然从总体情况来看，我国刑法立法信息公开较以往确实有巨大进步，最高立法机关围绕刑法立法信息公开无论是在信息公开的态度还是能力上都有着值得赞赏的改变，但未来依然有很大的提升空间，如前所述，刑法立法信息公开仍然存在偏重刑法立法草案本身的公开、刑法立法信息精准公开能力薄弱以及刑法立法信息公开考核监督机制不健全等

---

① 《左传》昭公六年孔颖达疏语。

问题，同时对刑法立法草案前的立法规划和年度立法计划的公开也相对简单，刑法立法信息公开制度运行有待进一步优化。

首先，就刑法立法信息公开的主体而言，要有专门机构专门负责，及时披露、及时跟进、及时反馈相关刑法立法信息，目前，负责我国刑法立法信息公开的主要职能部门由全国人大法工委来负责，例如，在《刑法修正案（九）》制定过程中，围绕《刑法修正案（九）》草案条文及草案说明以及草案二次审议稿均由其对外依法公开，虽然刑法立法信息公开具有明确的信息公开主体，但全国人大法工委负责立法信息公开现状还是有改进的空间，从其人员构成来看，目前全国人大法工委全部在编工作人员仅有200人左右，下面设有刑法室、国家法室、研究室和行政法室等十个厅局级机构，以200多个工作人员的规模和体量，不仅要承担编制立法规划、起草法律草案、法律论证评估、法律法规备案审查等工作，还要负责汇编、译审法律文献、研究答复有关法律问题的询问以及处理全国人大代表有关法律问题的提案等诸多事务。[①] 可以说，繁重复杂的国家立法事务与全国人大法工委的人数规模和立法能力不相匹配和适应的问题，已越来越影响并制约了其在刑法立法信息公开方面的时间和精力，而鉴于刑法立法信息公开在推动刑法立法公众参与方面的极端重要性，因此，除了增加全国人大法工委的员额编制外，还应考虑设置专门的立法信息公开室，专司包括刑法立法在内的立法信息公开与应对日常事宜。

其次，就刑法立法信息公开的内容而言，除涉及国家机密等依法不应公开或者其他不适宜公开情形外，刑法立法信息应当实现最大范围的全面公开，刑法立法信息公开不应仅局限于拟立刑法的立法必要性、可行性的评估内容，还应包括同拟刑法立法相关并可能影响公众参与效果的所有情况，例如，拟立刑法所要解决的主要社会问题，座谈会听证会情况记录，专家立法论证意见，等等。[②] 具体来说，刑法立法信息公开内容包括但不限于现行法律对该立法事项的规定、域外国家的相关立法规定；该刑法立法事项的理论研究情况；实践中的主要做法、成功经验和存在的问题；实务部门、专家学者对该立法事项的意见和建议、社团组织和普通公众对该立法事项的代表性意见和建议。此外，对刑法立法信息内容的公开还需结

---

① 封丽霞：《人大主导立法的可能及其限度》，《法学评论》2017年第5期。
② 刘雁鹏：《中国人大立法透明度指数报告（2019）——以省级人大常委会网站信息公开为视角》，《人大研究》2020年第3期。

合刑法废立改革的不同立法类型的具体情形进行针对性的立法信息公开，以更好地保证公众精准获取参与刑法立法所需要的有用信息。①

再次，就刑法立法信息公开的方式而言，全国人大法工委不仅要充分利用传统的报纸、电视和收音机等方式公开拟制定刑法立法的相关信息，还可借助微信、微博、抖音和门户网站等新型媒介方式依法实现刑法立法信息的最大限度公开，②正如全国人大常委会2022年的立法工作计划提出："创新宣传形式，拓展宣传渠道，利用新媒体、新技术为立法宣传赋能，增强立法宣传的亲和力、实效性。"切实讲好包括刑法立法在内的立法信息公开的人大民主立法故事。需要特别指出的是，刑法立法信息公开还必须善于用公众易于接受的语言、表达方式和传媒习惯进行公开，立法信息公开的语言必须兼顾公众话语和专家话语的同质性，尽量做到通俗易懂，即便是对某些刑法专业术语，也应同时附有对相应术语解释说明的旁白。总而言之，衡量刑法立法信息公开方式是否有效的唯一标准，就是所公开的刑法立法信息能够被老百姓以最方便的方式获取并帮助其有序有效参与刑法立法，对某些情况比较特殊的公众，负有刑法立法信息公开职责的主体还应考虑公众具体情况并采取适合其情况的方式方法向其公开相关立法信息，例如，针对盲人的刑法立法信息公开就应考虑盲人阅读和理解信息的特点和规律，对相关刑法立法信息内容宜使用盲文向其精准公开。

最后，就刑法立法信息公开的责任追究而言，当相关主体没有依法围绕刑法立法信息公开或者存在诸如公开不及时、公开不全面等瑕疵情形，就有必要对其予以责任追究，其中通过完善立法信息公开责任追究体系尤为关键。其一，内部申诉的途径。例如，印度2005年颁布实施的《信息权法案》第19条规定，任何人包括第三方，若未在规定的时限内收到决定，或对中央信息公开官员或邦信息公开官员作出的决定感到不满，可在30日之内向负有责任的信息官员的上级提起申诉。③其

---

① 王群：《司法信息公开的时代回响：缘起、实践与策略》，《江汉学术》2021年2期。
② 例如，全国人大常委会曾就《刑法修正案（九）》的修订在中国人大网站上开设专题网页，记载了该法案从一审到最后通过的包括但不限于图片报道、审议情况、相关文件以及相关资料等情况。参见中国人大网《刑法修正案（九）（2014年10月—2015年8月）》，http://www.npc.gov.cn/npc/lfzt/rlys/node_25714.htm，2023年6月24日浏览。
③ 申静、王敬波：《设立政府信息公开委员会的域外经验及本土设计》，《理论与改革》2015年第1期。

二,信息专员模式。例如,苏格兰的信息专员不仅可以受理申请人对信息公开的不服申诉,而且还能对申请人的申诉依法作出裁决。① 其三,信息委员会模式。国家设立某个独立的监督机构来督促主体履行无迟延的信息公开行为,通过受理相关信息申请投诉来保障公民信息权的实现。② 其四,司法救济模式。申请人通过向司法机关起诉的方式纠正主体不当司法信息公开行为,它既包括专门行政诉讼救济模式,也包括普通法院救济模式。③ 鉴于不同国家的政体和立法体制机制的差别,以判例为主要法渊源的英美法系国家和以成文法为主要法渊源的大陆法系国家,它们刑法产生的方式不尽一致,公众参与限度、内容和方式也存有差异。因此,我国对刑法立法信息公开责任制度设计不能盲目照抄照搬其他国家立法,而应结合本国国情进行匹配性的精准制度设计,不仅要基本建构起道德责任、行政责任和刑事责任的责任阶梯,还要形成从责任追究原则、体系、内容到责任追究方法的完整责任追究链,尤其是对其中的责任追究体系的制度设计更是如此,笔者认为,我国可考虑内部申诉、行政复议和行政诉讼等多元救济渠道,为我国有权主体开展相关责任追究提供更多的选择空间,以有效地监督责任主体依法公开刑法立法信息,保障公众信息知情权。

二 创设公众动议刑法立法草案制度

建制化阶段刑法立法中主体间有序有效立法商谈,除了某种形式化、固定化和规范化的商谈程序和规则以外,一个可供立法机关和公众主体之间商谈的刑法立法草案由谁提出亦是同等重要。长期以来,动议或者提出包括刑法立法在内立法草案的权力掌握在诸如全国人大常委会各专门委员会等国家机关手上,根据我国《立法法》的相关规定,通过全国人大审议的刑法立法草案由全国人大主席团提出或者全国人大常委会、国务院、中央军事委员会、最高人民法院、最高人民检察院、全国人民代表大会各专门委员会动议,再由主席团决定列入会议议程,当然,一个代表团或者三十名以上的全国人大代表联名也可向全国人大动

---

① 吴妮:《英专设机构监督政府信息公开》,《新京报》2008年7月6日第3版。
② [美]托比·曼德尔:《信息自由:多国法律比较》,龚文庠等译,社会科学文献出版社2011年版,第199页。
③ 宋伟丽:《刑事司法信息公开救济机制研究》,西南政法大学硕士论文,2012年6月,第16—18页。

议刑法立法草案；通过全国人大常委会审议的刑法立法草案由委员长会议提出或者国务院、中央军事委员会、最高人民法院、最高人民检察院、全国人民代表大会各专门委员会动议，再由委员长会议决定列入会议议程，全国人大常务委员会十名委员以上联名，也可向常务委员会动议刑法草案，而普通公众至少在制度化层面无权提出或动议刑法立法草案，由此，就导致建制化阶段主体间立法商谈的对象永远是诸如全国人大常委会各专门委员会等其他主体提出的刑法草案；建制化阶段性主体间立法商谈的路径永远都是公众主体被动商谈其他主体提出的刑法立法草案，而不是也不可能是立法商谈主体均可提出刑法立法草案，然后在此基础上围绕各自的刑法立法草案内容进行平等地充分商谈。建制化阶段，刑法立法草案公众动议制度的缺失，不仅妨碍了刑法立法中主体间商谈立法的效果，还可能加剧公众在立法商谈过程中的心理落差感，即只能商谈对方提出的刑法立法草案而无法提出自身认为代表性刑法立法草案亦供对方商谈。与其让公众在"失落"氛围下配合参与商谈立法，不如在制度层面赋予公众刑法立法草案动议权，将公众动议刑法立法草案制度固定下来，借此进一步强化公众参与刑法立法的积极性和实效性。从域外相关制度举措和实践来看，美国的部分州很早就规定全州选民的3%—5%联名可以提出法律草案，[①] 更何况我国最高司法机关尚能在司法解释制定过程中赋予公众相应的司法解释制定的动议权，例如根据《最高人民法院关于司法解释工作的规定》第10条，有关国家机关、社会团体或者其他组织以及公民提出制定司法解释的建议可以作为最高人民法院制定司法解释的立项来源，[②] 而在更高层面的刑法立法上却迟迟不能就公众动议刑法立法草案问题取得突破，这不得不说令人遗憾。所谓公众动议刑法立法草案制度，是指符合一定条件的公众可直接向全国人大及其常委会动议提出刑法立法草案文本，经全国人大主席团或者委员长会议决定是否列入会议议程，或者先交有关的专门委员会审议、提出报告意见，再决定列入会议议程。如果委员长会议或者有关专门委员会认为公众动议的刑法立法草案还有待进一步完善，可以建议动议人修改

[①] 吴大英、任允正、李林：《比较立法制度》，群众出版社1992年版，第117页。
[②] 类似规定参见2019年修订的《最高人民检察院司法解释工作规定》（高检发办字〔2019〕55号）第9条，根据该条规定，有关机关、社会团体或者其他组织以及公民提出制定司法解释的建议可以作为最高人民检察院司法解释立项的来源，这表明，公众具有司法解释制定的动议权。

完善后再行递交。或许有人担心，公众动议刑法立法草案将造成我国刑法立法工作的混乱，甚至还会进一步加剧刑法立法公众情绪化的倾向，其实，这种担忧是没有必要的。首先，公众仅仅是具有动议刑法立法草案的权利，而不是说所动议的刑法立法草案就一定能进入正式的立法审议过程中，换言之，从公众动议刑法草案到在草案能否顺利进入正式的立法审议程序亦存在相应的诸如专门委员会审议的过滤机制；其次，公众动议刑法立法草案中的公众还必须达到一定条件，比如，动议刑法草案的公众人数和代表性的要求，动议刑法立法草案的文本及其说明（立法依据、可行性和相关立法事实情况的调研报告）、必要的立法参阅资料等等，在这个过程中，公众必须为此付出相当多的刑法立法田野调查时间和精力，对一些专业性技术较强的立法问题，还必须请教相关立法专家和司法实务人士并取得他们的支持和帮助。因为只有刑法立法草案文本的质量足够过硬，才可能在之后的刑法立法程序中获得有关专门委员会的认可并顺利进入到下一步立法商谈程序，换言之，没有任何"门槛"的公众动议刑法立法草案是不存在的，所谓公众动议刑法立法草案将导致刑法立法混乱或者刑法情绪化的忧虑是没有必要的，刚好相反，它使得公众制定的刑法立法草案有机会进入正式立法审议程序，进而能够同其他立法商谈主体提出的刑法立法草案"同台竞技"，从而助益建制化阶段刑法立法主体间平等立法商谈更好地从形式走向实质。[①] 当然，为了更好地释放公众动议刑法立法草案的制度红利，还需相关部门围绕公众向全国人大及其常委会动议的刑法立法草案提案进行系列配套制度体系建构，例如公众向全国人大及其常委会动议的刑法立法草案应事先向全社会公示，至少在6个月时间前通过电视、网络和报纸等多种途径将拟动议的刑法立法草案公之于众，接受公共机构、社会团体组织和其他普通公众的查询、咨询和质询，后者查阅后如对拟动议的刑法立法草案有疑问，或有达到法定数量的其他公众主体对于提案内容有重大意见分歧的，有权通过网站留言、专门致函、递交公开信、座谈会等方式向提案人进行刑法立法草案的质询，对于一般性疑问，提案人应当在

[①] 值得注意的是，公众动议刑法立法草案制度不能简单等同于公众对刑法立法草案的立法建议，一般而言，公众对刑法立法草案的立法建议集中在刑法草案经过一审程序后，全国人大法工委公布刑法草案并征求公众意见过程中，而公众动议刑法立法草案制度一般在刑法草案一审程序之前，一旦被有权机关批准后将直接启动刑法立法审议程序。

指定专栏或区域予以简要的刑法立法草案动议的解释说明,对于其他异议较大、影响范围较广的刑法立法草案动议的质疑,应当召开听证会,由动议刑法立法草案的提案人在指定的时间和现场回答其他公众主体的立法质询,详细说明所动议刑法立法草案的制定缘由、内容、过程、主要争议点、相应立法支撑素材及其来源,无法通过立法质询者,不得继续向全国人大及其常委会进行刑法立法草案动议。由此,通过对公众拟动议刑法立法草案的公示制度的设计,较好地利用了公众动议者极为珍视的公共形象和声誉,发挥声誉函数对动议刑法立法草案人的外在约束力,这就从源头上倒逼刑法立法草案动议者必须努力提高所动议的刑法立法草案质量和水准,真正立足中国大地思考刑法立法动议草案,真正立足百姓民心谋划刑法立法动议草案,并将刑法立法草案制定和动议的过程发展为了解社情民意,熟悉刑事司法实践,思考刑法立法利弊得失之过程,以便为接下来刑法立法主体间有序立法商谈创造基础条件。当然,为了消解公众主体在动议刑法立法草案中"搭便车"的行为陋习,立法机关可考虑设置年度公众最佳刑法立法动议奖并给予相应奖励举措,以便更好地激发公众动议刑法立法草案的热情。

三 完善刑法立法公众参与制度程序

为了保证建制化阶段的刑法立法公众参与,现行法律规定了一系列的立法程序规范,例如,刑法立法草案征求公众意见和建议的程序、基层立法联系点制度、刑法立法公众座谈会、论证会和听证会程序等等。然而,这些程序要么过于聚焦公众如何"参与"立法,忽略主体间立法"商谈"的实质,要么在具体程序设计上过于笼统粗放化,可操作性有待增强,因此,需进一步完善刑法立法公众参与的制度程序:一方面,在"旧制"基础上创新,例如提早刑法草案公开并征求公众意见的时间;另一方面,在"旧制"上的完善,例如改进刑法立法公众参与的方式、健全刑法立法公众意见反馈制度等等。

(一) 提早刑法草案公开并征求公众意见的时间

根据我国《立法法》第 40 条规定,列入全国人大常委会会议议程的刑法立法草案及其起草修改说明向社会公众公布并征求意见一般是在常委会会议第一次审议之后,在这之前,对刑法草案情况的了解一般局限于常委会组成人员及其相关工作人员,① 普通公众很难通过正式的渠道了解刑法立法草案具体内容。鉴于此,为了提升建制化阶段主体间刑法立法不同主体间立法商谈的质量,有必要提早刑法草案公开并征求公众意见的时间,除非经全国人大常委会委员长会议决定不公布以外,至少应当在刑法立法草案列入全国人大常委会会议议程前,就应该第一时间向社会公布刑法立法草案情况并征求公众意见和建议。首先,刑法立法过程中,影响并决定最后刑法立法的文本内容的,不仅包括刑法案起草、审议、论证、评估和公布等正式立法程序,还包括刑法立法预测、立法规划、立法计划、立法选题和立项等立法准备阶段,提早刑法立法草案公开并征求公众意见的时间有助于让公众尽早了解刑法立法草案情况,理解刑法立法草案中的可能不足或缺失,为公众后续参与刑法立法中主体间立法商谈做好充分准备;其次,我国《立法法》虽然规定刑法立法草案经全国人大常委会会议第一次审议之后向社会公众征求意见的时间不少于1个月,但从实践来看却大多只有1个月。例如,《刑法修正案(九)(草案)》条文及草案说明于2014年11月4日在中国人大网上公布并向社会公开征集意见,截止日期是2014年12月3日;《刑法修正案(九)(草案二次审议稿)》于2015年7月6日向社会公开征求意见,截止日期是2015年8月5日,时间都是刚好1个月。总体来看,目前我国刑法立法草案征求公众意见的时间还是相对紧张的,在短时间内,普通公众往往很难了解并准确识别出刑法立法草案中相关立法条文的利弊得失,即便这1个月内有公众向立法机关提出立法意见和建议,大多也是刑法专家学者或者刑事司法实务人员居多。真实的情况是,许多公众还没有明白即将制定的刑法立法草案是怎么回事,就已经过了刑法立法草案征求意见的截止期限,然而,在1个月内征求公众对刑法立法草案的意见和建议的做法,囿于全国人大常委会立法传统和立法效率等因素考虑,短期之内可能很难得到实质性的改变。由此,提早刑法立法草案公开并征求公众意见的时间可谓是对此弊端的一种补正策略。在全国人大常委会初次审议刑法立法草案之前,如果公众就能及时地了解草案的相关情况,这样在草案正式征求公众意见的时候,公众

---

① 根据《立法法》第31条之规定:"列入常务委员会会议议程的法律案,除特殊情况外,应当在会议举行的七日前将法律草案发给常务委员会组成人员。"第39条第4款规定:"常务委员会工作机构应当将法律草案发送相关领域的全国人民代表大会代表、地方人民代表大会常务委员会以及有关部门、组织和专家征求意见。"可见,现行法律并无在全国人大常委会举行之前将法律草案向公众公开之规定。

就能提出更多有价值的意见和建议，在信息充分对称的基础上助益主体间真正意义上的立法商谈。最后，从立法实践的新近动向来看，在中国人大网公布的《全国人大常委会 2022 年立法工作计划》中就明确提出："健全吸纳民意、汇聚民智的工作机制，确保立法各个环节都听到来自人民群众的声音。"在 2015 年新修订的《立法法》更是明确将立法规划和立法计划上升为法定立法程序并规定"认真研究代表议案和建议，广泛征集意见，科学论证评估，根据经济社会发展和民主法治建设的需要按照加强重点领域、新兴领域、涉外领域立法的要求，确定立法项目"。这些做法实际上都隐含了最高立法机关已经充分意识到将公众参与刑法立法时间提前的极端重要性，举重以明轻，提早刑法草案公开并征求意见更是在情理之中了。笔者还注意到，每年立法机关都有较为繁重的立法任务，在我国包括刑法立法在内的立法草案能否顺利通过审议并成为正式法律是衡量全国人大及其常委会工作的重要方面，因此，在理论上来说立法机关有推动包括刑法立法在内的立法草案尽快通过立法审议的潜在动力。那么，如何避免因"快"可能导致的刑法立法的质量问题呢？刑法立法草案本身的质量就变得非常重要，而提早刑法草案公开并征求公众意见的时间有助于公众帮助立法机关及时发现并改正立法草案中的不足，增强刑法立法草案的公意基础。实际上，不仅是刑法立法草案，刑法立法规划和计划中均应有公众的声音，公众参与不能也不该缺席。也许有人担心，提早刑法草案公开并征求公众意见的时间会造成立法程序烦琐和刑法立法效率的降低。笔者认为，刑法是关涉公民生命和自由权利剥夺及其限制的法律，公众参与极大提高了刑法立法合法性和正当性，换言之，放弃必要的立法效率是作为刑法立法科学化必须接受的代价，更何况在我国从原先有法可依的"量"转变为科学立法的"质"的背景下，这种"代价"更显得意义重大。

（二）改进刑法立法公众参与的方式

刑法立法草案征求公众意见、刑法立法座谈会、论证会以及听证会等制度程序，不仅是《立法法》规定刑法立法公众参与的基本程序，也是刑法立法公众参与制度实践中广泛运行的程序，它们构成刑法立法主体间立法商谈的基本形式和内容，程序能否有效运行并取得预期效果，直接关系刑法立法主体间立法商谈的好坏，值得认真分析。

1. 刑法立法草案征求公众意见

虽然全国人大有关专门委员会、常委会工作机构组织起草刑法立法草案过程中要公开征求公众意见,但根据现行《立法法》规定,作为立法程序的刑法立法草案征求公众意见是在全国人大常委会对立法草案初次审议之后,如前所述,公众参与时间相对滞后,此外,刑法立法草案征求公众意见制度还存在其他方面的一些问题。在立法践行全过程人民民主时代如何对该制度进行体系性完善重要而紧迫。首先,要解决刑法立法草案向什么样的公众征求意见?除了将刑法立法草案公布并向全体公众征求意见和建议以外,笔者认为,刑法立法草案至少还应重点征求以下公众或者社会团体组织的意见:一是征求拟立法的利害关系人的意见,即特指那些同拟制定的刑法立法具有特定利害关系的公众主体,人人都倾向于对于自己利益紧密相关的事情抱有更大的参与热情和精力,征求这部分公众主体对刑法立法草案意见不仅更容易获得理解支持,而且他们所提意见也往往更有针对性,对刑法立法草案质量的提升是显而易见的。二是征求专业人士的意见,对某些涉及专业领域的法益侵害行为的刑法规制,例如,就新兴知识产权保护的刑法立法问题,专业人士往往更容易找到问题的实质,洞悉问题背后的规律,找到解决问题的最优途径,而这对刑法立法草案的完善必将大有裨益。三是听取刑事司法机关的意见。刑事司法机关长期活跃国家刑事司法领域的最前沿,对刑法打击犯罪的缺陷和优势更加了然于胸,因此,刑法立法草案主动向其征求立法意见和建议非常有必要。其次,以什么样的方式征求公众对刑法立法草案的意见?当前,中国人大网站专门开辟法律草案征求意见专栏,主动公布了包括刑法立法草案在内的法律草案条文内容并向公众征求意见,目前,该网站专栏能够做到清晰显示刑法立法草案征求意见的起止期限、公众参与人数和意见条数,这种通过门户网站向公众征求刑法立法草案的意见的尝试无疑值得肯定,但除此之外,还需进一步发挥电话、报纸、电台、电视、网络新媒体、社区电子屏幕和手机短信等方式在宣传刑法立法草案动态进展中的作用,例如,利用抖音、微信等普通公众耳熟能详又广泛操作的媒介方式征求公众对刑法立法草案的意见和建议。另外,对诸如包括法律在内的专业技术人士这类重点公众群体征求刑法立法草案的意见和建议时,可采取邮寄刑法立法草案文本及其相关立法背景资料的形式,以增强这些专技人才积极回应刑立法法草案并提出相关意见和建议的概率。最后,灵活掌握刑法立法草案征求公众意见的时间长度。如前所述,目前我国刑法立法草案征求公众意见时间往往仅仅1个月或者多几天,虽然不违背《立法法》第40条规定的法律草案征求公众意见方式不少于1个月的条文规定，但若细究该条文背后的立法本义，笔者认为，刑法立法草案征求公众意见的时间长度应当根据具体立法情况来决定，例如，根据刑法立法草案是大修还是微少变动、刑法立法草案内容对公众生活的影响程度等因素来决定征求公众意见的时间长度，尤其是对刑法这种同市民社会生活联系紧密又关系重大的法律，在社会主义法律体系已基本形成，国家立法总体压力相对减弱，立法任务面临从立法数量到立法质量的时代转型背景下，刑法立法草案向公众征求意见的时间长度完全可以从宽把握，不能每次都是刚好掐在1个月立法征求公众意见法定时间点上，如此，方能更好地发挥该制度在立法吸纳民意、汇聚民智、凝聚公意中的作用，增强刑法立法的公众认同度。

2. 刑法立法论证会、座谈会

刑法立法论证会和座谈会，均是建制化阶段刑法立法公众参与制度实践的重要方式，也是刑法立法中不同主体间立法商谈的重要形式，鉴于它们均是一种小范围的立法意见咨询制度，笔者将其合并论述之，但这并不意味两者完全等同。事实上，刑法立法座谈会偏重举办单位邀请公众就刑法立法问题发表看法，流程比较灵活，发言气氛相对轻松；刑法立法论证会则一般多以各个专业领域的专家学者居多，他们受举办单位邀请，对刑法立法必要性、可行性进行学理上的考证并提出意见和建议。如前所述，我国刑法立法程序中的立法论证会、立法座谈会仍然存在受邀参会人员代表性不够、程序封闭性和随意性大、立法论证/座谈会结果对刑法立法的约束性不稳定等问题，在立法践行全过程人民民主时代如何对其进行针对性的有效完善意义重大。首先，受邀参加刑法立法论证座谈会的人员，除专家学者和其他不特定公众以外，[①]还应特别邀请同拟论证刑法立法草案内容具有明显利害关联的公众或者社团组织代表出席。如前所述，撇开利害关系人参与的刑法立法论证会、座谈会，实际上将不可避免地导致所要讨论的刑法立法问题停留在表面，无法深入而细致地展开，因为只有利益而且只有利益才能让刑法立法座谈人、论证者真正的"身临其境"，督促他们专注刑法立法草案中争议的所有细枝末节并热情地参与全部讨论环节和过程，事实上，无关痛痒的"专家"立法发声和高谈阔论的"公众"

[①] 为了保证刑法立法论证会、座谈结论的客观中立性，举办单位邀请座谈会人员时不仅要注意参会人员身份的广泛性，应有来自不同行业界别的公众代表参加，还应当兼顾持有各种不同意见的人员能够参加，避免刑法立法论证座谈会发表意见时参会人员的"一团和气"。

立法发言早已被人们所"审美疲劳",由他们组成的立法座谈会、论证会的代表性和公意性也因此备受社会各界的质疑。其次,妥善安排刑法立法论证会、座谈会的发言顺序。一般而言,主持刑法立法论证会、座谈会一方不宜首先就刑法立法草案中的价值判断问题表态,尤其当相关民主恳谈会是由立法机关主持的情况下,否则就容易给整个刑法立法论证会、座谈会"定调子",参与立法论证会、座谈会的人员往往就会出于礼貌或者其他原因会顺着主持人的看法发表立法意见,隐藏自己的真实立法想法。显然,这样的主体间立法商谈不可能是一次实质性的有效立法商谈,也违背了举办刑法立法论证会、座谈会的制度设计初衷。正确的做法是,主持方首先就立法论证会、座谈会召开背景、问题、目的以及程序规则进行事实的介绍性发言,待其他参会人员就刑法立法草案中的具体问题发表完意见后,在刑法立法论证会、座谈会最后的总结性发言中,如有必要,主持人可适当发表下看法。最后,突出刑法立法论证会、座谈会的商谈发言交涉机能。建议刑法立法论证会、座谈会按照分类建组、逐个发言,分别点评和分别回应的方式进行结构化组织,即先将参与刑法立法论证会、座谈会的所有人员按照某种标准(例如观点接近性)分类建组,然后,按组别每个人逐一发言,待他们发言完毕后,其他组人员再对他们的观点分别进行点评,再由最先发言的组成员对其他组人员所提的意见分别予以回应,在此过程中,主持人做好每个组别各自的观点归纳并引导立法论证会、座谈会有序进行,必要时,对每位人员的发言时间进行限定,避免部分发言人超时而影响他人发言,例如,给予每个发言人员 10 分钟时间发表自己观点,等发言还剩 1 分钟的时候,主持人可提醒其剩余发言时间,这样,参与论证会、座谈会人员为了保证自己能够在规定时间内发好言,就不得不想方设法提高自己的讲话质量,例如,可借助多媒体上的 PPT 形式或者通过思维导图的方式呈现发言主线,增强即兴发言效果,而无论是通过情感渲染抑或理性说服的发言方式,最关键的还是在于参与人员必须以真诚姿态唤起其他参与人员的观点共鸣,使得参与者分享自己观点同时也充分理解他人观点,进而真正促成主体间实质性的立法商谈。[①]

3. 刑法立法听证会

举办刑法立法听证会是建制化阶段丰富刑法立法公众参与制度实践的

[①] 闫斌:《立法合法性研究:审视与建构——基于立法商谈理论的视角》,《甘肃行政学院学报》2014 年第 5 期。

重要形式。如前所述,它亦存在诸如参加听证会的公众的代表性不够和实质商谈功能弱化等不足之处。笔者认为,对我国刑法立法听证会的制度完善应该主要集中在以下几个方面:首先,之所以刑法立法听证会实质商谈功能弱化,很大程度上是因为公众"担忧自己的意见不受尊重、对立法根本不起作用","甚至充满偏见地认为立法民主只是一种走过场的形式主义。"① 鉴于此,必须以问题意识为导向针对性地强化立法听证会的实质听证功能。其一,明确刑法立法听证各方的权利和义务,增强刑法立法听证会中的控辩博弈色彩。公众不仅有权提出自己对刑法立法问题的意见和建议,还可以就刑法立法草案及其他公众的立法意见提出质询与反质询,甚至还可考虑采取电视或网络直播辩论和法条逐条审议的方式就刑法立法中若干争议问题公开讨论,借此来提升公众在整个刑法立法听证过程中的参与感、程序感和获得感。在美国,正式听证程序又被称为"审判式听证程序",其显著特点就是"准司法化",即立法机关仿照法院的审判程序进行证据提交和证人询问。② 其二,明确刑法立法听证记录的法律效力,这有助于最大限度消解公众担心自己立法意见不受尊重甚至被忽略的听证顾虑。对刑法立法听证会形成的听证结论,立法机关必须保持必要的敬畏和尊重,在后续的刑法立法程序中如果立法机关决定背离这一正式立法听证结论,必须向相关公众提供充分且翔实的理由。美国的"案卷排他原则"通过正式立法形式承认了听证记录的法律效力,正如美国联邦最高法院大法官 VanDevante 所说:"制定法所规定的对于没有列入听证笔录的证据,一律不得加以考虑的原则必须得到遵守,否则听证的权利就变得毫无意义。如果决定者在作出处分时随意背离记录,则在正式听证中提出的证据和辩论,没有任何价值。"③ 其三,重视公众利益代表人在刑法立法听证会程序中的作用。必须承认,不是所有的公众都能获邀参加刑法立法听证会,也不是所有公众都愿意也有能力参加刑法立法听证会,因此,重视公众利益代表人在刑法立法听证会程序中的作用十分有必要,它不仅可以弥补普通公众在立法参与素养上的不足,而且还有助于刑法立法听证会的规范化、程序化和实效化。其中,公众利益代表人以公众利益群体的代理人身份参加刑法立法听证会,既可以是特定社会团体组织代表也

---

① 阿计:《良法时代离我们有多远》,《中国律师》2004 年第 11 期。
② 田小满:《中美立法程序比较探讨》,《湖北成人教育学院学报》2015 年第 2 期。
③ 罗传贤:《行政程序法基础理论》,台湾五南图书出版公司 1990 年版,第 25 页。

可以是某个专业人士身份，但在具体的刑法立法听证过程中，他必须向其他参会人员公开表明自己接受何者委托而发表意见，并且不得再以"专业人士"的身份就相同刑法立法议题发表其他不同或者相反的意见。这有点类似于在日本听证会制度中的"公听会"，它是指国家或者公共团体的机关在行使其权限、决定某事项的过程中，为了作为参考，而召开听取一般公民、利害关系人或者专家学者（学识经验者）的意见的会议制度。[①] 其次，为了改善刑法立法听证会中公众代表性不够的问题，在立法听证会的组织上，鼓励公众或者社会团体组织通过自愿报名或者自愿报名和定向邀请相结合的方式产生。其中，将公众自愿报名规定为必选的立法听证会代表产生方式并且比例不得低于总人数的60%，不得以立法机关的选择性邀请公众听证代表参与代替之，同时对专家参与立法听证会的进行单列规定，防止在刑法立法听证会中以专家参与替代公众参与，同时，考虑到现代社会人口的高度流动性以及切实保护众多外来务工人员以及新业态从业劳动者等特殊群体的合法权益，应规定凡是具有中国国籍公民均有在所在地参与刑法立法听证会的报名资格。除此之外，最高立法机关还应当采取切实有效措施降低公众参与刑法立法听证会的各种成本，比如，召开刑法立法听证会时间应尽量选择在节假日，或工作时间之外的时间举行，定向邀请特定公众代表参加立法听证会的，还应充分考虑他们的职业特点和工作性质，例如，邀请外科医生参加的立法听证会应尽量避免与其实施手术的时间相冲突，最大限度使公众不致因为参加立法听证会而耽误正常的工作。[②] 需要指出的是，完善刑法立法听证会制度，不仅仅是立足于该制度本身的程序自我优化，还应充分考虑该制度与其他刑法立法公众参与制度程序有机衔接之"合力性"完善，例如，针对以往的包括刑法在内的立法听证会更多开在人大机关和政府办公大楼中，参与立法听证会的人员中以专家学者、媒体代表等居多，基层普通群众所占比例较少的问题，一方面是因为基层普通群众对拟召开刑法立法听证会的信息掌握不及时，另一方面也是因为他们需要忙于日常生产和生活无法付出额外的时间和交通成本去人大机关参加立法听证会。为此，可考虑依托全国各个层级基层立法联系点就近召开刑法立法听证会，这样就可以把立法听证会开到

---

① 蔡定剑：《国外公众参与立法》，法律出版社2005年版，第157—158页。
② 饶世权、饶艾：《地方立法公众参与的实质、问题与对策》，《理论与改革》2008年第1期。

"人民群众家门口",不仅有利于当面听取更多基层普通群众对刑法立法草案的意见,还有利于降低基层普通群众参与立法听证会的成本,更好更充分表达自己的实际立法处境并反映相关立法利益诉求,提升立法听证会的亲和性和可接受性。

值得注意的是,改进刑法立法公众参与的方式除了继续完善立法座谈会、听证会、公布法律草案公开征求意见等传统参与方式以外,还应考虑增设新的立法公众参与方式,例如,召开公民立法会议、协商式立法民意调查和愿景研讨会等这些目前已经在许多国家广为运用的形式,它们不同于传统听证会等公众参与形式,[①] 审议式制度设计(deliberative designs)在互联网技术的帮助下,将对刑法立法的讨论扩展到普通公民均能可及并参与的范围,极大地拓展了建制化阶段不同主体间进行立法商谈的范围和能力,增强了主体间立法商谈效果,进而也提升了刑法立法公众参与的有序性和有效性。

(三) 健全刑法立法公众意见反馈制度

如果说刑法立法草案征求意见、立法听证会、座谈会、论证会是立法机关获取公众社情民意的正向制度程序,那么,刑法立法公众意见反馈制度则是立法机关对所获取的社情民意信息的反向制度程序,在这个过程中,立法机关需要不断对所获取的公众社情民意进行搜集、整理、辨别、消化和反馈,同基层立法联系点等制度一起共同构建我国刑法立法公众参与的核心程序。在《全国人大常委会 2022 年立法工作计划》中曾明确指出:"不断改进法律草案向社会公开征求意见工作,加大宣传推送力度,丰富参与方式,完善意见反馈机制"。所谓刑法立法公众意见反馈制度,是指最高立法机关对公众在参与刑法立法过程中所提出的意见和建议进行整理研判并据此向公众给出合理答复或者解释的立法程序。如前所述,目前我国刑法立法公众意见反馈制度在是否反馈以及如何反馈方面仍然存在不少问题,对其渐进性完善实有必要。首先,健全刑法立法公众意见和建议的反馈程序。无论是在刑法立法过程中哪一环节收集到的公众意见,立法机关都应安排专门人员负责记录,同时,在规定的工作日内全部分类整理再归类并依法上报给相关专门委员会、

---

① [澳]卡罗琳·亨德里克斯:《公民社会与协商民主》,郝文杰、许星剑译,载陈家刚编《协商民主》,上海三联书店 2004 年版,第 134 页。

全体会议审议讨论，除因涉及国家秘密等依法不宜公开的公众意见反馈的以外，对刑法立法公众参与中的其他公众意见反馈一律向社会公开进行，同时，对于通过不同渠道收集到的立法公众意见，反馈程序也应当有所区分：对刑法立法公开听证会上提交的公众意见，以及公众以个人或组织名义自愿提交的公众意见，立法机关应当统一汇总反馈；受立法机关委托的社会团体组织提交的意见，如非必要，可以不必向社会公众进行意见反馈。其次，明确刑法立法公众意见的反馈内容。最高立法机关对刑法立法不同主体间立法商谈中的公众意见和建议的反馈，应当包括刑法立法征求公众意见和建议的基本情况、公众意见和建议被采纳的情况、未被采纳的情况等内容。其中，征求公众意见的基本情况，包括征求意见的公众范围、数量和主要内容等；公众意见被采纳的情况，包括刑法立法采纳公众意见的数量、类别和主要内容，以及对其科学性、合理性予以一定的理由说明；公众意见未被采纳的情况，包括未被采纳意见的数量、特征和主要内容，以及对不予采纳作出必要的合理说明；以及立法机关认为的还有其他需要说明的情况。再次，规范刑法立法公众意见的结论反馈。对刑法立法公众参与中公众意见的结论反馈规定采纳、部分采纳和不采纳三类处理形式，并在规定的工作时日内将意见处理结果向社会全部公开。对于采纳的公众意见（包括部分采纳），立法机关将其吸收进刑法立法草案并尽量反映在最后的刑法文本中，或者以之为据修改相关刑法立法草案条文，完善刑法相关规定；对于不予采纳以及除去部分采纳而剩余的未采纳部分，立法机关应载明详细的未采纳的理由说明，与意见处理结果一并向社会公开，其中理由说明部分可以规定为依申请公开，做到刑法立法公众意见反馈——说明的程序制度流程透明化，成果公开化，对较为集中、争议较大又未被采纳的公众意见，应当通过立法听证会、座谈会等适当形式再次公开征求公众意见。最后，拓宽刑法立法公众意见的反馈渠道。刑法立法公众意见反馈应当以最大限度方便公众获取信息为基本原则，立法机关既可以采取现代化信息技术的反馈方式，如电话、短信、电子邮件、网络平台等方式进行立法公众意见反馈，还可以采取传统立法公众意见反馈形式，如张贴公告、寄送信件、立法说明会和新闻发布会等。需要指出的是，刑法立法公众意见反馈在某种意义上也是刑法立法信息公开在意见反馈领域的延伸，因此，意见反馈同时也必须尊重前述信息公开的要求，例如立法机关对公众意见的反馈应当尽量用通俗易懂的语言，必要时对专业术语进行释明，总之要讲究意见反馈的方法策略，特别是在立法机关不采纳公众立法建议的，更要多从公众自己话语或者公众利益相关角度呈现不采纳建议的理由并使其信服，一味空谈刑法谦抑性和抽象正义，公众不领情反而还会加深对立法机关反馈诚意的误解，正如有学者指出："当专家学者试图用现代法治精神来激浊扬清，教化群氓，很快就会被淹没在网络的滔天大水中。"① 正是在这个意义上，刑法立法公众意见反馈，与其看成是刑法立法公众参与的程序，还不如说是主体间立法商谈共识逐步扩大的征表。

小结：刑法立法公众参与制度建构不是凭空创造，更不是穷尽所有制度猜想后而退而求其次的制度供给，它是在立法践行全过程人民民主理念的时代背景下，尊重而不是背离《立法法》和现有相关立法程序规定，对党领导下主体间立法商谈方略的具体性制度创设和落实。一方面，它要以党领导下的主体间立法商谈方略为指导思想，以促进程序中主体间有序有效立法商谈为目标；另一方面，它必须以原有刑法立法公众参与制度实践为制度建构的原点，或保留或完善，只有在原有制度存在明显不足也难以改进的情况下才有创设新制度的必要，以防止制度经常面临朝令夕改的尴尬，并额外增加人们的守法成本。总而言之，刑法立法公众参与制度建构可谓牵涉甚广，既要考虑非建制化阶段和建制化阶段刑法立法公众参与程序和内容不同，又要兼顾刑法立法公众参与制度的守正与革新；既要考虑最高立法机关关于刑法立法效率和质量的平衡，又要兼顾公众参与者参与能力和愿景的均衡；既要"瞻前"谋划刑法立法公众参与制度设计的体系性，也要"顾后"考虑刑法立法公众参与制度设计的持续性。对此，我们唯有探明刑法立法公众参与制度实践的问题症结，找准制度解决问题的切入口和关键处，在充分虑及制度实践资源可承载性基础上提出尽可能周全解决方案，同时，防范刑法立法公众参与制度建构可能的溢出效应。鉴于此，笔者尝试以建制化阶段和非建制化阶段刑法立法公众参与制度实践区分为基础，分别提出我国刑法立法公众参与的制度体系，以期最大程度地发挥制度在促进刑法立法公众参与中的独特作用。需要指出的是，建制化阶段和非建制化阶段刑法立法公众参与制度体系建构是相对的，一些

---

① 支振锋：《立法如何回应民意——从朋友圈呼吁"贩卖儿童一律判死刑"谈起》，《紫光阁》2015 年第 9 期。

诸如基层立法联系点这样的民主立法制度程序就可能贯穿于刑法立法公众参与整个阶段，不能犯非此即彼的形而上学的错误，只是在某个特定立法阶段往往偏好特定的立法制度程序功能发挥，如果我们能够恰当地把它充分利用好，对刑法立法公众有参与效能提升就会有事半功倍之用。

结　语

法律是治国之重器，良法是善治之前提。何谓良法？从程序正义而言，它必须是历经民主的立法程序而制定；从实质正义来讲，它必须是反映公众意志并能为公众普遍信仰的社会规范和行为准则，科学立法、民主立法和依法立法是良法制定的根本途径，而在此过程中公众参与不可或缺。可以说，人民日益增长的美好刑法立法期待和公众参与刑法立法不平衡和不充分之间的矛盾是新时代我国刑法立法最显著的特征之一，党领导下的立法商谈方略就是对这种矛盾的初步试解，具体来说，主体间平等真诚立法商谈观念阙如是刑法立法公众参与困境根源，程序中主体间有效立法商谈是破解刑法立法公众参与困境的关键。在此，笔者仍然觉得有必要重申以下几个基本问题。

首先，刑法立法公众参与和刑法犯罪化立法并无关联。刑法犯罪化立法包括刑法犯罪圈的扩张和刑罚量的递增，人们经常误以为公众参与刑法立法和犯罪化立法存在某种关联，其实这并没有多少科学依据。其一，公众并非对所有的犯罪类型都倾向犯罪化和重刑化立法，例如，同伦理犯相比，公众对行政犯的重刑化诉求明显降低，实证调研中，公众对诸如偏远山区的老龄人滥伐林木科处刑罚甚至还抱有同情之心理，因此，仅凭对公众的立法观感就得出两者之间的必然联系并不可靠，犯罪化立法虽然是刑法立法公众参与的重要内容，但不能把犯罪化立法和刑法立法一般公众参与等同起来，更不能将刑法立法的犯罪化倾向全部归因于刑法立法公众参与，如果说刑法立法公众参与就是重刑主义，人们将很难理解为什么公众在国家引导下对死刑的逐渐宽容的现象，据考证，德国刑法立法中就很少有公众参与但仍然存在大量的轻罪入刑。实际上，刑法立法公众参与导致犯罪化立法只是人们在激进的犯罪化立法观感前一种条件反射式的应激幻象，犯罪化立法真正原因不是来源于公众参与而是出于公众对犯罪的恐惧，换言之，公众参与本身是价值中立的，之所以犯罪化立法恰是公众无序和无效参与的结果。其二，刑法立法公众参与过程中，不仅要看到民意的犯罪化现象，还要看到民意不受任何外力作用下还具有一定的自我净化功能，只要没有人为力量对民意横加操纵，民意终将回归平和，正所谓："谣言止于智者"。因此，从这个角度来看，也不宜认为公众参与汇聚成的民意加速了刑法立法犯罪化趋势，犯罪化立法实际上是刑法立法公众参与过度化的结果。

其次，刑法立法公众参与的保障机制。制度建构从来不是纯粹的逻辑臆想和理论演绎，制度建构之外我们还需要关注制度运行的保障机制。责任保障机制和主体保障机制是支撑刑法立法公众参与制度有效运行的基础。其一，责任保障机制包括立法者的责任和公众参与者的责任。国家立法机关及其工作人员若有违法实施妨碍公众参与刑法立法行为的，例如，刑法立法过程中，立法者应当举行听证会的而不举行的，应该公开、公告立法信息而没有公开、公告，就应追究其相应责任；而对公众参与者的责任追究应当主要集中在公众有不遵循现有立法的程序性规范或者破坏公众参与秩序的不当行为，而对公众在涉及刑法立法价值判断中的责任不宜盲目扩张，否则公众参与价值就无法体现在刑法立法过程中，例如，对公众参与刑法立法过程中发表的言论，即便言论存在不当情形，也不宜过分追责，否则刑法立法过程中公众独立的意见判断权就会不复存在。① 正如有学者指出："刑法立法关涉价值理性，而价值领域是不同见解、诉求的交织和碰撞，只能通过论辩协商以达成共识，或是相互妥协。如果比照技术理性领域的'正确''错误'之界分进行问责，则属于不同治理结构逻辑错误，会扭曲民主代议最可宝贵的要素——发出不同的声音。"② 当然，追责在论及公众参与者责任的时候，还必须规定相应的责任救济机制。其二，刑法立法公众参与说到底还是人的参与，刑法立法公众参与的制度实践离不开具体的参与主体的配合。一方面，全国人大及其常委会要切实增

---

① 在古希腊雅典，公民个人虽然可以在民众大会上提出修改或废除以往的法律，但若这种提议的法案最后被公民法院判决与雅典基本法相抵触，不但法案本身要被宣布为违法，而且原提案人还要受到罚金处分，甚至有生命之虞。（参见吴于廑《古代的希腊和罗马》，生活·读书·新知三联书店 2012 年版，第 127 页。）

② 吴元元：《传播时代的立法泛化及其法律规制》，《中国地质大学学报（社会科学版）》2016 年第 3 期。

强主导刑法立法的能力，除了举办经常性的刑法立法知识专题讲座以外，立法机关还要特别注重人大立法人员的知识来源复合化、专业化、增设与公众参与刑法立法制度相适应的立法助理岗位等等。另一方面，推进市民社会建设，培育参与型现代公民。刑法立法公众参与不仅依赖公众的参与热情，也仰仗公众的参与能力，而市民社会倡导的参与和奉献的理念恰好能最大限度地克服公众参与中公众"搭便车"陋习，激发公众参与刑法立法的热情。因此，我们必须大力倡导社会主义核心价值观，使得奉献、互助、分享和共享的理念深入人心，在此基础上，提升公众参与刑法立法的能力，尤其是语言表达能力，遵守程序理念，有效商谈技巧，等等，使得刑法立法公众参与的质量显著提升。

最后，刑法立法公众参与是在代议制立法基础上的公众参与，没有强大的代议制立法，空谈刑法立法公众参与可以改善刑法立法科学性和民主性无异于痴人说梦，所谓刑法立法公众参与甚至还有民主为专制披上合法外衣的潜在风险。因此，在我国当前条件下，刑法立法仍然应该以代议制立法为基础，进一步强化人大主导立法的地位，增强人大代表的公意性基础，而刑法立法公众参与只是对代议制立法弊端的补缺，一味强调公众参与刑法立法有舍本逐末之嫌。正如有学者指出："离开发达的代议制立法，片面强调公众参与，单纯为公权力行使论证合法性，可能为个别官员和部门谋取不当利益所利用，与公众参与扩大民主的根本目的背道而驰。"[①]

党的十八届三中全会指出："通过座谈、听证、评估、公布法律草案等扩大公民有序参与立法途径，通过询问、质询、特定问题调查、备案审查等积极回应社会关切。"[②] 刑法立法公众参与是法治国家、法治社会和法治政府一体化建设的必然要求，在一幅"历史三峡"的画卷中，作为木桶原理中短板的刑事法治建设能否顺利渡过转型关口，在很大程度上取决于公众能否真正有序有效地参与刑法立法。理想的情形是通过代议制的刑法立法公众参与和直接的刑法立法公众参与相互促进，相互补缺，共同推动刑法科学立法，然而，时下刑法立法公众参与的理论困惑和实践迷思

---

① 徐璐：《代议与参与——对当前我国公众参与立法的反思》，《江淮论坛》2010 年第 1 期。

② 《中共中央关于全面深化改革若干重大问题的决定》，《人民日报》2013 年 11 月 16 日第 01 版。

影响了刑法立法公众参与制度实践的进一步推进。"欲穷千里目，更上一层楼"。刑法立法公众参与研究就是要把现有刑法立法过程中不规范的公众参与规范化，非制度化的公众参与制度化，通过刑法立法中主体间立法商谈最大程度实现公众经验和精英理性的"重叠共识"，不断推动国家刑事治理能力和治理体系的现代化。当然，本书在研究上也存在一些不足，例如，党如何具体领导刑法立法中主体间商谈？人工智能时代究竟给刑法立法公众参与制度和实践带来哪些机遇和挑战？我们又该如何有效地应对之？刑法立法公众参与理论与实践如何理解并有效回应全过程人民民主这一重大理念，如何结合全过程人民民主这一人类民主新形态的时代要求来体系化设计刑法立法公众参与制度并在实践中不断完善，这些都值得在未来研究中进一步深入。总之，我们要力争达成这样一种共识：公众参与不仅是一种充满尊严的社会治理方式，同时也是一个值得尊敬的刑事法律渊源。

参考文献

一 中文类参考文献

(一) 著作类

［美］艾尔·巴比:《社会研究方法》,邱泽奇译,华夏出版社 2009 年版。

［意］贝卡利亚:《论犯罪与刑罚》,黄风译,北京大学出版社 2008 年版。

［美］博登海默:《法理学:法律哲学与法律方法》,邓正来译,中国政法大学出版社 2004 年版。

蔡定剑:《公众参与:欧洲的制度和经验》,法律出版社 2009 年版。

蔡定剑主编:《国外公众参与立法》,法律出版社 2005 年版。

陈文主编:《国外的协商民主》,中央文献出版社 2015 年版。

陈兴良:《刑法哲学》,中国政法大学出版社 2004 年版。

陈忠林:《刑法散得集Ⅱ》,重庆大学出版社 2012 年版。

陈忠林:《刑法总论》,高等教育出版社 2007 年版。

程竹汝等:《全过程人民民主:基于人大履职实践的研究》,上海人民出版社 2021 年版。

崔浩:《行政立法公众参与制度研究》,光明日报出版社 2015 年版。

丁渠:《立法中的不正当部门利益治理——代议制民主的视角》,中国社会科学出版社 2014 年版。

［意］恩里科·菲利:《实证派犯罪学》,郭建安译,商务印书馆 2016 年版。

［德］伽达默尔:《真理与方法》,洪汉鼎译,商务印书馆,2010 年版。

谷春德、史彤彪：《西方法律思想史》，中国人民大学出版社 2014 年版。

顾昂然：《立法工作纪事》，中国民主法制出版社 2021 年版。

黄洪旺：《公众立法参与研究》，福建人民出版社 2015 年版。

李拓等：《中外公众参与体制比较》，国家行政学院出版社 2010 年版。

李卫华：《公众参与对行政法的挑战和影响》，上海人民出版社 2014 年版。

［法］卢梭：《社会契约论》，李平沤译，商务印书馆 2011 年版。

［意］罗斯米民：《社会正义下的宪法》，韦洪发译，商务印书馆 2020 年版。

［英］罗素：《西方哲学史》，何兆武、李约瑟译，商务印书馆 1963 年版。

马克昌主编：《近代西方刑法学说史》，中国人民公安大学出版社 2008 年版。

马克昌主编：《外国刑法学总论》，中国人民大学出版社 2009 年版。

［美］曼昆：《经济学原理》，梁小民、梁砾译，北京大学出版社 2015 年版。

［英］密尔：《论自由》，许宝骙译，商务印书馆 1959 年版。

南振中：《亲历中国民主立法》，新华出版社 2011 年版。

桑玉成等：《全过程人民民主理论探析》，上海人民出版社 2021 年版。

汪明亮：《公众参与型刑事政策》，北京大学出版社 2013 年版。

王绍光：《民主四讲》，生活·读书·新知三联书店，2008 年版。

吴高盛：《人大立法工作教程》，中国民主法制出版社 2015 年版。

武小川：《公众参与社会治理的法治化研究》，中国社会科学出版社 2016 年版。

许晓娟：《瑞士公众参与立法制度研究》，法律出版社 2013 年版。

［美］约翰·克莱顿·托马斯：《公共决策中的公民参与》，孙柏英等译，中国人民大学出版社 2010 年版。

［美］詹姆斯·菲什金、［英］彼得·拉斯莱特主编：《协商民主论争》，中央编译出版社 2009 年版。

张明楷：《外国刑法纲要（第二版）》，清华大学出版社 2007 年版。

张明楷：《刑法学》，法律出版社 2016 年版。

张文显主编：《法理学》，高等教育出版社 2007 年版。

赵明主编：《法理学》，法律出版社 2012 年版。

中国法学会研究部编：《马克思恩格斯论法》，法律出版社 2010 年版。

（二）论文类

阿计：《良法时代离我们有多远》，《中国律师》2004 年第 12 期。

白建军：《犯罪圈与刑法修正的结构控制》，《中国法学》2017 年第 5 期。

白建军：《中国民众刑法偏好研究》，《中国社会科学》2017 年第 1 期。

贝克、邓正来、沈国麟：《风险社会与中国——与德国社会学家乌尔里希·贝克的对话》，《社会学研究》2010 年第 5 期。

巢永乐、林彦：《地方人大立法协商：概念厘定、实践难题与发展进路》，《经济社会体制比较》2022 年第 3 期。

陈炳辉：《参与式民主的现代衰落与复兴》，《中国社会科学院报》2009 年 4 月 21 日。

陈赛金：《中国公众参与立法的新路径探析——以人民团体为视角》，《上海师范大学学报》（哲学社会科学版）2020 年第 6 期。

陈尚龙：《党领导立法的历史发展与时代担当》，《人民之声》2022 年第 1 期。

陈维山：《让基层群众在国家立法中有更多参与感存在感获得感》，《人大研究》2022 年第 6 期。

陈伟：《刑事立法的政策导向与技术制衡》，《中国法学》2013 年第 3 期。

陈伟、蔡荣：《"收受礼金"行为的刑法规制》，《河北法学》2015 年第 12 期。

陈伟、霍俊阁：《媒体导向下刑法修正的异化与回归》，《当代传播》2017 年第 2 期。

陈伟、熊波：《"见危不救"刑法化与非刑法化的路径研究》，《江西警察学院学报》2017 年第 1 期。

陈晓明：《风险社会之刑法应对》，《法学研究》2009年第6期。

陈欣：《大众媒体、公共事件和立法供给研究》，《法学评论》2016年第5期。

陈新汉：《关于"人民主体"的一些思考》，《哲学研究》2014年第2期。

陈尧：《建构民主：全过程人民民主的发展路径——基于公民参与的视角》，《人民论坛·学术前沿》2022年第5期。

陈银珠：《〈刑法修正案（八）〉的保守与激进：立法、民意和理论》，《湖南大学学报（社会科学版）》2012年第4期。

程竹汝：《论全过程人民民主的制度之基》，《中共中央党校（国家行政学院）学报》2021年第6期。

崔浩：《行政立法公众参与有效性研究》，《法学论坛》2015年第4期。

代水平：《立法公众参与困境的解决——以埃莉诺·奥斯特罗姆的集体行动理论为视角》，《西北大学学报（哲学社会科学版）》2013年第1期。

代水平：《试论立法评估与立法公众参与的同一性》，《宁夏社会科学》2017年第3期。

戴激涛：《公众参与：作为美德和制度的存在——探寻地方立法的和谐之道》，《时代法学》2005年第6期。

方世荣：《论行政立法参与权的权能》，《中国法学》2014年第3期。

方世荣、孙思雨：《论公众参与法治社会建设及其引导》，《行政法学研究》2021年第4期。

封丽霞：《民主立法：全过程民主的展现》，《中国党政干部论坛》2021年第7期。

封丽霞：《人大主导立法的可能及其限度》，《法学评论》2017年第5期。

冯殿美、储陈城：《论转基因食品的刑法规制》，《山东大学学报（哲学社会科学版）》2013年第1期。

傅广苑：《我国公共服务提供系统的耗散结构特征及其有序化》，《中国行政管理》2006年第11期。

高峰：《依法治国视阈下地方立法公众参与研究》，《山东理工大学学报（社会科学版）》2015 年第 4 期。

高维检、梅文娟：《防卫行为之社会相当性判断》，《国家检察官学院学报》2013 年第 6 期。

高旭军、张飞虎：《欧盟科学、民主立法保障机制研究：以法律起草为例》，《德国研究》2017 年第 1 期。

顾爱平：《公众参与地方立法的困境与对策》，《江苏社会科学》2017 年第 6 期。

管兵、岳经纶：《立法过程中的公众参与：基于〈物权法〉和〈就业促进法〉立法参与的研究》，《政治学研究》2014 年第 4 期。

郭清梅：《公开征集立法项目建议的国内外比较研究》，《西安交通大学学报（社会科学版）》2017 年第 6 期。

郭玮：《象征性刑法概念辨析》，《政治与法律》2018 年第 10 期。

郭小亮：《新型危险驾驶罪的理解与适用》，《江西警察学院学报》2016 年第 1 期。

郭晓燕、李拥军：《公众参与立法的功能异化与矫正路径》，《齐鲁学刊》2021 年第 2 期。

郭泽强：《刑事立法政策与公众认同论纲》，《山东警察学院学报》2013 年第 3 期。

韩丽：《中国立法的非正式性及其政治功能》，《当代中国研究》2002 年第 2 期。

何珊君：《科学立法的重要条件及其考察》，《学术界》2013 年第 12 期。

侯猛：《从校车安全事件看国家的给付义务》，《法商研究》2012 年第 2 期。

胡玉鸿：《全过程人民民主的法理释读》，《法律科学》2022 年第 4 期。

胡玉鸿：《全过程人民民主的法治向度阐析》，《法学研究》2022 年第 3 期。

黄明儒、王振华：《规范意识强化：也论刑法的公众认同》，《法律科学》2017 年第 1 期。

黄小勇：《韦伯理性官僚制范畴的再认识》，《清华大学学报（哲学社会科学版）》2002 年第 2 期。

蒋熙辉：《权利发展与刑法改革》，《法制与社会发展》2005 年第 5 期。

柯华庆：《党导民主制：正当性与价值》，《学术界》2017 年第 5 期。

朗胜：《我国刑法的新发展》，《中国法学》2017 年第 5 期。

劳东燕：《公共政策与风险社会的刑法理论》，《中国社会科学》2007 年第 3 期。

黎宏：《日本近年来的刑事实体立法动向及其评价》，《中国刑事法杂志》2006 年第 6 期。

黎堂斌：《地方民主立法存在的问题、成因及对策》，《学习与探索》2018 年第 12 期。

李包庚：《马克思"人民主体性"思想解读》，《马克思主义研究》2014 年第 10 期。

李海棠、周冯琦：《公众参与野生动物保护法治的困境和出路》，《中国人口·资源与环境》2022 年第 5 期。

李怀胜：《西方刑罚民粹主义的缘起、立场与策略》，《政法论坛》2015 年第 4 期。

李怀胜：《刑法立法的共识观及其双重面向》，《中国刑事法杂志》2015 年第 3 期。

李怀胜：《域外刑罚民粹主义的模式、危害与启示》，《国家检察官学院学报》2015 年第 4 期。

李栗燕：《从中外比较视角完善我国地方立法中的公众参与制度》，《南京航空航天大学学报（社会科学版）》2008 年第 2 期。

李培林：《另一只看不见的手：社会结构转型》，《中国社会科学》1992 年第 5 期。

李莎莎：《转基因食品安全刑法规制论纲》，《河南社会科学》2016 年第 10 期。

李珊：《拒不支付劳动报酬罪的适用与完善路径》，《江西社会科学》2015 年第 6 期。

李涛：《试论〈立法法〉提前参与制度——以司法程序为参照》，《北方法学》2018 年第 4 期。

李卫刚、李艳军：《行政立法中的公众参与——以政务诚信建设为视角》，《西北师大学报（社会科学版）》2021 年第 4 期。

李文姬:《盘点 4 年来 43 起校车事故: 致百余幼儿身亡 超载为祸首》,《法制晚报》2014 年 7 月 14 日。

李霞:《"互联网+"时代公众参与的法律规制》,《哈尔滨工业大学学报(社会科学版)》2016 年第 6 期。

李翔:《论刑法修订的体系化》,《学术月刊》2016 年第 2 期。

李翔:《论刑事立法公众参与的限度》,《东南大学学报(哲学社会科学版)》2016 年第 3 期。

李翔:《网络社会下中国刑事立法政策的民意审视与构建》,《山东警察学院学报》2013 年第 3 期。

李永升:《科学发展观视域下的刑法改革论纲》,《河南大学学报(社会科学版)》2015 年第 5 期。

李志翀、赵海晶:《国外公众参与地方立法的相关制度及其借鉴意义》,《湖北行政学院学报》2005 年第 5 期。

利子平:《刑法社会化: 转型社会中刑法发展的新命题》,《华东政法大学学报》,2013 年第 1 期。

梁西圣:《立法"真理"与"方法"之辨》,《政法论丛》2021 年第 5 期。

林竹:《西方民意与政策相关性研究模型》,《广西社会科学》2008 年第 8 期。

刘磊:《美国非立法性规则之公众参与及其借镜》,《行政法学研究》2016 年第 6 期。

刘仁文:《从"国权刑法"走向"民权刑法"——马克昌关于中国刑法学的一个重要创见》,《北京日报》2011 年 9 月 19 日。

刘松山:《国家立法三十年的回顾与展望》,《中国法学》2009 年第 1 期。

刘伟:《越轨性社会热点问题与刑事立法》,《山东社会科学》2017 年第 9 期。

刘宪权:《刑事立法应力戒情绪——以〈刑法修正案(九)〉为视角》,《法学评论》2016 年第 1 期。

刘宪权:《尊重民意与科学立法》,《检察风云》2016 年第 1 期。

刘彦宁:《新时代如何推进科学立法民主立法依法立法》,《中国党政干部论坛》2018 年第 9 期。

刘艳红：《当下中国刑事立法应当如何谦抑？——以恶意欠薪行为入罪为例之批判性分析》，《环球法律评论》2012年第2期。

罗先觉：《我国科技界建制化参与立法的问题及对策》，《科学学研究》2019年第2期。

马奔：《协商民主对我国公民参与立法的启示》，《法学论坛》2014年第5期。

梅传强：《我国反恐刑事立法的检讨与完善—兼评〈刑法修正案（九）〉相关涉恐条款》，《现代法学》2016年第1期。

苗红、韩文秀、李全生：《基于熵与耗散结构的高等教育系统管理研究》，《中国农业大学学报（社会科学版）》2004年第3期。

庞岚：《规范校车 需要政府更多的投入》，《法制晚报》2017年5月23日。

秦前红：《执政党领导立法的方式和途径》，《中国法律评论》2014年第3期。

饶世权、饶艾：《地方立法公众参与的实质、问题与对策》，《理论与改革》2008年第1期。

申静、王敬波：《设立政府信息公开委员会的域外经验及本土设计》，《理论与改革》2015年第1期。

石经海：《醉驾行为定性之我见》，《人民检察》2010年第6期。

时延安：《刑法立法模式的选择及对犯罪圈扩张的控制》，《法学杂志》2013年第4期。

舒平锋：《拒不支付劳动报酬罪研究》，《中国刑事法杂志》2013年第2期。

宋方青：《习近平法治思想中的立法原则》，《东方法学》2021年第2期。

宋方青、宋尧玺：《论我国公众有序参与立法的模式与实现路径》，《法制与社会发展》2012年第6期。

宋林飞：《中国社会转型的趋势、代价及其度量》，《江苏社会科学》2002年第6期。

宋远升：《自媒体介入刑事司法的限度》，《中国社会科学评价》2016年第4期。

孙本雄：《刑法完善有待全面修订》，《检察日报》2017年10月

16 日。

孙潮、徐向华:《论我国立法程序的完善》,《中国法学》2003 年第 5 期。

孙国祥:《"礼金"入罪的理据和认定》,《法学评论》2016 年第 5 期。

孙万怀:《罪刑关系法定化困境与人道主义补足》,《政法论坛》2012 年第 1 期。

孙毅:《公众刑事法律心理的错位及矫治》,《学术界》2012 年第 3 期。

田纪云:《全国人民代表大会常务委员会工作报告》,《中华人民共和国全国人民代表大会常务委员会公报》1998 年第 1 期。

田林:《日本"立法法"评析》,《日本研究》2016 年第 2 期。

田小满:《中美立法程序比较探讨》,《湖北成人教育学院学报》2015 年第 2 期。

佟吉清:《论我国立法公众参与的法理基础》,《河北法学》2002 年第 5 期。

王爱民:《部门保护主义对地方立法的负面影响及法律对策》,《当代法学》2001 年第 4 期。

王鉴辉:《我国地方立法的价值取向研究初探》,《现代法学》2002 年第 2 期。

王理万:《立法官僚化:理解中国立法过程的新视角》,《中国法律评论》2016 年第 2 期。

王利荣:《"慎罚"的当代诠释》,《浙江社会科学》2013 年第 3 期。

王强军:《刑法修正之于社会舆论:尊重更应超越》,《政法论丛》2014 年第 3 期。

王群:《"互联网+"背景下传媒监督刑事司法新论》,《新疆大学学报(人文社会科学版)》2016 年第 5 期。

王群:《当下中国刑事立法何以谦抑化》,《北京理工大学学报(社会科学版)》2017 年第 1 期。

王群:《公职人员收受礼金入刑的冷思考》,《理论与改革》2015 年第 2 期。

王群:《刑法立法公众参与:一个基本范畴的辨析》,《重庆理工大学学报（社会科学）》2020年第12期。

王群：《刑法立法公众参与如何发生——基于非建制化与建制化阶段的类型化讨论》，《华侨大学学报（哲学社会科学版）》2022年第3期。

王群：《刑事立法谦抑化的路径选择》，《内蒙古社会科学（汉文版）》2016年第6期。

王群：《遗忘抑或唤醒：网络资金账户的新问题及试解》，《江淮论坛》2017年第4期。

王群：《再论把公众参与带回刑法立法——从社科话语到耗散结构的价值再发现》，《理论月刊》2021年第7期。

王群：《正当防卫界限判定转向的证成——基于自由与秩序的动态平衡》，《北京理工大学学报（社会科学版）》2016年第2期。

王群：《中国的民主落实于人民意愿有效实现》，《学习时报》2022年1月12日。

王晓升：《大众的崛起与民主的衰落》，《哲学动态》2015年第11期。

王新友：《非法组织胎儿性别应否"入刑"》，《检察日报》2006年5月15日。

王怡：《智能互联网能为民主立法贡献什么》，《北方法学》2019年第6期。

王占启：《中国刑法现代化的基本模式构建》，《法学杂志》2019年第9期。

王志祥、戚进松：《从危险驾驶入刑看立法的民主性和科学性》，《山东警察学院学报》2012年第3期。

吴妮：《英专设机构监督政府信息公开》，《新京报》2008年7月6日。

吴元元：《传播时代的立法泛化及其法律规制》，《中国地质大学学报（社会科学版）》2016年第3期。

吴元元：《信息能力与压力型立法》，《中国社会科学》2014年第10期。

习近平：《坚持依法治国和以德治国相结合 推进国家治理体系和治理能力现代化》，《人民日报》2016年12月11日。

习近平：《在庆祝全国人民代表大会成立60周年大会上的讲话》，

《人民日报》2014年9月6日。

习近平：《在省部级主要领导干部学习贯彻十八届四中全会精神全面推进依法治国专题研讨班开班式上的讲话》，《人民日报》2015年2月7日。

席文启：《基层立法联系点：立法机制的一项重要创新》，《新视野》2020年第5期。

夏勇：《"风险社会"中的"风险"辨析》，《中外法学》2012年第2期。

肖峰：《我国公共治理视野下"公众"的法律定位评析》，《中国行政管理》2016年第10期。

肖金明、王婵：《关于完善地方立法质量保障体系的思考》，《理论学刊》2022年第1期。

邢斌文：《论法律草案审议过程中的合宪性控制》，《清华法学》2017年第1期。

熊永明：《论我国刑法立法民主性的贯彻与提升》，《南昌大学学报（人文社会科学版）》2018年2期。

熊永明：《论刑法谦抑性与和谐社会理论的契合》，《社会科学辑刊》2008年第4期。

徐俊忠：《"人民主体地位"再强调的深远意义》，《光明日报》2016年4月16日。

徐璐：《代议与参与——对当前我国公众参与立法的反思》，《江淮论坛》2010年第1期。

闫斌：《立法合法性研究：审视与建构——基于立法商谈理论的视角》，《甘肃行政学院学报》2014年第5期。

杨兴培：《公器乃当公论，神器更当持重——刑法修正方式的慎思与评价》，《法学》2011年第4期。

杨云彪：《应该破除所谓主导立法的迷思》，《人大研究》2017年第2期。

叶会成：《超越工具论：民主立法的内在价值》，《法学家》2022年第2期。

阴建峰、赵英鹏：《保障社会公众参与权 推动刑法立法民主化》，《检察日报》2018年1月24日。

于改之：《我国当前刑事立法中的犯罪化与非犯罪化》，《法学家》2007年第4期。

于海青：《当代西方参与民主理论评析》，《国外社会科学》2009年第 4 期。

余枫霜：《社会热点事件回应型刑事法治现象反思》，《求索》2013年第 3 期。

俞海涛：《立法审查建议"双轨制"的确立与完善》，《政治与法律》2022 年第 3 期。

袁林：《公众认同与刑法解释范式的择向》，《法学》2011 年第 3 期。

张道许：《转基因作物的风险管理与刑法规制》，《刑法论丛》2016年第 2 期。

张德淼、杜朴：《立法后评估中的公众参与"虚置"及治理路径》，《北京行政学院学报》2021 年第 1 期。

张帆：《多元化、分歧与公众参与立法的难题》，《法律科学》2013年第 4 期。

张卉林：《论专家参与在民主立法中的功能定位及制度完善》，《湖南社会科学》2017 年第 2 期。

张君：《全过程人民民主：新时代人民民主的新形态》，《政治学研究》2021 年第 4 期。

张开骏：《刑法修正得失与修正模式完善》，《东方法学》2016 年第 5 期。

张明楷：《"风险社会"若干刑法理论问题反思》，《法商研究》2011年第 5 期。

张明楷：《死刑的废止不需要终身刑替代》，《法学研究》2008 年第 2 期。

张婷：《立法理由说明的民主功能与制度建构》，《环球法律评论》2019 年第 4 期。

张文龙、余锦龙：《熵及耗散结构理论在产业生态研究中的应用初探》，《社会科学家》2009 年第 2 期。

张文显：《习近平法治思想研究（上）》，《法制与社会发展》2016年第 2 期。

张晓、岳盈盈：《打通立法与民意之间最后一公里——关于破解地方立法公众有序参与困局的实证研究》，《中国行政管理》2017 年第 2 期。

张欣：《大众媒体、公共事件和立法供给研究——以 2003—2013 年公共事件为例》，《法学评论》2016 年第 5 期。

张欣:《互联网时代的媒体信息和立法决策——以〈校车安全管理条例〉为例》,《北方法学》2016年第5期。

张欣:《网络集群行为参与立法变革的机制和反思——以山东问题疫苗事件为例》,《环球法律评论》2017年第1期。

张欣:《新媒体、公众参与和压力型立法》,《河北法学》2016年第10期。

赵秉志:《中国刑法立法晚近20年之回眸与前瞻》,《中国法学》2017年第5期。

赵秉志、袁彬:《中国刑法立法改革的新思维——以〈刑法修正案(九)为中心〉》,《法学》2015年第10期。

郑伟:《论刑法存设嫖宿幼女罪的合理性》,《法学》2014年第4期。

支振锋:《立法如何回应民意——从朋友圈呼吁"贩卖儿童一律判死刑"谈起》,《紫光阁》2015年第9期。

周光权:《转型时期刑法立法的思路与方法》,《中国社会科学》2016年第3期。

周仁标:《公民参与行政立法研究——以正当性、制约因素及实施路径为视角》,《法学杂志》2020年第8期。

周勇、周敏凯:《公众参与行政决策的法律机制:成效、困境、改进》,《中国行政管理》2021年第9期。

朱建华、高袁:《论赌博行为犯罪化的法理基础》,《政法论丛》2017年第1期。

朱景文:《关于立法的公众参与的几个问题》,《浙江社会科学》2000年第1期。

(三) 其他类

沈丽琴:《高利转贷去罪化研究》,硕士论文,西南政法大学,2016年。

宋伟丽:《刑事司法信息公开救济机制研究》,硕士论文,西南政法大学,2012年6月。

佟吉清:《论我国立法的公众参与》,博士论文,中国人民大学,2002年。

王朦胧:《立法过程中网络民意表达问题研究》,郑州大学,2020年。

夏金莱:《行政决策中的公众参与研究》,博士论文,武汉大学,

2013年。

占俊峰:《论刑事立法回应民意的必要性及其合理限度》,硕士论文,江西师大,2012年。

张飞飞:《论刑法的公众认同》,博士论文,西南政法大学,2014年。

张鹏:《我国环境影响评价中的公众参与研究》,硕士论文,南京大学,2017年。

周磊:《法律案审议制度研究》,博士论文,华东政法大学,2020年。

二 外文参考文献

Amy Gutmann and Dennis Thompson, Why Deliberative Democracy: Princeton University Press, 2004.

Barber, Strong Democracy, Participatory Politics for a New Age: University of California Press, 1984.

David Gauthier, Constituting Democracy. David Copp (eds). The Idea of Democracy: Cambridge University Press, 1995.

Houben. G, Lenie. K, Vanhoof. K, A Knowledge Based SWOT-analysis System as an Instrument for Strategic Planning in Small and Medium Sized Enterprises. Decision Support Systems, 1999.

Jane Gross, Drive to Keep Repeat Felons in Prison Gains in California, N. Y. Times, Dec. 26, 1993.

John Mill, Considerations on Representative Government, Prometheus Books, 1991.

Joshua Cohen, Deliberation and Democracy Legitimacy. Hamlin and Pettit (eds), The Good Policy, Blackwell Pub, 1991.

Marc Klaas, It's Too Hard on Soft Crime and Too Soft on Hard Crime, S. F. Chron, Oct. 6, 1994.

Marquis De Condorcet, Essay on the Application of Mathematics to the Theory of Decision-making, in Baker (ed), Selected Writings, Macmillan Pub Co, 1976.

后 记

本书是在我同名博士学位论文基础上修改完成的，主要对我国刑法立法公众参与现象及其内在规律问题进行了研究。刑法立法公众参与是在立法践行全过程人民民主时代背景下一个十分重要的民主立法现象，然而现有理论研究，要么主要集中在管理学领域理解决策治理中的公众参与现象，要么主要集中在行政法或者环境法等领域的立法公众参与现象，虽然刑法立法公众参与实践在民主立法时代广泛而频繁地发生，但理论研究有的时候或许因为现象发生的"司空见惯"反而对刑法立法公众参与的专门研究还相对薄弱。在写作本书之前的很长一段时间内，我更多从事的是刑法适用公众参与机制研究，应该说，这为我后来写作本书提供了一定的知识积累，两者本质上都是民主的法治实践，仅是立法民主和司法民主的界分，但在书稿具体写作中还是感受到两者的不同，如何准确把握两者间的"同"与"不同"贯穿书稿写作全过程，我尝试的以建制化阶段和非建制化阶段的区分来建构并理解刑法立法公众参与制度实践的基本面貌，并对刑法立法公众参与的实践样态、基本规律、制度困境进行了的梳理，并在此基础提出了破解刑法立法参与制度困境的理念与路径，以期为该议题的后续研究提供观察问题的视角。

在本书写作行将结束之际，我还想起了许多年前把我送进学校的父母双亲，在我成长过程中，他们付出了无比艰辛的努力，也给予了莫大的支持和鼓励，没有他们就没有现在的我，虽然，他们现在已经不再年轻，但仍然非常努力地为我的求学撑起一片晴朗的天空，大学后求学在外地，记不清有多少次了，庐山火车站的站台外面，妈妈孤零零的身影远眺我坐上火车，火车缓缓驶离车站，她依然久久不愿离去……他们是我眼中最可爱的人，也是我心灵深处永远的牵挂，我想，努力打拼是感恩父母双亲的最好礼物。

西南政法大学是法学的学术圣殿，在这里，我能经常聆听到许多非常有见地的学术讲座，这对我的学术思考和研究产生了非常重要的影响，尤其是在法学院，梅传强教授、王利荣教授、朱建华教授、李永升教授、石经海教授、高维俭教授、陈伟教授的许多真知灼见常让人有种醍醐灌顶之感，同时，他们也为我的书稿的修改完善提供了许多修改建议，使得本书得以最终完成，感谢你们。

"刑法立法公众参与"作为刑法立法领域践行全过程人民民主理念的重大理论和实践命题，涉及刑法立法在民主立法、科学立法和依法立法中的制度空间和实施向度等诸多方面，本书虽然从基本理论、立论基础、实践图景、解局之道和制度建构等方面对刑法立法公众参与进行了研究，并期待能够为学界在该领域的研究和我国刑法立法公众参与的完善有所"增量"，但限于自己能力和水平，本书肯定还有许多不足之处，敬请读者的批评指正。书稿的修改写作无疑是艰辛的，但又是令人欢愉鼓舞的，所以就记住那些令人奋进的精神吧，在未来的岁月里，常怀感激之情，常存进取之志，既要有仰望星空的远虑，也要有脚踏实地的近忧，努力地去做一个健康、责任和温暖的人，过好这一生，此是我愿，但愿心随人愿。